品牌視域下的
文化產業發展
基於低碳轉型的思考

陸小成 編著

崧燁文化

目錄

第 3 章 品牌視域下文化產業發展的策略意義

第 4 章 國內外文化品牌與文化產業發展經驗比較

第 6 章 文化品牌與文化產業目標定位與發展重點

第 9 章 總結與展望

總序

　　一個現代國家的科學技術和思想文化的水平，體現為大學的科研與成果。國家的競爭最終體現為人才的競爭。大學肩負著培養人才、服務經濟社會發展、為社會提供新思想的重要職責。而科學研究不僅僅需要學者默默地研究，還需要學者把自己的知識成果展示出來，讓社會進行鑒定，讓學生加以吸收，讓同行得以交流。書籍、論文是進行上述活動的有效載體。課堂講授如同飛鳥劃過天空，往而不復。只有著作文章可以傳之後世、致乎遠人。

　　早期的中國大學正是借助於書刊出版才大大推動了中國的現代化運動，使得一大批的學問家得以湧現。胡適、馮友蘭等著名學者都是通過整理課堂筆記就形成了煌煌大著。我們有必要把耿丹學院年輕教師的教學心得與成果凝聚起來，形成物質作品，以供同行鑒定和同學觀摩。這也對我校的課堂教學有所檢驗，有所幫助。

　　學術乃天下之公器。學術需要交流，思想需要碰撞。「耿丹論叢」使得耿丹學院的教師可以更好地相互交流和碰撞思想。我們預期此次論叢的出版必然引起轟動效應。同學們和老師們肯定要對「耿丹論叢」的系列書籍進行高度關注和評價。大學教師的學術研究需要具有迎接各種批評的獨立不懼的精神。一所大學培養的人才應具有獨立的人格、高尚的價值觀、積極的心態和理論聯繫實際的能力。已有八年辦學經驗的耿丹學院深深懂得只有加強學院科研力度、提升學院學術聲望才能從根本上提高學院教學質量。學術能力是大學教師的必備素質。耿丹學院一直堅持教學與科研工作緊密結合的理念，努力為師生的科研與學術活動創設良好的環境和寬鬆的氛圍。耿丹學院把學術發展作為教師職業發展規劃的重要內容。

　　辦好一所大學肯定不是一個人能夠辦好的，也不是一個專業就可以辦好的，或許也不是一代人通過努力就能辦好的。但毋庸置疑的是，每一個人、每一代人都是懷著崇高的理想，孜孜不怠地獻身於教育與學術。應該說，在對知識、真理進行上下求索、忘我追求的過程中，每一個人、每一代人都有各自的歷史使命與責任。那麼，耿丹學院計劃組織出版的首批「耿丹論叢」

學術著作，正是對「獨立之精神，自由之思想」的大學境界、學術情懷、價值取向的一個延續，並正努力、認真地做好其所賦予的每一次階段性任務。這也正是耿丹學院作為一所「立足北京、服務地方、輻射全國、面向世界」的應用型本科院校辦學理念的一個具體體現。

耿丹學院的科研工作要做到「四個圍繞」。大學是社會的服務器與精神的象牙塔。科研是教學的靈魂；科研是產業與專業的契合點；科研是服務地方的突破點；科學是大學的核心競爭力。科研不僅是學術研究、科學研究，更應該是應用研究、實用研究與對策研究。耿丹學院提出了科研工作「四個圍繞」的基本精神，即科研工作要圍繞教學、圍繞專業建設、圍繞教師成長、圍繞服務地方發展。耿丹學院科研工作的重要特色就是注重教師科研能力的培養與提升，推出高質量、高水平的科研成果，做好地方服務，並加強產、學、研的緊密結合。耿丹學院提出了人才培養的跨界創新模式就是通過課程整合、學科交叉推進教學與科研；通過跨進產業辦專業；通過校企結合，協同創新，共同服務於地方經濟社會。

我們感到了學校教職員工上下真心實意辦最好的民辦大學的工作熱情。而辦成最好的民辦大學的必要條件就是要有一流的學術成果與活動。耿丹學院在經過了幾年的積累之後，一大批的優秀教師得以成長起來。他們的課堂授課日趨成熟，有的已經達到中國亞前沿的學術狀態。假以時日，多加採集，耿丹學院的學術活動也將會逐漸匯入中國現代學術的陣營之中。教師的科研成果的匯集成冊和出版工作大大有利於今後耿丹學院的大學生能夠更好地消化教師的科研成果，為增強耿丹學院大學生的自主學習提供路徑。只有教師的勤奮與精進才能更好鼓舞大學生求知的信心。「耿丹論叢」的繼續發展十分有利於耿丹學院學術生態和學術氣候的跨步發展，從而以堅實的學術成績夯實課程教學質量基礎。

「耿丹論叢」通過不斷地鍛煉和鑒定教師的學術造詣，將有利於耿丹學院教師形成一定的學術聲望。「耿丹論叢」的發展有利於學術成果的轉化，進而更好地促進學校與企業、地方政府的合作。

耿丹學院一直重視青年教師成長。耿丹學院一直鼓勵青年教師多出科研成果，並重視青年博士的學術成長以及各種科研成果的轉化。此次第一批「耿丹論叢」的出版是耿丹學院科研規劃的先期探索。獲得「耿丹論叢」資助出版的幾位教師來自不同繫部，涉及多種學科領域。

　　萬事開頭難，我們會在後期探索中不斷推陳出新，力求開發出更高質量、更受矚目的成果。「耿丹論叢」首批獲得資助出版的著作成果顯示：它們並不僅是侷限於單一視角下的線性研究，而是力求突破學科本身，以多元視角、國際視野立足於地方服務的復合研究。如：《不同文化體的對視——中東歐與俄羅斯關係及其與中國的「鏡像」研究》，是王一諾博士獨特而敏銳的國際政治智慧所形成的一份具有學術新發展的成果；《有效提升三本院校大學英語教學效果的途徑探究——以北京工業大學耿丹學院為例》，是我校解曉寧、於雪桐、劉曉琴、李紅、宋文麗對大學英語的孜孜探索，這不僅展示了我校在大學英語課程改革方面的力度，而且對我校繼續推進國際化辦學，促進耿丹學院大學生更好地謀求海外發展和外企工作有重要幫助；《中國哲學與馬克思主義中國化》，是崔鎖江博士把中國哲學與馬克思主義雙向詮釋，是兩大學科領域的一次深入結合，對新時期的文化建設有一定的探索意義；《品牌視域下的文化產業發展——基於低碳轉型的思考》，是陸小成博士運用專業知識結合地方經濟發展的一種展示，體現耿丹學院注重大學服務社會的重要職能。以上作品涉及文學、哲學、語言學、管理學、文化學諸多學科，有的擅長應用價值，有的擅長理論創新，這體現了他們孜孜以求的學習精神。

　　「耿丹論叢」的出版無疑是對他們教學與科研工作的一個認可，更為他們提供了一個交流與展示的平台。青年教師勇於質疑，敢於批判，並具有創新精神，這也正是耿丹學院人才培養目標在教師身上的一個生動體現。「耿丹論叢」首批學術著作的出版是耿丹科研策略轉化為行動計劃，再到具體實施的一個重要實踐。耿丹學院將繼續鼓勵那些具有理想追求且能埋頭苦干、銳意創新的年輕人。

　　我們期待他們以及更多的耿丹學院的教師能夠多出著作，出好著作，共同為耿丹學院的學術事業努力！

前言

　　文化是一個國家民族凝聚力和創造力的重要源泉，是綜合國力競爭的重要因素，是城市區域經濟社會發展的重要支撐。同時提出要加快經濟發展方式轉變，大力推進生態文明建設，促進綠色發展、循環發展、低碳發展。文化產業作為文化與經濟相互交融的集中體現，科技含量高，資源消耗低，環境汙染少，發展潛力大，是實現經濟發展方式轉變和綠色低碳發展的支柱產業。充分認識文化產業在轉變經濟發展方式中的突出地位和重要作用，努力促進文化產業大發展大繁榮，有助於國家和城市區域綠色發展與低碳轉型。文化品牌與文化產業是促進經濟發展方式轉變，實現區域經濟低碳轉型的重要領域。

　　從國際上考察，文化品牌和文化產業已經成為全球經濟發展新引擎，西方先進國家高度重視文化產業發展。當前，中國文化產業規模逐步壯大，出現多種所有制、多種主體參與文化產業協同發展的局面，建立了一些知名的文化品牌。國家實施文化走出去的策略，文化企業參與國際競爭越來越頻繁，文化進出口貿易逆差逐步縮小，中國文化產業的國際競爭力不斷增強。

　　總的來看，中國文化產業呈現健康向上、蓬勃發展、低碳轉型的良好態勢，正在成為推動社會主義文化大發展大繁榮的重要引擎和經濟發展新的增長點。同時要看到，中國文化產業的發展水平還不高，活力還不強，與人民群眾日益增長的精神文化需求還不相適應。基於當前國家經濟社會發展的大好形勢，要抓住機遇，大力振興文化產業，為「保增長、擴內需、調結構、促改革、惠民生」作出貢獻。北京提出發揮首都全國文化中心的示範作用，建設中國特色社會主義先進文化之都和世界城市。這對於文化資源相對豐富的北京豐台區而言，是北京豐台區文化品牌提升和文化產業突破發展的大好機遇。本書以北京豐台區為例，基於低碳轉型的思考，從品牌的視角探討文化產業發展的目標定位、策略選擇和對策建議，主要從以下幾個方面進行系統研究：

（一）文化品牌與文化產業存在密切的互動關係。文化品牌是通過對文化資源和文化元素的挖掘、分析，梳理文化元素和資源內在的價值。文化元素包括無形的精神文化和有形的物質文化。文化元素的利用，要通過「識別──篩選──改造──利用」的過程，才能真正形成文化品牌。文化品牌依托文化產業得以持續發展，文化產業需要走品牌化道路才能具有核心競爭力，以科技投入、文化創新、市場運作、品牌提升、集群突破為重要動力，能有效促進文化品牌與文化產業的互動融合與跨越發展。北京豐台區文化產業發展需要走文化品牌之路，北京豐台區文化品牌必須依托特定的文化產業才能真正形成品牌的持續競爭力。文化品牌必須走產業發展道路，依托產業集群發展和創新，才能打造特色的文化品牌，提升文化品牌質量，形成文化品牌競爭力。

（二）國內外文化品牌與文化產業發展的經驗比較研究。西方國家和城市較早重視文化品牌與文化產業發展，文化產業成為國民經濟的重要支柱，文化產業發展也是實現城市綠色低碳轉型的重要舉措。中國許多城市如上海、深圳等高度重視文化品牌與文化產業發展，取得了一定的成功經驗。上海市將文化產業列人城市文化建設的重要內容，制定比較強大的文化發展策略和產業規劃；組建文化產業集團，加強地方文化企業整合。深圳市在文化產業發展上，實施文化產業策略，充分發揮政府的「第一推動力」，以政府鼓勵、制度創新、優化服務來保障文化產業的可持續發展，注重發揮民營經濟力量的活力，充分利用現代科技與文化產業融合契機，促進文化產業提質增效。這些經驗應對我們有所啟發。

（三）以北京市北京豐台區為例，基於文化品牌的視角對文化產業發展進行 SWOT 分析。從理論與實踐相結合的角度，結合北京豐台區區情的特點和區域差異，通過實證調研，對北京豐台區文化品牌提升和文化產業突破進行 SWOT 分析，深入考察北京豐台區在文化產業發展方面的機遇、威脅、優勢、劣勢等。

（四）提出北京豐台區文化產業發展的目標定位與策略選擇。北京豐台區立足首都城市功能定位，依托良好的生態環境和豐富的文化資源，以「搶

抓機遇，高端引領，區域統籌、產業集群、文化制勝」為基本理念，以「提升丰臺文化、整合丰臺產業、構筑丰臺品牌、彰顯丰臺精神、打造丰臺形象、實現丰臺跨越」為基本目標，打造體現丰臺特色的國家級文化品牌，在國際上形成具有強大競爭力和影響力的文化產業集群。方向選擇主要表現為以市場機制為動力，以政府政策扶持為指引，以企業集團化、產業集群化、區域品牌化、城市服務化為基本方向，促進北京丰台區文化產業鏈條的完善和競爭力的提升，進而構建丰臺國家級文化品牌。

本文根據北京丰台區的實際情況提出文化產業發展的實施步驟和發展重點，進而提出發展文化產業可供選擇的創新驅動、集群融合、差異特質、人才支撐、需求拉動、國際品牌、低碳轉型等策略。

（五）本書最後，基於低碳轉型的策略考察，提出了北京丰台區文化品牌與文化產業發展的對策和建議。主要包括樹立文化品牌理念，加快文化體制創新；實施文化品牌策略，構建品牌管理機制；加強文化品牌宣傳，加快建設幸福丰臺；完善基礎設施建設，健全產業服務體系；做大做強市場主體，促進六大集群融合；推動文化科技創新，提高丰臺產業實力；提升專業人才素質，增強產業人才優勢；重視文化對外交流，提升丰臺國際品牌；發展低碳文化產業，構筑低碳文化品牌；通過品牌開拓市場、占領市場、帶動產業發展，進而發展和壯大民族文化產業，增強民族文化產品的國際競爭力，使丰臺文化品牌和文化產業走向全中國，走向世界。

第 1 章 緒論

1.1 研究背景與問題的提出

文化是民族的血脈，是人民的精神家園。目前，中國文化軟實力顯著增強，文化產業成為國民經濟支柱性產業，中華文化走出去，邁出更大步伐，社會主義文化強國建設基礎更加堅實。全面建成小康社會，實現中華民族偉大復興，必須推動社會主義文化大發展大繁榮，興起社會主義文化建設新高潮，提高國家文化軟實力，發揮文化引領風尚、教育人民、服務社會、推動發展的關鍵性作用。文化是民族凝聚力和創造力的重要源泉，是綜合國力競爭的重要因素，是經濟社會發展的重要支撐。文化產業是市場經濟條件下繁榮發展社會主義文化的重要載體，是滿足人民群眾多樣化、多層次、多方面精神文化需求的重要途徑，也是推動經濟結構調整、轉變經濟發展方式的重要著力點。文化產業作為文化、科技和經濟深度融合的產物，憑藉其獨特的產業價值取向、廣泛的覆蓋領域和快速的成長方式在全球蓬勃發展。文化產業的發展規模和影響程度已經成為衡量一個國家或城市綜合競爭力高低的重要代表。[1] 從國際背景來看，21 世紀，全球競爭已經進入文化競爭時代。全球化條件下的綜合國力競爭，說到底是知識經濟和文化軟實力的競爭。弗裡德曼評判世界城市競爭力的標準，不侷限於經濟領域，還包括社會、文化領域的綜合競爭力。文化是一個國家、一個民族凝聚力和創造力的重要源泉，是綜合國力競爭的重要因素，是經濟社會發展的重要支撐。

文化品牌和文化產業已經成為全球經濟發展新引擎。根據權威研究機構最新統計分析，2006 年全球文化創意產業總產值已經超過 84000 億美元。英國作為全球文化創意產業發展的標竿國家，2005 年產值超過 1400 億英鎊，占英國 GDP 的 9%，文化創意產業成為其第二大產業。美國創意經濟是其經濟的重要表現形式，文化創意產業已占其 GDP 的 10%。日本和韓國是亞洲地區文化創意產業較發達的國家。韓國動漫、網路遊戲以及數位內容產業具有很強的競爭實力。此外，澳大利亞、丹麥、新加坡、新西蘭、香港、臺灣

等國家和地區政府也高度重視文化創意產業的發展，採取各種舉措加以積極推動。

隨著全球經濟一體化發展的日益加快，文化與經濟、社會、政治、軍事、環境等方面的聯繫密不可分，呈現相互交融、相互滲透、相互影響的發展態勢。隨著全球城市化進程的快速推進，城市人口越來越多，城市所面臨的競爭壓力持續增加，世界上許多城市也被越來越複雜的城市問題所困擾，一些傳統的能源城市面臨著資源枯竭、城市環境惡化、經濟難以為繼的衰退局面。在此形勢下，提升文化品牌，發展文化產業，走文化強市、持續發展、低碳轉型的新型道路成為現代城市轉型升級與持續發展的新潮流、新趨勢。

從中國和北京市情來看，推動文化大發展大繁榮，高度重視文化事業和文化產業發展。當今世界綜合國力競爭異常激烈，雖然從經濟上看，2011 年中國的 GDP 總量達 47.2 萬億人民幣，位居世界第二，但大國之間的競爭不僅僅體現在經濟實力上，還體現在文化實力方面。總體上，中國的經濟總量處於世界第二位，但在文化上卻毫無疑問地處於弱勢地位，文化上的「西強中弱」格局依然沒有改變。文化是經濟的重要組成部分，是推動經濟發展的重要槓桿，同時更代表著一個國家和民族的文明程度、發展水平，體現著國家的軟實力。黨中央和國務院高度重視文化軟實力提升對振興中華民族偉大事業的重要策略意義，文化產業是提升文化軟實力的重要基礎，因而不斷採取有效政策、措施助推文化產業發展。文化產業在國民經濟的比重中不斷提高，成為經濟發展的新增長點和經濟低碳轉型的重要方向。

中國文化產業發展迅速，展現許多新的特點。主要表現為：

第一，增長快速，產業結構不斷優化，新興業態不斷衍生。文化產業對國民經濟的貢獻率不斷上升，對於優化產業結構、提高產業質量和效益、豐富群眾社會文化生活發揮了重要的促進作用。隨著經濟全球化時代的到來，科技進步不斷提升，互聯網、電腦技術、數位媒體、訊息技術等的廣泛滲入和創新，促進了傳統文化產業與現代科技的高度融合，並產生許多新的業態，如動漫遊戲、數位音樂、數位電影、網路視頻、移動多媒體廣播電視、公共

視聽載體、數位出版、網路出版、手機出版等新興文化產業崛起，不斷延伸文化產業鏈，優化文化產業結構，拓寬文化產業領域，豐富文化產業內容。

第二，作為區域經濟發展的新引擎、新動力、新增長點，文化產業對於轉變經濟發展方式和節能減排、低碳發展發揮了突出貢獻。文化產業作為服務業的重要類型，具有低能耗、低排放、高技術、高知識密集、更多就業機會等特點，能有效促進經濟發展方式的轉變。許多城市和區域大力發展文化產業，如一些資源型城市伴隨傳統礦產資源的耗竭和傳統能源產業的衰退，通過進行舊有礦區和工業遺跡的文化改造，大力發展文化產業或文化旅遊產業，實現產業結構的改造、優化、升級，文化產業增長速度明顯高於傳統製造業，成為提供就業機會、增加 GDP、軟化產業結構、節能減排的重要支撐。

第三，文化產品技術含量提升，文化服務不斷豐富。隨著人們生活水平提升，對精神文化層次的消費需求不斷旺盛，文化產業日益成為滿足人民群眾精神文化需求的重要途徑。黨中央和國務院提出文化大發展大繁榮，促進文化產業的快速發展。文化產業的發展也促進文化產品內容不斷豐富，文化產品技術含量不斷提高。文化產業是內容加載體的產業，科技創新及其在文化產業領域的應用有利於拓展新市場、催生新業態，有利於增強文化產品的感染力和傳播力。網路、數位、訊息技術乃至生物、材料技術的發展，都將不斷拓寬文化產業的發展領域，大大豐富义化的內容和業態。[2] 文化服務不斷增多，形成了多門類、多層次、多樣化的文化生產和服務體系。文化產品和服務的數量更加豐富，質量不斷提升，人民群眾多樣化、多層次的文化需求進一步得到滿足。

第四，文化產品和服務「走出去」的步伐不斷加快，國際影響力日益提升。文化產業的跨國經營是國際趨勢，文化產業走出去才能進一步促進中國文化產業繁榮發展。中國正不斷豐富傳統文化內涵，擴大國際交流，促進文化消費，提升本國文化產業的國際影響力和競爭力。中國文化產業走出去無論規模還是質量都不斷提升，文化產業的國際地位不斷得到增強。當然，與先進國家的文化產業集團和國際知名文化品牌比較而言，還差距較大。

第五，隨著社會資本的不斷積累，國家對民間資本投資的不斷放開，越來越多的社會資本投入文化產業領域，加強對傳統文化元素的提升和文化資源的整合，促進文化產業的擴大與繁榮發展，並形成了許多的文化產業集群，文化產業園區發展勢頭良好。隨著文化產業集群的發展，形成了文化產業的完整價值鏈，文化基礎設施的改善和投入進一步降低了文化產業經營成本，也吸引了更多的社會資本和人力資本。文化產業已成為社會資本追逐的新熱點。同時，隨著政府支持力度的加強和社會資本的大量進入，許多文化產業園區相繼建設和投入使用，文化產業集群化發展趨勢日益明顯。

　　[3] 文化競爭力是一個國家最根本、最持久、最難替代的競爭優勢。目前，相對經濟發展的速度和規模，中國的文化繁榮程度還不夠，整體文化實力與經濟實力及國際影響力不相適應。中國文化產業起步晚，基礎差，發展質量低；發展水平還不高，活力還不強，與人民群眾日益增長的精神文化需求還不相適應，與日趨完善的社會主義市場經濟體制還不相適應，與現代科學技術迅猛發展及廣泛應用還不相適應，與中國對外開放不斷擴大的新形勢還不相適應。[4] 中國要想成為一個真正的文化貿易大國、文化強國還有很長的路要走。加強文化產業發展，不斷提高文化產業競爭力任重道遠。中國許多省市區均提出文化立省強市強區策略，大力發展文化品牌和文化產業。北京作為首都，提出推動首都文化大發展大繁榮，發揮首都全國文化中心示范的作用，建設中國特色社會主義先進文化之都。這對於文化資源相對豐富的北京丰台區而言，是提升文化品牌和突破文化產業發展困境的大好機遇。

　　建設生態文明，是關係人民福社、關乎民族未來的長遠大計。面對資源約束趨緊、環境汙染嚴重、生態系統退化的嚴峻形勢，必須樹立尊重自然、順應自然、保護自然的生態文明理念，把生態文明建設放在突出地位，融入經濟建設、政治建設、文化建設、社會建設各方面和全過程，努力建設美麗中國，實現中華民族永續發展。堅持節約資源和保護環境的基本國策，堅持節約優先、保護優先、自然恢復為主的方針，著力推進綠色發展、循環發展、低碳發展，形成節約資源和保護環境的空間格局、產業結構、生產方式、生活方式，從源頭上扭轉生態環境惡化趨勢，為人民創造良好生產生活環境，為全球生態安全作出貢獻。面對粗放型經濟發展方式需要轉型，資源型城市

受制於資源能源的瓶頸和環境不斷惡化等危機需要轉型，大力推進生態文明建設和低碳發展，需要加快低碳轉型。文化產業作為重要的低碳型產業，應在城市低碳轉型中發揮重要支撐作用。文化產業與低碳經濟、低碳轉型存在什麼樣的關係？如何發揮文化產業在城市低碳轉型中的重要作用？這些需要深入系統研究。從低碳轉型的視角進一步研究文化品牌與文化產業發展問題，是值得深入研究的重要課題。

從北京北京豐台區情來看，豐臺已進入了綠色發展、低碳創新、文化崛起的重要機遇期，「一軸兩帶四區」建設快速推進，產業結構優化升級穩步開展。隨著園博會盛況空前、永定河兩岸生機盎然、麗澤金融商務區拔地而起、世界種子大會享譽海外，增強文化軟實力成為提升北京豐台區品牌形象和競爭力、擴大文化影響力的重要代表。

北京豐台區提出切實增強區域文化競爭力和影響力，建設成為充滿活力的首都文化強區，這是當前和今後一個時期全區重要而緊迫的策略任務。但同時，北京豐台區城鄉、地區之間文化發展仍不平衡，文化設施建設與文化產業發展仍很滯後，文化品牌和文化產業的社會影響力和競爭力還不夠強大。在北京低碳轉型和京津冀協同發展的大背景下，北京豐台區同樣面臨資源能源的瓶頸性制約和環境壓力。當前形勢下，針對北京豐台區實現文化強區的問題，如何提升文化品牌；如何突破文化產業發展瓶頸，走低碳、綠色、生態發展道路；如何以低碳轉型促進區域經濟綠色增長是值得深入探討的重要課題。

1.2 國內外相關研究現狀

1.2.1 國外相關研究現狀

文化產業概念最先源於西方國家。西方許多學者最早關注和研究文化產業問題。自 20 世紀 30 年代，從阿多諾、霍克海默到本雅明，再到著名學者詹姆遜、卡斯特，從不同的角度對文化產業進行了研究和探討。西方學者認為，文化產業是一種商品活動，即以經營符號性商品和訊息為主的經濟行為。

這些商品的基本經濟價值源於它們內在的文化意義。文化產業包含了從創意、生產到再生產和交易的全過程的巨大產業鏈，不僅包括了傳統的廣播、電視、出版、視覺藝術等文化產業，還包含如互聯網、動畫、創新創意等高新技術產業。文化產業在經濟社會發展中的地位和作用越來越重要，被國際學術界公認為朝陽產業、綠色產業、新興產業，在許多先進國家已成為國民經濟支柱產業之一。有研究指出，在先進國家文化產業已經成為國民經濟的重要支柱產業。英國文化產業創造的年產值超過了任何一種傳統製造業所創造的產值；日本文化產業的產值早在 20 世紀 90 年代就已經超過本國汽車工業的年產值，目前已成為僅次於製造業的第二大產業，占 GDP 的 18%；作為世界公認的文化產業大國，美國的文化產業已占本國 GDP 總量的 10% 以上。[5]法蘭克福學派的「文化工業」理論是西方主流的文化產業理論的重要源頭。

　　法蘭克福學派由與法蘭克福大學社會研究所有關的一群德國知識分子組成，該研究所成立於 1923 年。該所將馬克思主義與精神分析學融為一體，被稱為「批判理論」（Critical Theory）。法蘭克福學派的主要代表人物阿多諾與霍克海默於 1947 年在其合著的《啟蒙辯證法》中首次提出了文化工業（Culture Industry）的概念。後來，法蘭克福學派其他代表人物馬爾庫塞、本傑明、哈貝馬斯等人也對這個概念進行了擴展，形成了法蘭克福學派的「文化工業」理論。與此有關的著作有阿多諾的《論流行音樂》和《文化工業的再思考》、霍克海默的《藝術和大眾文化》和《作為文化批判的哲學》、馬爾庫塞的《文化的肯定性質》、哈貝馬斯的《科學技術即意識形態》等。在《啟蒙辯證法》中，霍克海默和阿多諾從藝術和哲學價值評判的角度對文化工業進行了猛烈的抨擊和全面的否定。多種批判促進了文化工業理論的發展，在實踐層面也起到了重要的理論指導的作用。

　　文化產業代替文化工業，在西方學術圈內廣為傳播，是從 20 世紀 70 年代以後的事情。特別是 1980 年以後，從「文化產業化」的觀點出發，人們對文化產業的研究進一步深化。繼法蘭克福學派之後，西方對文化產業的理論的發展基本上是沿著理論與實踐兩條線索展開：一是從英國伯明翰大學理論文化研究中心開始的「文化研究」中對大眾文化和文化產業的研究，也被稱為學院派；另一條是與各國文化產業實踐、文化產業政策緊密結合在一起

的，側重於解決實際問題的理論探索，被稱為文化產業的應用理論研究。查爾斯·蘭蒂將經濟學上的「價值鏈分析」引入了文化產業，提出文化產業全過程的五個階段，包括文化產品的創意、生產、流通、傳送與最終接受。安迪 .C. 普拉特認為，文化產業與以文化形式出現的材料生產中所涉及的各種活動有聯繫，在全球化條件下構成一個巨大的產業鏈，包括創意、生產、再生產和交易四個環節，形成一個龐大的文化產業體系。該結論為文化產業政策的制定提供了重要依據。[6] 從以上研究現狀的考察可以發現，西方對文化產業的發展不僅形成豐富的理論體系，在實踐層面也日益成熟。

1.2.2 中國相關研究現狀

中國對文化產業的研究起步較晚，20 世紀 90 年代才開始對文化產業理論進行探索和研究。2000 年 10 月，《中共中央關於制定國民經濟和社會發展第十個五年計劃的建議》中第一次正式提出了「文化產業」這一概念。隨後，在黨的十五、十六、十七、十八大報告中，文化產業地位逐步攀升，成為 30 多年來中國發展速度最快的產業之一。從文件、政策到學術界研究形成了與文化產業有關的豐富的文獻和成果，這些文獻和成果既包括對文化產業政策及體制的研究，對文化產業發展現狀與趨勢的研究，也包括對文化產業存在的問題與對策、文化產業與經濟發展、文化品牌與文化產業的關係、文化產業與低碳經濟的關係等的研究。

（1）關於文化產業政策及體制的研究

傅守祥（2004）指出，文化體制已成為當前制約中國文化發展的瓶頸，推進文化建設的關鍵在於把握好經濟與文化相互作用的辯證關係，進一步深化文化體制改革，加快文化產業市場化的步伐。章建剛（2003）回顧了文化產業的改革歷程以及相關文化政策的出臺，並以廣州地區對報業的探索為例，總結經驗，提供借鑑，為未來政策的出臺作出了指向。胡惠林（2005），仇小敏、高劍平（2005），孔向東（2004）等，對此也進行了相關學術討論，從不同角度對文化產業政策、體制、制度進行深入研究。

錢正武、楊吉華（2007）研究了中國文化產業政策的制定及其實施，認為文化產業政策在文化產業發展過程中居於核心地位，具有其他經濟政策無可替代的作用。

制定文化產業政策既要遵循產業發展的一般規律，又要考慮到文化產業自身的特殊情況；既要立足於本國經濟與社會發展的客觀實際，又要符合世界文化產業的發展趨勢。實現文化產業政策制定的目標，需要處理好文化產業政策主體、文化產業政策客體、文化產業政策實施手段三者之間的關係，構建有效的文化產業政策實施機制。[7] 楊吉華（2007）研究了中國文化產業政策的缺失及完善途徑，認為中國文化產業政策對推動文化產業發展發揮了積極作用，但依然存在著一些亟待改進的問題，除了客觀因素外，政策制定者認識上的偏差和政策體制設計的缺陷是主要原因。

完善中國的文化產業政策，需要全面把握文化產業的策略地位，不斷深化對文化產業發展規律的認識，完善中國的文化產業決策體制，實現決策過程的科學化、民主化和法制化。[8]

凌金鑄（2008）研究了文化產業政策創新的實踐與體系，認為文化產業政策創新推動著中國文化產業的快速發展。[9] 汪如磊（2011）從宏觀管理調控體制與微觀組織運作模式等方面就構建有中國特色社會主義文化產業體制問題，提出了機構改革、內部轉移、中介建設、雙層經營、規模經營等對策建議。[10] 劉曉遠（2011）認為對文化產業發展有著重要影響的文化產業政策可以分為文化產業結構政策、產業組織政策、產業安全政策和產業發展政策。李思屈、李義傑（2012）運用問卷調查和訪談的研究方法，從政策內容和政策執行效果兩個方面對中國文化產業政策實施現狀進行了實證研究，認為人才培養、金融支持、研發資金仍是企業發展中面臨的主要問題，產業市場運行配套體系建設政策偏弱。趙巧豔（2012）提出為使文化產業政策與文化包容性發展相協同，應深化文化體制改革，實施差別化的文化事業和文化產業政策，建設包容性的文化發展平台。

吳倩倩（2013）對全媒體時代文化產業管理體制改革進行研究，認為文化管理體制的變革與文化產業的發展息息相關。深化現有文化體制改革，建

立科學合理、靈活高效的管理體制，對於加強中國文化產業發展具有現實意義。以文化「大部制」改革為例，分析中國現有文化產業管理體制的問題及弊端，探究全媒體時代下文化產業管理體制改革的內容和任務，以適應中國文化產業的大發展。[11] 李明泉（2013）認為黨的十八屆三中全會高舉全面深化改革的旗幟，吹響了文化強國的改革號角，在這場人類發展史上最壯觀最深刻的改革進程中，文化體制改革必須走在「五位一體」全面綜合系統協同改革中的前列。深化文化體制改革，既要大膽改革、勇於探索，創新文化體制機制，解放和發展文化生產力，激發文化創造活力，不斷滿足人民群眾日益增長的精神文化需要；又要牢牢把握意識形態主導權，用社會主義先進文化統領深化文化體制改革全領域、全過程。[12]

凌金鑄（2013）認為對傳統計劃文化體制的改革是這種制度設計本身的缺陷、經濟體制改革所帶來的文化市場的出現和對文化體制變革自覺意識的形成等諸多因素合力的結果。計劃文化體制的實質是過度迷信和依賴政府的作用，而否定文化市場的價值，但由於潛在市場對計劃文化體制改革始終保持著一種張力，最終使行政管制陷於疲態，執政黨開始對計劃文化體制進行反思，不再相信政府具有萬能的力量，從而形成了文化體制改革的自覺意識。[13]

李珊（2014）研究了改革開放以來中國文化體制改革問題。[14] 唐止繁（2014）研究政府文化職能視野下的文化體制改革，認為與先進國家相比，中國在文化生產力和文化競爭力方面都存在相當大的差距，文化產業的發展還處於相對落後的狀態，而這與中國的文化體制尚未改革調整到位，政府文化職能轉變並未完全實現有著密切關係。[15]

（2）關於文化產業發展現狀、趨勢、存在問題和對策的研究

祁述裕、韓駿偉（2006）深入分析了新興文化產業在當代文化產業中的地位與作用，並指出未來文化產業的主要發展趨勢，即新興文化產業將引領文化產業潮流，部分傳統的文化行業將逐步走向衰微，適應市場需求的文化行業將繼續保持活力，文化內容將成為文化產業的核心競爭力。胡惠林（2006）指出，文化產業在轉變經濟增長方式的同時，也將面臨自身增長方

式的策略性轉移，以版權產業為核心的文化產業創新體系建設，將成為中國文化產業發展的主流和文化產業綜合競爭力強弱的策略性代表。[16] 張曉明、章建剛（2002），王琳（2004），郭來法（2004），王小英（2006），趙繼倫、畢秀梅（2006），吳宏放（2006），楊吉華（2007）等人也有相關文化產業發展現狀、問題與對策的文獻論述。

張建中、李曉（2010）從中國文化產業發展的特點及面臨的挑戰和現狀入手，提出了完善政府部門的管理機制、促進觀念的轉變與創新、拓寬文化市場投資融資渠道、健全人才培養機制、借鑑吸收西方先進國家文化產業發展經驗、發揮區域文化資源優勢等對策，對如何發展中國文化產業進行了闡述。張書（2011）認為中國文化創意產業集群存在著園區功能定位不清、產業同構明顯、服務平台不完備、高端創意人才匱乏和產業鏈不完整等問題。冉朝霞（2011）探討河南省文化創意產業的形成與發展及對區域經濟發展的影響，研究了河南省文化產業發展現狀及其存在的主要問題。

李思屈、李義傑（2012）認為人才培養、金融支持、研發資金仍是文化企業發展中面臨的主要問題，文化產業市場運行配套體系建設政策偏弱制約文化產業發展，需要對這些方面出臺有效政策。梁露（2012）認為人才是創意產業發展的核心資源，目前北京文化創意產業人才還相對缺乏，創意人才總量、結構、素質還不能適應產業快速發展的要求。基於這一現狀對人才培養的途徑進行探索。陳丹（2013）主要從文化產業的內涵入手，分析中國文化產業現狀及面臨問題，並提出解決問題的對策，認為文化產業屬於新興產業，也是 21 世紀的朝陽產業，在西方先進國家國民經濟中文化產業的地位越來越重要，已成為重要的支柱性產業。但文化產業在中國還處在起步階段，與先進國家相比有著較大的差距，因此，分析中國文化產業的現狀顯得尤為必要。[17] 劉克興（2013）研究了中國網路文化產業現狀及研究方向，認為網路文化產業是傳統文化產業的延伸，也是互聯網經濟下的新的經濟增長點。

研究網路文化產業的發展對於促進經濟可持續發展具有重要意義，在對國外的網路文化產業發展情況總結的基礎上，分析中國網路文化發展現狀，進而對網路文化產業研究發展的四個主要方向進行了論述。[18]

（3）關於文化產業與經濟發展的關係的研究

關於文化產業與經濟發展的關係的研究，是當今文化產業研究的重要主流線索。主要包括兩大方面，一是文化產業與城市經濟，包括城市發展和城市競爭力的研究；二是文化產業與國際經濟，包括全球化下的影響、國際競爭力的研究。代表文獻有：林拓、張修桂（2003）從文化產業發展水平與城市創新能力、文化產業空間集聚與城市環境引力、文化產業結構優化與城市功能活力三方面論證文化產業與城市競爭力的互動關係，並提供了三大策略選擇。

鄭茂林、郭旭紅（2004）研究了知識經濟條件下文化產業與經濟增長的關聯性，認為文化產業的發展源於人們對精神文化產品需求的不斷增長，歸根結底是經濟增長的結果；現代文化產業不僅促進經濟增長而且成為國民經濟的重要支柱產業；要積極推進文化產業與訊息產業的相互融合，實現文化產業的跨越式發展。[19]

祁述裕、殷國俊（2005）通過建立文化產業國際競爭力評價指標體系，分析中國文化產業優勢和劣勢，提出文化產業國際競爭力發展建議。還有來自趙振宇（2002），汪凌雲（2005），花建（2005），鄭林（2005），李國剛、張志剛（2000）等人的研究成果，其對文化產業與經濟發展的關係進行了深入探索。文化產業與訊息產業、金融產業的互動與結合、文化產業發展策略等成為了熱點，主要文獻有：崔向陽（2008）的《南京市都市圈文化產業與訊息產業互動研究》，高金暉（2006）的《文化產業的經濟屬性與集群發展》，陳玉玲的（2008）《創新發展農村文化產業》、齊勇鋒（2011）的《文化產業與經濟發展方式轉變》等。

陳玨、何倫志（2007）對文化資本、文化產業與經濟發展的關係進行研究，認為作為一種新的資本要素，文化資本將對文化產業的發展，對打造國家核心競爭力以及對國家經濟增長起到至關重要的作用。文章旨在從經濟學角度對文化資本、文化資本與經濟增長和文化產業發展的關係作出分析，以說明文化資本價值作為經濟增長一種新的生產函數變量，已成為經濟利益主體核心競爭力來源的重要組成因素。[20] 馮子標、王建功（2008）對文化產品、

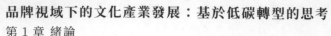

文化產業與經濟發展的關係進行深入研究，認為文化產品的特徵以及文化產業的經濟功能是發揮文化產業經濟影響力的基礎。隨著經濟社會的進步，文化產業的不斷發展會創造出更多的經濟與社會價值。因為文化產品的諸多特性，文化產業的經濟功能十分豐富，可以對經濟發展的各個部門包括工業、服務業以及城市化、新農村建設等方面產生積極的影響。[21] 陳憲、韓太祥（2009）對文化要素、文化產業與經濟增長之間的關係進行了深入研究。[22] 王長壽、李國強、李會麗（2011）通過對中國 1986—2009 年文化產業的發展數據與經濟增長之間關係的研究，建立 VAR 與誤差修正模型，得出中國文化產業發展與經濟增長之間存在收斂關係，並以此給出中國文化產業發展的建議。

李懷亮、方英、王錦慧（2010）對文化產業與經濟增長關係進行理論研究，認為文化產業作為新興的朝陽產業日益受到各國政府的重視，但各國在實施發展文化產業政策後所帶來的效果卻不盡相同，引發了理論界廣泛的思考。縱觀文化產業與經濟增長理論的發展，充分體現了研究視角的多元化。從不同角度對文化產業對經濟增長影響的理論作了系統分析，著重介紹這一領域近幾年的研究成果，在評論的基礎上對未來研究方向進行了展望。[23] 康燦華、戴鈺（2011）通過湖南省文化產業與經濟增長之間關係的定量分析表明，湖南省文化產業對其經濟增長具有一定的促進作用，但也存在文化產業發展程度不高等問題，應從產業投入、產業融資、人才管理、文化創新等方面著力解決。

邊璐、張璞、張江朋（2013）對中國文化產業與經濟增長速度的效應進行研究，通過基於擴展 VAR 模型的格蘭傑因果檢驗，系統考察了其他文化及相關產業、文化娛樂及科研業與人均 GDP 增速之間的內在關係。研究表明三變量之間存在長期穩定的均衡關係；在 1998—2009 年期間，三者之間的作用關係非對稱，即人均 GDP 增速對於文藝娛樂科研業、其他文化產業及其相關產業沒能起到積極的促進作用，而後兩者對於人均 GDP 增速則起到了一定程度的提升作用。文章結論對於制定文化產業發展政策能夠提供理論依據。[24]

（4）關於文化品牌價值的研究

李豔（2008）認為文化產業需要樹立品牌理念。文化品牌，是文化產業品牌化的結果，是文化的經濟價值與精神價值的雙重凝聚。作為品牌的一個類型，文化品牌主要涵蓋了文化藝術、新聞出版、廣播影視、網路傳播、休閒娛樂、文化旅遊、會展收藏、體育健身等八個主要領域及其他衍生領域。曹錦揚（2008）研究了城市文化品牌，認為文化品牌是城市的靈魂，是城市現代化的根基，是文明城市的旗幟。黃振平（2008）認為，打造先進的城市文化品牌，對於提高城市知名度、增強城市核心競爭力、促進經濟發展將起到積極的促進作用。加強城市文化建設，打造城市文化品牌，提升城市文化品位，彰顯城市文化形象，為城市發展注入新的文化元素，既是新時期中國城市建設面臨的重要課題，也是城市文化發展的全新思路。

劉亞虎（2010）研究了少數民族文化品牌的價值與開發，認為中國少數民族音樂、舞蹈、風情、信仰、歷史等各種文化形態蘊藏豐富，潛力巨大，其中許多形態經過挖掘、打造，完全可以形成一種品牌，對提高城市的知名度及品位具有深刻的意義繼而帶動地方經濟的發展。[25] 何桑（2011）對易俗社戲劇文化品牌的價值認知進行探討。[26] 鄔旭東（2011）研究打造淮河文化品牌，探討提升蚌埠文化軟實力的途徑。

楊敏（2012）研究了群眾文化品牌的塑造與維護的重要價值。

（5）關於文化品牌與文化產業的關係的研究

昊麗（2011）通過對雲南普洱茶產業品牌構建與開發的歷史回顧及存在問題的分析，試圖探討文化產業品牌構建與開發的策略和路徑。劉金祥（2012）認為，以文化品牌帶動文化產業發展已經成為國內外文化產業發展的一個基本規律。劉琳、池志勇、劉傑（2012）認為，品牌是文化產業的精華所在，是文化企業做大做強的業態支撐點和最終目標，它體現了文化企業的核心競爭力。如何利用豐富的文化資源培育文化產業品牌就成了我們必須解決的問題，對策建議包括培育龍頭企業，增強核心競爭力；打造創意品牌，創造文化精品；培養創意人才，提供人才支撐。李慧星、塗永式（2012）通過分析中國文化創意產業實施品牌策略的意義以及存在的問題，從強化品牌

策略意識、明確品牌定位、優化品牌元素、完善品牌傳播體系四個方面提出了中國文化創意產業實施品牌策略的對策。

(6) 文化產業與低碳經濟的關係研究

李紅梅（2010）對低碳經濟時代民族地區文化產業發展的模式進行探討，認為低碳經濟已經成為當今國際經濟發展的主要潮流，與此相適應的產業結構調整與升級必然呼喚文化產業的發展。文化是一種軟資源，文化產業投資屬於中長期投資。西部民族地區在自然資源及環境的雙重約束下理應採取產業結構調整的跨越式發展策略，把文化產業作為當地新的經濟增長點，發揮文化資源的獨特創新優勢和強勢的就業拉動效應，建立符合地區特色及實際的文化產業集群及園區示範基地，是西部文化產業發展的現實選擇。[27] 傅守祥（2010）研究了生態文明時代的文化產業與低碳經濟問題，認為積極發展文化產業，是為了滿足人民群眾日益增長的精神文化需求。文化產業的崛起對現代經濟發展模式產生了深遠的影響。隨著知識經濟和訊息社會的來臨，經濟增長模式發生了根本的改變，知識和訊息即「文化力」取代資源、資本和技術在經濟中的主導地位，構成了經濟增長的主要因素。[28] 張貴祥（2010）研究北京建立低碳市場機制與發展生態文化產業構想，認為後奧運時代，北京市應逐步建立國內外規範的能效環保市場機制，繼續加強節能環保領域的國際合作，發展低碳經濟、循環經濟；要繁榮首都生態文化產業，公園綠地除了休閒游覽功能，要增加生態教育和節能低碳科普宣傳功能，增加應急避險功能，提高全社會的節能、生態環保意識與自覺性，全面提升首都乃至全國的綠色競爭力。[29] 王萌（2011）研究了中國低碳經濟發展模式與文化創意產業發展的關係的問題，認為大力發展低碳的文化創意產業是中國經濟發展的主要策略取向，它有利於促進中國工業產業轉型，促進中國社會主義新農村經濟建設，促進中國商業、服務業等第三產業的核心競爭力的提升。[30] 鄧顯超（2011）認為，低碳經濟是以實現經濟社會的可持續發展為基本目的，以低能耗、低汙染、低排放為基本特徵的經濟發展模式。文化產業具有低碳經濟的特點，是比較典型的朝陽產業和綠色經濟，不僅具有生態增值的功能，而且能夠改變傳統消費觀念和生活方式。但是，目前有些文化企業存在過分依賴有形文化資源、集約化程度不高和盲目發展、資源浪費與同質化競爭的

問題。解決這些問題,最根本的是在轉變經濟發展方式的同時,轉變文化發展方式,走低碳文化產業發展之路。[31] 李丹(2011)認為低碳已經成為國際上各個行業領域發展的主要潮流,而文化產業正是一種典型的低碳產業,也是低碳經濟的天然載體。文化產業作為一種新興的朝陽產業,發展的速度非常快,就是在這樣迅速的發展過程中,出現了一系列的「高碳」現象。而在全球提倡低碳經濟的大環境下,文化產業作為一個地區新的經濟增長點,更要順應這樣的經濟模式,必須要做到兩者的相互促進,協調發展,才能使文化產業有一個健康、高效的良性循環持續發展。[32]

黃友軍(2013)研究了低碳經濟視角下的文化產業發展,認為近年以來,黨和國家一方面大力推進低碳經濟的發展,另一方面大力支持文化產業的發展。那麼文化產業和低碳經濟是什麼關係呢?如何在低碳經濟視角下發展文化產業呢?通過研究,提出了發展文化產業就是發展低碳經濟的觀點,並且認為我們應該嚴格按照低碳經濟的發展要求,推動文化產業的發展,同時通過發揮文化產業的帶動效應和輿論導向作用,推動低碳經濟在中國的全面推廣。[33]

1.2.3 研究趨勢與不足

第一,對文化品牌與文化產業的互動關係研究不夠。文化產業的研究更多注重自身的發展,如文化產業的功能、特點、現狀、問題、體制機制、政策對策等,較少引入管理學、經濟學的知識,在理論層面需要進一步拓展。

第二,文化產業與其他產業的互動研究越來越多,如與數位化產業、商業產業等新興產業的融合研究成為主流,但文化產業在理論上沒有形成比較成熟的分析框架,結合當前形勢對文化品牌與文化產業的互動關係進行系統研究不夠,沒有系統研究文化產業與其他產業的互動融合關係,沒有深刻挖掘文化品牌提升對於文化產業發展的策略意義。

第三,主要側重於對大都市文化品牌和文化產業的研究,對省市以下的區縣研究不夠。由於大都市的發展更多的是依靠區縣一級的文化產業發展和配套,對區縣等基層的文化產業發展問題、出路、政策等研究不夠。針對北

京豐台區而言，北京豐台區文化品牌和文化產業的實證研究比較缺乏，能為北京豐台區提供經驗借鑑和指導性的理論研究成果不多。

第四，從低碳轉型的視角研究文化產業發展問題，已有成果不夠深入系統。面對資源能源危機和環境惡化等問題，需要大力推進生態文明建設，促進低碳發展、循環發展、綠色發展，文化產業作為重要的低碳型產業，如何發揮文化產業在城市低碳轉型中的重要作用沒有深入研究。可以說，低碳是文化品牌與文化產業發展的新理念、新概念、新內涵，研究和探討低碳的文化品牌與文化產業具有重要的現實意義和理論價值，迫切需要開展此領域的研究。

1.3 研究內容和總體框架

（1）研究思路

在對文化產業、文化品牌、產業集群、低碳轉型等相關理論的分析基礎上，考察文化品牌與文化產業的互動關係，從建設世界城市、國家文化中心和提升文化軟實力等視角研究北京豐台區文化品牌提升與文化產業突破的策略意義；深入分析北京豐台區文化品牌提升與文化產業突破的機遇、優勢和基礎條件，比較分析國內外的成功模式和有效做法，為北京豐台區提供經驗借鑑；通過實證調研，分析存在的主要問題及其原因，進而基於低碳轉型的視角提出發展策略和對策建議，著力推進北京豐台區文化強區策略實施，構建北京豐台區國家級文化品牌和文化產業集群。

（2）內容框架和研究重點

第一部分，相關理論基礎研究。本部分將對文化產業、產業集群、價值鏈等相關理論的分析基礎上，論證文化的經濟屬性和功能，闡釋文化產業的經濟價值和社會價值。重點分析文化產業與文化品牌的互動關係，提出文化品牌與文化產業對於促進文化事業發展的重要價值，對這些理論問題進行梳理。

第二部分，品牌視域下文化產業發展的策略意義研究。本部分主要從文化品牌和低碳轉型的視角出發，深入分析北京丰台區文化品牌提升與文化產業突破的機遇和優勢，提出北京丰台區發展文化產業的重要策略意義。

第三部分，國內外城市文化品牌與文化產業發展的經驗與模式比較研究。本部分通過對歐美先進國家、中國發達城市在文化品牌和文化產業發展的成功經驗和模式進行比較研究，為指導北京丰台區文化品牌和文化產業發展提供借鑑。

第四部分，北京丰台區文化品牌與文化產業發展的 SWOT 分析。通過實證調研和分析，包括問卷調查、數據整理、統計分析、專家深度訪談，從理論與實踐相結合的角度，分析北京丰台區文化品牌、文化產業發展的現實條件，從北京丰台區文化品牌與文化產業發展的優勢、劣勢、機遇和威脅等方面進行全面分析。

第五部分，文化品牌與文化產業發展的目標定位與發展重點。本課題將研究北京丰台區文化產業發展策略的目標、步驟和策略要點。

第六部分，提出文化品牌與文化產業發展的策略選擇。提出北京丰台區應重點發展六大文化品牌發展方向和八大發展策略選擇，特別重視低碳轉型策略的選擇與研究。

第七部分，基於低碳轉型的文化品牌與文化產業發展的對策建議。結合國內外文化品牌和文化產業發展經驗，以北京丰台區文化品牌和文化產業發展存在的主要問題為導向，從低碳轉型與生態文明建設的角度提出加快文化品牌和文化產業發展的更加有針對性的對策建議。

（3）研究方法

為使研究成果堅持決策應用導向，全面、客觀、準確地反映北京丰台區文化品牌和文化產業發展的實際情況，使政策建議具有創新性、針對性、可行性和可操作性，研究過程中我們將綜合採用以下研究方法：

1）文獻研究法。一是查閱有關文化品牌理論、產業集群理論、服務業理論、策略管理等研究文獻，考察文化品牌和文化產業發展的理論依據；二是

對近年來文化品牌和文化產業方面的理論研究成果和中國文化產業的實際狀況進行文獻梳理，分析該領域理論發展動態與所取得的理論成就。

2）比較分析法。主要歸納總結國內外先進國家與地區政府在提升文化品牌和發展文化產業的政策、舉措、經驗和做法。側重分析國內外不同國家和地區提升文化品牌和文化產業發展的一般做法、政策和措施，差異化的做法、政策、措施等。

3）調查研究法。通過實地問卷調查以及與企業家、專家和相關部門負責人座談，以期全面考察北京豐台區文化品牌和文化產業發展的現實條件和主要問題與制約因素。重點對華流風上、鴻蒙墅苑、凡客誠品、時代華語等品牌企業進行調研和座談，對盧溝橋、花鄉和戲曲文化「梨園之鄉」等區域進行調研，對空中天使品牌童裝、凡客誠品、正邦設計、依文等園區企業進行調研和訪談。對盧溝橋鄉小井村的「隆韻戲迷樂園」、東高地街道的「長虹京劇團」、馬家堡街道的「和韻京劇社」等戲曲團體進行問卷調查和訪談。

4）跨學科研究方法與系統分析方法。綜合運用產業經濟學、品牌管理、策略管理、文化產業、制度經濟學、技術經濟學、低碳經濟學等跨學科的專業知識進行理論研究。系統分析方法即將北京豐台區文化品牌和與文化產業發展視為一個完整的系統，主要分析其構成要素、結構層次、內部結構與外部環境的關係，結構與功能的互動關係等。

5）政策分析方法。重視運用適當的政策手段對北京豐台區文化品牌和文化產業發展加以引導和鼓勵，通過政策分析方法，提出政策建議，制定北京豐台區文化品牌和文化產業發展鼓勵性政策，加大政策扶持力度，加強政策資源整合等。

1.4 研究突破點或創新之處

（1）在理論創新方面，正確認識與把握文化品牌提升和文化產業突破兩者之間的互動關係。提升文化品牌是深化文化體制改革、推動文化產業發展方式轉變的內在需要，是中國參與國際競爭、維護國家文化安全、實現低碳

發展的重要途徑。文化品牌必須走產業發展的道路，依托產業集群發展和創新創意發展，才能打造特色的文化品牌，提升文化品牌質量，形成文化品牌競爭力；文化產業突破必須以形成和構築文化品牌為方向和策略目標，只有走品牌化的產業發展道路，才能真正突破文化產業發展的瓶頸和困境，體現文化產業自身的魅力和內涵，形成文化產業競爭力。

通過理論梳理，構建文化品牌提升與文化產業突破理論分析框架，提出構建北京丰台區「花好月圓 幸福丰臺」城市文化品牌。分析體制機制和環境在文化品牌提升和文化產業發展過程中的地位及其內在機理，論證文化品牌和文化產業發展在促進北京丰台區跨越發展和綠色發展的重要策略意義，從而為後續研究提供依據。

(2) 在實證研究方面，對北京丰台區文化品牌和文化產業進行 SWOT 分析。主要結合北京丰台區區情特點和區域差異，通過實證調研，對北京丰台區文化品牌提升和文化產業突破過程進行 SWOT 分析，深入考察北京丰台區在文化產業發展方面的機遇、威脅、優勢、劣勢等，分析其問題存在的主要原因，進而提出有針對性的政策建議為指導實踐服務。

(3) 在政策創新方面，構建北京丰台區國家級文化品牌。提出通過正確的政策設計、科學規劃、體制創新、政策完善、資金投入、健全服務體系等多方聯動促進北京丰台區文化品牌和文化產業發展，提出構建北京丰台區國家級文化品牌的策略與政策建議。主要包括：

第一，要加強文化產業管理體制創新，實行管辦分開，減少行政干預和行政壁壘，大力推進經營性文化單位轉企改制，逐步完成文化經營類企業建立現代企業制度，大力培育文化產業多元市場主體，積極改革和完善文化產業的投融資體制機制。

第二，政策創新要注重推動文化產業與相關產業的融合發展，實現文化創新與科技創新的雙輪驅動，促進文化與金融、科技、旅遊、體育等相關產業的深度融合。

第三，充分發揮市場機製作用，積極扶持非公有制優秀文化創意企業，支持符合條件的文化公司上市，支持中小文化企業向「專、精、特、新」方向發展，形成富有活力的具有國際影響力的北京丰台區文化創意產業集群。

第四，充分認識文化產業發展對於城市低碳轉型的政策意義，制定面向低碳轉型、低碳創新、低碳發展的文化產業政策，制定有利於低碳型文化產業發展的相關扶持政策，打造低碳型的文化品牌，形成新的品牌競爭力。

註釋

[1] 陳潔民，尹秀豔．北京文化創意產業發展現狀分析 [J].北京城市學院學報，2009（4）：9-11.

[2] 中國文化產業發展及政策需求 [DB/OL].（2013-07-09）[2013-07-20]http://guo-qing. china.com.cn/2013-07/09/content_29366706_2.htm.

[3] 蔡武．文化產業成為杜會資本追逐新熱點 [DB/OL].（2010-04-28）[2010-05-19]http:// news.xinhuanet.com/politics/2010-04/28/c_1262085.htm.

[4] 龔世友．文化產業將成為經濟增長的新亮點 [J].中國產業，2011（3）：53.

[5] 耿乃凡．文化產業在經濟發展中的地位和作用 [J].中國產業，2010（8）：36-39.

[6] 安宇，田廣增，沈山．國外文化產業：概念界定與產業政策 [J].世界經濟與政治論壇，2004（6）：6-9.

[7] 錢正武，楊吉華．中國文化產業政策的制定及其實施 [J].安徽師范大學學報（人文杜會科學版），2007（1）：6-11.

[8] 楊吉華．論中國文化產業政策的缺失及完善途徑 [J].南京政治學院學報，2007（5）：55-58.

[9] 凌金鑄．文化產業政策創新的實踐與體系 [J].南京郵電大學學報（杜會科學版），2008（3）：13-18.

[10] 汪如磊．中國特色社會主義文化產業體制構建初探 [J].改革與策略，2011（5）：116-119.

[11] 吳倩倩．全媒體時代文化產業管理體制改革研究 [J].新聞世界，2013（7）：12-13.

[12] 李明泉．文化體制改革的價值取向 [J].中華文化論壇，2013（12）：1.

[13] 凌金鑄．文化體制改革的緣起 [J].中國文化產業評論，2013（1）：10.

[14] 李珊．改革開放以來中國文化體制改革探析 [J].青年與杜會，2014（2）：22-23.

[15] 唐正繁．政府文化職能視野下的文化體制改革 [J].理論與當代，2014（3）：33-35.

[16] 胡惠林．當前中國文化產業發展的特點與趨勢 [J].開發研究，2006（1）：5.

[17] 陳丹．中國文化產業現狀分析 [J].山東省農業管理干部學院學報，2013（5）：132-133.

[18] 劉克興. 中國網路文化產業現狀及研究方向 [J]. 電子商務，2013（8）：11-12.

[19] 鄭茂林，郭旭紅. 知識經濟條件下文化產業與經濟增長關聯性分析 [J]. 江西社會科學，2004（3）：155-157.

[20] 陳珏，何倫志. 文化資本、文化產業與經濟發展 [J]. 新疆大學學報（哲學人文社會科學版），2007（7）：5-8.

[21] 馮子標，王建功. 文化產品、文化產業與經濟發展的關係 [J]. 山西師大學報（社會科學版），2008（3）：91-94.

[22] 陳憲，韓太祥. 文化要素、文化產業與經濟增長 [J]. 中國文化產業評論，2009（1）：2-10.

[23] 李懷亮，方英，王錦慧. 文化產業與經濟增長關係的理論研究 [J]. 經濟問題，2010（2）：26-29.

[24] 邊璐，張璞，張江朋. 中國文化產業與經濟增長速度的效應研究 [J]. 統計與決策，2013（5）：91-94.

[25] 劉亞虎. 少數民族文化品牌的價值與開發 [J]. 文化遺產，2010（7）：67-72.

[26] 何桑. 易俗社戲劇文化品牌的價值認知 [J]. 當代戲劇，2011（3）：7-10.

[27] 李紅梅. 低碳經濟時代民族地區文化產業發展模式探討 [J]. 新視野，2010（5）：19-21.

[28] 傅守祥. 生態文明時代的文化產業與低碳經濟 [N]. 中國社會科學報，2010-04-27（16）.

[29] 張貴祥. 北京建立低碳市場機制與發展生態文化產業構想 [C]//2010 國際都市圈發展論壇會議論文集，2010：50-54.

[30] 王萌. 關於中國低碳經濟發展模式與文化創意產業發展的關係研究 [J]. 佳木斯教育學院學報，2011（4）：379-380.

[31] 鄧顯超. 低碳經濟視閾中的文化產業發展 [J]. 長白學刊，2011（2）：150-152.

[32] 李丹. 保持低碳文化產業的可持續發展 [J]. 青春歲月，2011（12）：36-37.

[33] 黃友軍. 低碳經濟視角下的文化產業發展研究 [J]. 科學大眾（科學教育），2013（2）：163.

第 2 章 相關理論基礎

　　本部分將在對文化產業、產業集群、價值鏈、文化品牌、低碳經濟等相關理論的分析基礎上，論證文化的經濟屬性和功能，闡釋文化產業的經濟價值和社會價值。

　　重點分析文化產業與文化品牌的互動關係，對這些理論問題進行梳理。

▌2.1 文化產業理論

　　文化與經濟的融合發展在現代社會發展中越來越緊密。文化產業被公認為 21 世紀的朝陽產業和支柱產業。文化產業理論伴隨產業實踐不斷得到深化和拓展。

2.1.1 與文化產業相關聯的概念

　　文化產業作為世界各國經濟轉型、結構優化升級、擴大內需的重要支撐產業，也是經濟社會持續發展、促進國家文化大繁榮大發展的重要新興產業，具有傳統製造業無可比擬的活力、優勢和發展潛力。但作為新興產業，在理論和實踐等方面還不夠成熟，存在自身的產業定位、產業政策、資金扶持、市場準入等問題。就其產業定位和概念界定等方面，需要對相關概念進行認真梳理和嚴格界定。涉及文化產業相關的概念主要包括以下幾個方面：

　　（1）文化的內涵

　　文化是文化產業的基本概念之一。文化（culture）一詞起源於拉丁語，最初的含義是指土地耕耘和作物栽培。伴隨著文明的不斷進步，文化一詞獲得了抽象的內涵和精神產物的意義。據研究，文化的定義至少在 200 種以上。從廣義角度來說，《大英百科全書》中將文化定義為「總體的人類社會遺產」，而從狹義角度來看，文化指人類的精神活動及其成果，《蘇聯大百科全書》認為文化在狹義上「僅指人們的精神生活領域」。在《辭海》中，對文化詞條所下的廣義定義是「人類在社會實踐過程中所獲得的物質、精神的生產能力和創造的物質、精神財富的總和」，而狹義上則是指「精神生產能力和精

神產品，包括一切社會意識形式、自然科學、技術科學、社會意識形態等」。該定義基本上獲得社會各界的大致認可。[1]

（2）產業的概念

產業指國民經濟的各行各業。從生產到流通、服務以至於文化、教育；大到部門，小到行業都可以稱之為產業。隨著經濟社會的不斷發展，產業活動越來越頻繁，產業在國家發展中的主導性地位越來越突出，人們對企業、市場行為的認知不斷提高，對產業概念的認識也隨之提高。「產業」一詞最早由重農學派提出，特指農業。有社會生產及其組織體系的存在，就會形成一定的經濟規模，這將形成某種意義上的產業。農業是最早形態的產業內涵。在人類邁入資本主義大生產時代後，產業主要是指工業，在英文中，產業與工業的表示方式都是 industry。馬克思主義政治經濟學曾將產業表述為從事物質性產品生產的行業。20 世紀 50 年代以後，隨著服務業和各種非生產性產業的迅速發展，產業的內涵發生了變化，不再專指物質產品生產部門，而是指「生產同類產品（或服務）及其可替代品（或服務）的企業群在同一市場上的相互關係的集合」。學者普遍認為，產業是居於微觀經濟的細胞（企業）和宏觀經濟的整體（國民經濟）之間的一個集合概念；既是同一屬性的企業的集合，是眾多同類或同行業的企業集合，也是根據某一標準對國民經濟進行劃分的一部分。從廣義上講，產業是指國民經濟各行各業的總和，是介於微觀經濟組織和宏觀經濟組織（國民經濟）之間的「集合概念」。產業概念通常包括企業大規模生產和市場化行銷獲得足夠的市場份額，追求市場營利性。產業是企業生產和提供商品（或服務）用來交換，商品化是產業的本質內涵，營利是產業發展的根本目的和依據。

（3）文化生產和文化資源的內涵

文化生產是社會生產的特殊形式。文化生產是關於文化內容的產出過程。有研究指出，文化生產代表著當前人類社會生產的前沿態勢，也是經濟文化一體化趨勢的客觀結果，對於中國文化的大發展大繁榮具有重要的實踐價值，是實現中國文化發展繁榮的基礎工程。從根本上講，文化生產是指文化產品和文化服務的創造和生產活動，是人們對知識、思想、觀念、心理、情緒等

進行創造加工，通過一定物質技術表達出來，滿足精神需求和智力需求的過程。[2] 從經濟學的視角看，文化的非物質本質決定了文化生產所創造、傳播和實現的價值是一個客觀化過程。這一過程受時空條件的制約，從而使文化生產的經濟價值具有不確定性和不穩定性。文化生產作為人類基本的生產形式，是創造、傳播和實現文化價值的生產過程。[3] 從文化生產的對象來看，文化生產包括文化內容的生產和义化產品載體的生產，前者即指文化產業所具有的文化「原創」特質，而後者指諸如光盤等載體的生產，是文化生產在現代科技條件下的新發展。[4] 就文化內容生產而言，指的是創造和再現觀念形態的產品，並以滿足人們精神生活需要為目的。文化生產及其質量是文化產業的基本要素，是文化品牌提升的關鍵環節。

文化資源是人們從事文化生產或文化活動所利用或可資利用的各種資源，包括自然資源和社會資源。其中，社會資源是文化資源主體部分，包括教育、科學、文藝、道德、法律、風俗、信仰等。文化資源的開發利用是當前人們關注的熱點話題。

從本質意義上講，對文化資源的開發利用是一種文化實踐，是文化活動的生產過程，是基於人類文化積累的創造性的文化生產和再生產過程，文化生產和文化再生產必須從賦予文化意義和生成文化形式兩個方面著手，才能有效地開發和利用文化資源。在這一過程中，一方面要注重文化資源的內在提升，從中提煉出符合時代精神和人文精神的主題，挖掘文化資源所負載的人文、地理訊息，不斷賦予文化資源以符合時代精神的意義，對文化資源進行內創新；另一方面還要在繼承傳統的基礎上，創造出適應時代要求的文化新形式、新元素，進行外創新。[5] 因而，文化資源的內涵包括廣義和狹義兩個層面。廣義上的文化資源泛指人們從事一切與文化活動有關的生產和生活內容的總稱，它以精神狀態為主要存在形式。狹義上的文化資源是指對人們能夠產生直接和間接經濟利益的精神文化內容。

义化資源具有無形性。文化精神和氣質是以不可見的形式存在於人們的思想當中和意識之內的，難以用客觀的可視的物質進行充分展現，即使利用現代媒體手段也僅僅能展示某方面的特徵，但難以全方位描述。文化資源是

時刻以無形的姿態存在的。從事文化資源開發應該特別注重精神品質的不斷提升和豐富，才能夠深刻把握文化資源的豐富價值和意義。無形性的文化資源是無價的，適度的有序開發可以使文化資源變成具有經濟價值的文化財富。

文化資源是有差異性的。文化資源的生產、存在和開發離不開一定的生產地域和時空限制。不同的地域會有不同的文化資源，不同時間段會存在不同的文化資源形態。由於產生的背景、條件等不相同，導致不同地域的文化資源大不一樣。

這將形成文化資源的差異性，也是文化資源得以交流和共享的前提。差異化產生文化資源的區別和特色，存在資源利差，有利於形成交流和互動的利益空間。同質化的文化資源難以流動和互補，難以形成供求關係。

文化資源具有適境性，或稱情境性或環境性。文化資源是在一定的環境下產生的，是適應當時當地的自然環境和人文環境而產生和存在的。所謂適境性，是指文化資源的生命力要在一定的情景或者相當的環境資源條件支撐下才會發生。文化是民族的文化，文化是大眾的文化。民族的大眾的文化對文化的傳承和交流提供了豐富的適應情景。

（4）文化產品和文化服務的內涵

從產品的視角，主要是有形的、可見的物質產品，與文化相關的、文化物化或介質化的產物，是將現有文化以不同形式進行編碼並存儲於一定的物質介質中，體現一定文化底蘊、文化內涵、文化模式的物質性產品的總稱。而文化服務則是從服務的視角，為消費者提供文化類的相關服務，滿足消費者對文化消費的各種需求，在服務消費過程中感受文化的內涵、文化的魅力、文化的薰陶，進而體現文化的價值和品位。

文化產品不同於一般的物質產品，重要區別在於文化產品體現和實現的內在精神文化層面的體驗，而不僅僅是物質消費層面的欲望滿足和價值體現。文化產品和文化服務重在實現消費者的「精神」培育。文化產品在很多情況下具備一定物質形態，滿足消費者對某種或某類精神文化的消費需求，提供一定的知識、訊息和娛樂功能，客觀上起著傳承文化、提升文化、體驗文化

的重要功效。文化產品與文化服務的區別在於，文化產品一定是對某種文化性質的物質產品的消耗，而文化服務則是在提供服務的過程中對文化的消費和體驗。當然兩者有時是融合在一起的，文化服務的消費需要一定文化產品和文化設施的提供與消費過程才能實現，而文化產品的消費也包含了配套文化服務的滿足。

因此，文化產品與文化服務是緊密結合在一起的，是文化產業發展的基礎和核心要素，文化產品的發展所提供的是某些文化產品的生產、運輸、消費及相關服務。如戲劇文化產業是戲劇服裝的生產、消費和戲劇演出服務等相關產品和服務的提供過程。戲劇文化產品是指戲劇文化及其戲劇演出的承載介質。戲劇服裝首要的目的不在保暖，而是為戲劇文化活動開展提供基礎條件，並在戲劇演出等服務過程中實現文化產品和文化服務的供給與需求的滿足，進而體現了文化產業發展的價值。

（5）文化產品與藝術產品的區別

藝術是用形象來反映現實，但比客觀有典型性的社會意識形態。在《辭海》中，藝術是「人類以感情和想像作為特性的把握世界的一種特殊方式，即通過審美創造活動再現現實和表現情感理想，在想像中實現審美主體和審美客體的互相對象化」。「文化」是人類全部社會成員參與創造形成的，而「藝術」本質上是以具備一定審美潛質的藝術家為主體進行創作的。藝術產品一般為具有較高水平的藝術家或藝術創作者所提供的產品。因而藝術產品屬於文化產品，是文化產品重要的高端的類型。而文化產品還包括不具有藝術水平的一般性文化類產品。

（6）文化產業、創意產業和文化創意產業的區別在不同的國家、不同的歷史與文化背景和不同的意義上，文化產業有時候也被稱為「文化工業（cultural industry）」、「大眾文化」、「通俗文化」、「媒體文化」、「內容產業」、「版權產業」等。聯合國教科文組織在蒙特利爾會議上曾把文化產業定義為「按照工業標準生產、再生產、儲存以及分配文化產品和服務的一系列活動」。

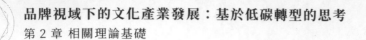

英國政府將文化產業定義為「那些出自個人的創造性、技能及智慧和通過對知識產權的開發和生產，創造財富和就業機會的活動」。該定義著重強調了文化產業的「原創」特點，以及文化產業營利的產業本性和對經濟發展的作用。在中國，北京大學葉朗教授在《充分重視文化產業在經濟建設中的重要地位》一文中認為，文化產業是指文化產品與文化服務的生產經營活動以及為這種生產和經營提供相關服務的行業。《文化藍皮書：2001—2002 年中國文化產業發展報告》研究指出，文化產業是產業發展的巨大「群」，主要依托大規模的複製技術手段，通過最廣泛的傳播工具和功能實現，在市場利潤和商業動機的刺激下，建立完善的經濟鏈條，實現迅速拓展，通過傳統文化藝術原創和保存功能的滲透實現快速發展。[6] 中國國家統計局發布的《文化及相關產業分類》將文化產業界定為：「為社會公眾提供文化、娛樂產品和服務的活動，以及與這些活動有關聯的活動的集合。」

文化產業一般從廣義層面是可以包括創意產業和文化創意產業。但不是所有的文化產業都是創意產業。創意產業的基礎是具有創作性、創新性，是基於創意、技巧、智慧、才華所形成的產業，是對藝術、知識、技術等在內的文化的能動性發揮。

當然創意不一定形成產業，創意不一定都能實現，在現有的條件下，有些僅僅是良好的創意而已，創意的實現及其產業的構建是複雜的過程。創意產業更強調個體性、創新性以及擴散性，不一定提供精神上的消費，不一定成為社會認可的文化性質的產品或產業。創意所形成的可能是個性化的消費需求，其規模化推廣受到一定的限制。而文化產業強調文化產品的工業化、規模化的生產、流通和消費，為大眾提供精神層面的消費品或服務。文化創意產業則是創意與文化的高度統一與融合，是文化產業中進行創作性、創造性、創意性提升的價值增值和文化體驗，是實現傳統文化產業提質升級的重要部分。當然文化產業、創意產業、文化創意產業在外延上存在著交叉和重合。

（7）文化產業與文化事業的區別

從文化產業和文化事業的劃分看，文化產業更側重於經濟方面。文化產業被正式承認，並明確與文化事業分開，意味著對文化產業化手段創作和傳播功能的肯定。純粹的文化發展與傳播、文化的意識形態功能主要由文化事業承擔，文化事業具有公共性特徵，滿足基本公共文化服務則主要由文化事業單位來承擔，而文化產業則獲得了產業形態，成為一支全新的經濟力量，更側重經濟功能。

結合以上關於文化和產業的定義，本書認為，所謂文化產業，就是利用現有文化元素和文化資源為基礎，以生產和經營文化商品和文化服務為主要業務，以利潤創造、服務優化、價值增值為核心，以文化企業為核心，以低碳轉型為理念，向消費者、社會和市場提供文化產品和文化服務的產業體系。

從概念的內涵和外延看，文化產業是一個產業概念。文化產業是一種重要的產業類型。文化是文化產業的基礎和內容，產品與服務是文化的載體。文化產業將工業化的方式和手段運用於對大眾文化的傳播。文化產業的重心在於運用產業化手段和方式經營文化，將文化的創作和傳播納入到經濟運行軌道中，從而形成區別於其他產業的產業鏈條和產業結構。

從文化產業自身發展歷程看，文化產業表現出經濟性逐步增強，不斷走向完善的特徵。最初的文化是精英文化，文化的傳播侷限於具有特權的精英群體，文化與經濟是嚴格分離的。隨著人們生活水平的提高，不同的大眾產生的文化消費需要、文化產品與服務開始具有了經濟價值，大眾文化應運而生。在技術支撐下，文化逐步被賦予了更多的產業屬性和經濟屬性，文化產業成為一個新興產業。

2.1.2 文化產業形成的歷史必然和內在規律

文化產業是隨著經濟社會發展特別是文化事業發展而發展的，具有內在的歷史必然性和發展規律。文化產業的產生符合經濟形態演變的客觀經濟規律。早在 17 世紀，西方經濟學家威廉·配第經研究後認為，隨著經濟的不斷發展，產業的中心將由有形財物的生產轉向無形的服務性生產。目前，服務

業快速發展，已經成為經濟增長的支柱產業。文化產業主要是以文化生產和服務為主要內容的服務性產業形態，這是經濟發展的結果，也是社會群眾隨著物質生活水平提升而形成對精神生活需求的不斷追求與提升的結果。在 20 世紀 40 年代，經濟學家克拉克發現了又一個經濟法則：隨著經濟的發展，就業結構將從第一產業向第二產業，再向第三產業轉移，這個經濟法則被稱為配第一克拉克法則。文化產業作為第三產業的重要形態，其產生與演化符合經濟形態演變的必然結果。

文化產業的產生和發展是社會需求變化的必然結果，是人類自身發展的需要。

丹麥未來學家沃爾夫·倫森認為，人類在經歷狩獵社會、農業社會、工業社會和訊息社會之後，將進入一個以關注夢想、歷險、精神以及情感生活為特徵的夢幻社會，人們的消費注意力將從物質需要轉移到精神需要，文化需求的提高催生了文化消費市場的繁榮，進而直接催生了文化產業的發展。隨著人均收入水平的提高，整個社會將產生對農業初級產品和工業消費品以外的產品的新需求，社會對精神文化生活的新需求，直接促進了文化產業的產生和發展。同時，現代技術的發展特別是新媒體技術的快速發展，加快了文化傳播，為文化產業的發展帶來強大的機遇。新媒體技術使得文化傳播載體出現了重大的突破和發展，改變了人類文化傳播和演變的傳統方式，也改變了人們接觸精神產品的廣度和深度，這也有助於文化產業的跨越式發展。文化產業發展的歷史必然性進一步得到強化。

文化產業產生的背景是經濟快速發展，文化事業繁榮，文化消費需求不斷提升，促進了文化與經濟一體化發展。隨著生產力的發展，文化與經濟相互滲透的趨勢越來越明顯，甚至出現了文化經濟現象。而文化產業正是文化經濟形態的體現。

經濟對文化的作用主要體現在市場經濟條件下文化的產業化發展，而文化對經濟的作用往往不是直接的，而是以人為中介，通過對人的價值觀念、思維方式、行為方式以及信仰、風俗的影響來實現，通過提高勞動者素質和改善經濟要素，最終推動整個社會的進步。文化軟實力已經成為了綜合國力

的重要代表。在文化與經濟高度融合與一體化發展的背景下，文化產業的誕生既具有必然性，也具有昭示未來經濟發展方向的重要意義。

2.1.3 文化產業的基本特徵

（1）精神產品與經濟效益的雙重屬性

文化產業體現為精神產品與經濟效益相結合。文化產業最明顯的特徵莫過於它的意識形態和經濟生產雙重屬性。在精神層面，文化產業首先是文化，即滿足人們在精神層面的消費需求的產品或服務。同時作為產業而言，是以企業為主體所提供的滿足市場文化消費需求的，需要消費者付費的經濟活動，是具有一定經濟效益的文化產品或文化服務。作為一種產業，文化產業與傳統意義上的文化生產、文化創造有著很大的區別與不同，文化產業是一種經濟行為，其投入產出和生存發展取決於市場，傳統意義上的文化生產必須依靠政府的投入，目的在於繁榮文化。

現代意義上的文化產業並不僅僅依靠政府的投入，意味著文化產業的主體是企業，發揮市場主體在文化產業中的主體性投入作用。雙重屬性決定了文化產業既是產業，滿足產業的一般發展規律，又屬於文化活動，具有追求精神享受和經濟效益的雙結合。其既然屬於產業，當然應該按照市場規律進行運行和發展，否則文化產業發展就會受到限制。文化產業又不同於一般的物質產品的生產，因其承載著一定的思想意識形態和文化藝術內涵，這種「內容產業」，既要遵循經濟規律、市場規律，又要遵循文化自身的發展規律，經濟效益和社會效益必須兼顧。文化產業似乎是一種既有「經濟」成分又有「文化」成分的「新經濟」，一種介乎精神產品生產與物質產品生產之間的「第三種生產」。[7]

（2）文化產業的原創性

原創性指從一開始就應該有一種批判、創造的基本理念和重要精神，是拋棄與否定或者部分拋棄與部分否定過去或者過去的一切。文化生產的核心是文化內容的生產，而文化內容生產的關鍵就在於其原創性。文化生產是具有自主知識產權的原創性研究和發明的過程，原創文化產品之間都具有不可

重複性、不可替代性和不可再生性。英國在界定文化產業的時候，甚至把文化產業命名為「創意產業」。缺乏創造性特別是原創性的文化產品或者服務的文化產業是不可持續的，也不會具有長久的競爭力。原創性是文化產業的精神內核和重要動力。

關鍵是增強全民族文化創造活力。增強文化創造活力要突出原創性，原創性文化是文化創造活力的集中體現。一個國家和地區文化創造活力強勁，原創性文化作品就會大量湧現；反之，文化創造活力不足，原創性文化作品就可能大量萎縮。激發文化創造活力，鼓勵和催生大量原創性文化作品，是文化大發展大繁榮的根基和原動力，也是文化產業持續發展的核心競爭力。具有原創性的文化產業才能占據文化發展主動權。原創性文化是一個國家或地區文化繁榮發展的重要代表。在文化發展中，複製和模仿是沒有地位的，而原創性文化則能占據制高點，取得發展主動權與獨具特色的品牌競爭力。有創造性的產品才能形成自身的特色，實現差異化競爭，獲得品牌競爭力。文化品牌主要還是靠文化產業的原創性。靠著模仿和複製，固然能短時間出現繁榮的場面，但勢必不能長久，只有突出原創性，文化才有可持續繁榮發展的能力。我們應發展原創性文化，真正滿足人民群眾多層次的精神文化需要，為文化產業發展提供強大動力。文化產業內容的原創或創意，猶如高新技術產業的科技創新一樣，需要長期的、大量的研發投入，需要文化工作者具有甘於坐冷闆凳、潛心搞創作的精神境界。發展和壯大文化產業既要轟轟烈烈地大投入，更要扎扎實實潛下心來進行內容原創。只有推出受群眾喜聞樂見的原創性文化作品，傳播、衍生開發等後續的價值延伸才能得以實現；只有掌握了原創性產品，文化產業才能真正具有核心競爭力。[8]

（3）文化產業的複製及文化消費的特殊性

儘管原創性特別強調文化產業的創造特徵，似乎與複製性相矛盾。但作為產業特徵的文化活動而言，複製性指生產加工過程的可以複製，同類產品可以批量生產，否則就難以滿足大量的文化消費需求。如不可能每場電影只放一次，否則其成本很高，經濟效益無法得到提升。

文化產業或產品不同於一般物質產品的生產或消費，一般意義上的物質產品一旦消費不可再重複消費，如糧食消費完畢不可能再重新消費，而文化產品如電影、電視節目可以重複播放。從經濟學角度講，文化產業的產品並不是公共產品，不具有非競爭性、不可分割性、非排他性等特徵。在傳統社會中，許多文藝作品是個人獨特的創作，其思想意義和審美價值也是獨特的，表現出個人才智與社會文化的豐富性。當現代意義的文化產業，由於其性質的限制，其生產方式主要是通過工業化的機械複製方式進行大規模的生產和消費。現代文化產業在一定原創性基礎上可以進行複製生產和大規模推廣傳播。

　　有專家指出，文化產業必須是能夠人為創造出新產品的產業，並且具有可複製性。要做成產業，該文化內容必須是可複製的，就是產品、模式或者是行銷方法可複製。文化產業是複製了產品，或者複製的是模式或者方法。[9] 可複製性意味著文化產品主要是通過對原創文化符號大批地複製生產出來的。文化產業的複製生產與傳統製造業的批量生產是不同的。傳統製造業的生產只是一種單純的製造，而文化產業的複製是將一個產品重新編碼，然後作為自己的內容去反覆重現。文化消費將生產過程和消費過程有機地結合了起來。[10] 文化消費以消費者較高的精神文化需求為基礎，要求消費者具有較高的文化素質。文化消費的個性突出。這些特徵和要求決定文化產業的內在發展規律和特質。

　　（4）文化產業與科技的融合趨勢

　　現代文化產業不再是傳統的低端產業，是內涵豐富知識、借助現代技術手段的知識密集型、技術密集型高端產業。在知識經濟時代，技術的革命、進步、推廣使得知識的風暴席卷所有的行業，數位高清晰度電視技術、數位媒體、互聯網技術以及先進的激光照排技術等都增加了文化產業的技術含量。文化與科技融合，本質上是現代科技向文化領域的嵌入和推進，迫使文化產業形態的變遷和消費模式的轉變。文化產業與科技的高度融合，提升了文化產業的層次和競爭力，也促進了文化產業的傳播與推廣。訊息技術與文化產業的結合形成的 IC（Information Culture）產業是文化產業中具有發展前

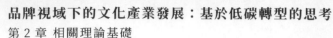
途和成長性的新興領域。該領域將先進的訊息傳播手段與強大的文化內容生產能力結合起來，採用先進的技術手段整合文化資源。文化產業依托科技創新得到快速發展，文化與科技融合發展成為當前社會文化發展的一種必然趨勢。科技創新是文化發展的重要引擎，應有效發揮文化和科技相互促進作用，深入實施科技帶動和創新驅動策略，增強文化產業的自主創新能力。

促進文化和科技融合，發展新興文化業態，提高文化產業規模化、集約化、專業化水平。當前文化產業面臨文化與科技融合發展的有利時機和良好機遇，科技創新突破文化產業的技術壁壘與各種瓶頸，通過自主產品創新提升文化產業的技術含量和價值鏈層次，不斷創造文化品牌。科技創新提升了文化產品與產業的內涵和質量，實現文化業態的界域開拓和文化服務的品質優化。

西方先進國家重視文化產業與科技創新的融合，形成「知識經濟」、「文化產業」、「數位地球」[11]、「互聯網生存」等新概念，產生包括網路服務產業、數位遊戲產業、電腦動畫產業、移動內容產業、數位影音應用產業等為主的數位內容產業群，為文化產業持續發展、跨越發展注入了新的動力與活力。文化產業充分利用現代科技成果和技術積累，加強技術集成創新，提升文化領域的科技含量與技術水平，強化發展模式、服務模式、管理模式的創新。[12] 文化產業與科技的融合趨勢形成文化產業的新特徵和新趨勢，文化創新與科技創新的雙輪驅動進一步促進了文化產業的融合發展。依靠融合發展策略，促進了文化產業與其他關聯產業的融合，如依靠現代網路技術構成新的動畫產業、新媒體產業，文化產業與體育產業、旅遊產業等的融合也是借助現代技術得到快速發展。

2.1.4 文化產業的結構劃分

關於文化產業的內部結構或者劃分，不同的標準具有不同的結構類型。根據實踐發展的要求，比較典型的分類是：

[13] 第一，文化產品製造業。指從事文化消費品生產和文化載體生產的工業部門，包括印刷業和記錄媒介的複製、文化用品、樂器用品、玩具工藝美術品、體育用品、藝術陶瓷製造、家用視聽設備製造等製造業行業。

第二，文化產品批發零售業。指從事文化消費品銷售活動的批發零售業。主要包括圖書、報刊批發零售業、音像製品的批發零售業以及上述文化產品的批發零售業等。該產業比較低端，隨著網路技術的發展，該產業得到較大限制。當然有的借助電子商務開展文化產品的批發零售。

第三，文化服務業。指專門從事各種文化工作的服務部門。包括園林綠化、攝影、娛樂服務業、體育、教育、藝術業、出版業、圖書館業、群眾文化業、文物業、文化經紀與代理業、廣播、電影、電視以及不屬於以上分類的其他文化服務業。

中國國家統計局發布的《文化及相關產業分類》將文化產業的範圍包括提供文化產品（如圖書、音像製品等）、文化傳播服務（如廣播電視、文藝表演、博物館等）和文化休閒娛樂活動（如游覽景區服務、室內娛樂活動、休閒健身娛樂活動等），其構成文化產業的主體；同時，還包括與文化產品、文化傳播服務、文化休閒娛樂活動有直接關聯的用品、設備的生產和銷售活動以及相關文化產品（如工藝品等）的生產和銷售活動，其構成文化產業的補充。

《文化及相關產業分類》還將文化產業分為 3 個層面：文化產業核心層、文化產業外圍層和相關文化產業層。如圖 2-1 所示。

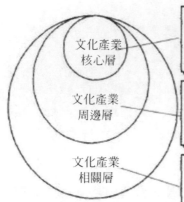

新聞、書報刊、影音製品、電子出版物、廣播、電視、電影、文藝表演、文化演出場館、文物及非物質文化遺產保護、博物館、圖書館、檔案館、大眾文化服務、文化研究、文化社團、其他文化等

互聯網、旅行社服務、遊覽景區文化服務、室內娛樂、遊樂園、休閒健身娛樂、網咖、文化中介代理、文化產品租賃和拍賣、廣告、會展服務等

文具、照相器材、樂器、玩具、遊戲器材、紙張、底片膠卷、磁帶、光碟、印刷設備、廣播電視設備、電影設備、家用視聽設備、工藝品的生產與銷售等

圖 2-1 文化產業基本結構

第一，文化產業核心層

如表 2-1 所示，文化產業核心層包括：（1）新聞服務；（2）出版發行和版權服務；（3）廣播、電視、電影服務；（4）文化藝術服務。[14]

表 2-1 文化產業核心層類別一覽表

文化產業核心層類別	文化產業核心層類別
一、新聞服務 1. 新聞服務 新聞業（8810） 二、出版發行和版權服務 1. 書、報、刊出版發行 （1）書、報、刊出版 圖書出版（8821） 報紙出版（8822） 期刊出版（8823） 其他出版（8829） （2）書、報、刊製作 書、報、刊印刷（2311） 包裝裝潢及其他印刷（2319） （3）書、報刊發行 圖書批發（6343） 圖書零售（6543） 報刊批發（6344） 報刊零售（6544） 2. 影音製品出版和製作 （1）影音製品出版和製作 影音製品出版（8824） 影音製作（8940） （2）電子出版物出版和製作 電子出版物出版（8825） ——電子出版物出版 ——電子出版物製作 （3）影音及電子出版物複製 記錄媒介的複製（2330） ——影音製品複製 ——電子出版物複製 （4）影音及電子出版物發行 影音製品及電子出版物批發（6345） 影音製品及電子出版物零售（6545） 3. 版權服務 智慧財產權服務（7450） ——版權服務 三、廣播、電視、電影服務 1. 廣播、電視服務 廣播（8910） ——廣播電台 ——其他廣播服務 電視（8920） ——電視台 ——其他電視服務	2. 廣播、電視傳輸 有線廣播、電視傳輸服務（6031） ——有線廣播、電視傳輸網路服務 ——有線廣播、電視接收 無線廣播、電視傳輸服務（6032） ——無線廣播、電視發射站、轉播台 ——無線廣播、電視接收 衛星傳輸服務（6040） 3. 電影服務 電影製作與發行（8931） ——電影製片廠服務 ——電影製作 ——電影院線發行 ——其他電影發行 電影放映（8932） ——電影院、影劇院放映 ——其他電影放映 四、文化藝術服務 1. 文藝創作、表演及演出場所 文藝創作、表演及演出場所 文藝創作與表演（9010） ——文藝創作服務 ——文藝表演服務 ——其他文藝服務 藝術表演場館（9020） 2. 文化保護和文化設施服務 文物及文化保護（9040） ——文物保護服務 ——民族民俗文化遺產保護服務 博物館（9050） 烈士陵園、紀念館（9060） 圖書館（9031） 檔案館（9032） 3. 大眾文化服務（9070） ——大眾文化場館 ——其他大眾文化活動 4. 文化研究與文化社團服務 社會人文科學研究（7550） 專業性社會團體（9621） ——文化社會團體 5. 其他文化藝術服務 其他文化藝術（9090）

注釋：＊代表該行業類別僅有部分活動屬於文化及相關產業；類別前加「一」代表行業小類的延伸層；括號內為國民經濟行業代碼。

表 2-2 文化產業外圍層和文化產業相關層產業組成一覽表

文化產業周邊層類別名稱	文化產業相關層類別名稱
一、網路文化服務	一、文化用品、設備及相關文化產品的生產
1. 互聯網資訊服務	1. 文化用品生產
互聯網資訊服務（6020）	文化用品製造（241）
——互聯網新聞服務	樂器製造（243）
——互聯網出版服務	玩具製造（2440）
——互聯網電子公告服務	會議及展覽服務（7491）
——其他互聯網資訊服務	遊戲器材及娛樂用品製造（245）
二、文化休閒娛樂服務	機製紙及紙板製造（2221）
1. 旅遊文化服務	手工紙製造（2222）
旅行社（7480）	資訊化學品製造二（2665）
風景名勝區管理（8131）	照相機及器材製造（4153）
公園管理（8132）	2. 文化設備生產
野生動植物保護（8012）	印刷專用設備製造（3642）
——動物觀賞服務	廣播電視設備製造（403）
——植物觀賞服務	電影機械製造（4151）
其他瀏覽景區管理（8139）	家用視聽設備製造（407）
2. 娛樂文化服務	複印和膠印設備製造（4154）
室內娛樂活動（9210）	其他文化、辦公用機械製造（4159）
遊樂園（9220）	3. 相關文化產品生產
休閒健身娛樂活動（9230）	工藝美術品製造（421）
其他電腦服務（6190）	攝影擴印服務（8280）
——網咖服務	其他專業技術服務二（7690）
其他娛樂活動（9290）	二、文化用品、設備及相關文化產品的銷售
三、其他文化服務	1. 文化用品銷售
1. 文化藝術商務代理服務	文具用品批發（6341）
文化藝術經紀代理（9080）	文具用品零售（6541）
其他未列明的商務服務（7499）	其他文化用品批發（6349）
——模特兒服務	其他文化用品零售（6549）
——演員、藝術家經紀代理服務	2. 文化設備銷售
——文化活動組織、策劃服務	通訊及廣播電視設備批發（6376）
2. 文化產品出租與拍賣服務	照相器材零售（6548）
圖書及影音製品出租（7321）	家用電器批發（6374）
貿易經紀與代理（6380）	家用電器零售二（6571）
——藝術品、收藏品拍賣服務	3. 相關文化產品銷售
3. 廣告和會展文化服務	首飾、工藝品及收藏品批發（6346）
廣告業（7440）	工藝美術品及收藏品零售（6547）

注釋：＊代表該行業類別僅有部分活動屬於文化及相關產業；類別前加「一」代表行業小類的延伸層；括號內為國民經濟行業代碼。

第二，文化產業外圍層

文化產業外圍層包括：（1）網路文化服務；（2）文化休閒娛樂服務；（3）其他文化服務。

第三，文化產業相關層

如表 2-2 所示 [15]，文化產業相關層包括：（1）文化用品、設備及相關文化產品的生產；（2）文化用品、設備及相關文化產品的銷售。

2.1.5 國際背景下的文化產業發展新特點

文化產業的地位不斷得到國際社會的公認，許多國家的文化產業已經成為經濟社會發展的支柱產業。不同的國家和地區的文化產業發展也表現出不同的特點。文化、藝術的生產傳播成為知識生產的重要載體和表現形式，是知識經濟時代發展不可或缺的重要組成部分，文化產業也被稱之為重要的知識性產業。在 21 世紀的知識經濟背景下，文化產業成為重要的支撐和主導產業，將在推動知識經濟、知識社會發展中成為重要的推動力。1998 年聯合國教科文組織（UNESCO）在《文化政策促進發展行動計劃》中指出，文化的繁榮是發展的最高目標，可見文化繁榮發展成為社會發展的重要動力。當前，在國際化和經濟全球化背景下，文化產業發展呈現新的特點與趨勢，主要表現在以下幾個方面：

（1）文化產業策略是國際大都市的主導策略

許多國際大都市深刻認識到文化產業的巨大經濟增長潛力，認識到文化產業的發展前景和引領世界經濟的突出地位，將文化發展和文化產業作為城市發展的核心、主導策略之一。2002 年 5 月，曼徹斯特制定了文化發展策略，指出要將文化變成城市發展策略的軸心，經濟、社會、技術和教育等領域的發展策略實施都將越來越維繫於這個文化軸心，並規劃了「發展可持續文化經濟」等 5 大主題。

倫敦作為英國首都和著名的世界城市，早在 2003 年就公開發表了《倫敦：文化資本，市長文化策略草案》，明確提出了文化發展策略，將文化策略作

為增強和提升倫敦的世界卓越創意與文化中心的地位的重要策略，並提出要打造世界級的文化中心城市。倫敦的文化發展目標認為是應充分體現文化的卓越性，增強倫敦作為世界一流文化城市的地位；要充分實現文化的創新性功能，將文化創新作為推動倫敦轉型和經濟提升的核心動力；要充分體現文化的參與性，鼓勵所有市民積極參與文化創造、創意和創新，打造創意型經濟體；要充分體現文化的效益性，突出文化的產業發展道路，體現產業效益和質量，能從文化資源整合中實現效益增強和競爭力提升。

新加坡作為國際花園城市，深知文化的魅力，於 2000 年制定「21 世紀文化策略」，在《文藝復興城市》中提出構建充滿動感與魅力的世界級藝術城市，積極打造 21 世紀的文藝復興城市和國際文化中心城市，提出要發展文化藝術的文藝復興經濟策略。新加坡高度重視文化發展策略的制定與實施，助推該城市文化產業發展和經濟活力提升，文化產業發展助推新加坡的國際地位和文化品牌不斷提升。

紐約作為著名的世界城市，當地政府高度重視文化產業發展。文化事務部明確提出文化工作目標與重點在於提高文化對於經濟活力的貢獻度。特別是將影視等文化產業作為經濟發展的重要增長點。其中影視產業的經濟貢獻從 1993 年的 47.35 億美元上升到 2000 年的 83.23 億美元。文化藝術產業總值在 1995 年達到 134 億美元。新媒體產業成為 20 世紀 90 年代最有活力、增長最快的新興產業，年收入增長率高達 45%，1999 年已經達到 170 億美元。

（2）國際大都市成為文化產業要素集聚高地

國際大都市作為經濟活躍高地、技術創新高地、資本與訊息集中高地，也是文化產業要素集聚高地。世界文化資源和要素不斷向國際大都市集中，成為國際潮流和文化產業自身發展的必然選擇。

紐約作為美國文化元素集中、文化產業發展迅速的重要區域，擁有世界著名的文化設施，如百老匯、林肯藝術表演中心、美國大都會博物館、美國自然歷史博物館等。眾多的非營利文化藝術機構構成紐約文化產業發展的重要組織載體，這些機構達到 2000 多家。出版各種日報、周報、月報等達到 2000 多種。擁有《時代周刊》、《新聞周刊》、《財富雜誌》、《富比士》

和《商業周刊》等世界著名雜誌社。紐約擁有 80 多種有線新聞服務、4 個國家級電視網總部、至少 25 家有線電視公司等。

這些大都市具有發達的訊息中心、文化設施、圖書館、博物館和藝術館等，為文化產業發展提供了豐富的資源要素。國際大都市成為世界文化產業集聚高地，文化產業發展所形成的文化品牌在國際上的地位不斷提升，影響力不斷擴大，競爭力不斷增強。

（3）文化產業與科技創新的高度融合衍生新興產業形態

隨著經濟全球化浪潮的到來，科技創新能力不斷提升，特別是以數位技術、互聯網技術、訊息通信技術、電腦技術為主要特徵的科技浪潮促進生產力發展，對國際大都市的文化產業也產生深刻、持續、強烈的影響。文化產業借助科技力量不斷得到改造、升級與優化。大都市依托最新科技加強文化產業的融合發展，產生新的產業形態、形式。如互聯網的不斷創新與發展，衍生了新興網路文化、部落格現象、虛擬生活、網上民意等新型文化現象，進而形成了互聯網文化產業；訊息技術與文化產業的融合，形成了發達的訊息文化產業。數位技術的出現推動了全球數位內容產業的興起，電腦訊息技術促進了以美國硅谷為代表的新媒體產業。這些產業的興起與繁榮促進了世界文化產業的延伸、拓展。技術創新與文化產業的融合、促進與驅動，形成網路服務產業、數位遊戲產業、電腦動畫產業、移動內容產業、數位影音應用產業等為主的數位內容文化產業集群的發展態勢。文化產業與科技創新的融合衍生許多新興產業形態，不僅豐富了文化產業的類型與內容，也促進科技創新不斷深入到文化產業中。

（4）創新性、創造性、創意性成為文化產業的核心動力

現代文化產業的創新性、創造性和創意性不斷增強，文化產業在很大程度上被稱之為文化創意產業，也就是創新創意形成新興文化產業形態，並促進文化產業向深度、廣度擴張。文化產業的生命力在於和人的創造力、創意高度結合，不斷創新，不斷有新的作品的湧現，形成新的經濟增長點。許多世界城市將崇尚創造力、技能和才華的創意產業作為策略性新興產業進行扶持和鼓勵發展。創造性、創新性、創意性成為文化產業的核心動力與最具活

力和能動效應的元素，受到社會廣泛關注和企業重視，文化產業得到快速發展。

（5）產業呈現跨媒體、大集團化、集群化的組織形式

文化產業經過大都市文化的演練和積累，產業組織不斷豐富和完善，產業內部競爭不斷加劇，經濟全球化使文化產業呈現跨媒體、大集團化、集群化發展態勢和組織形式。在文化產業領域，企業集團化、行業壟斷化的趨勢不斷明顯，成為文化產業發展的重要組織形式之一。美國在線時代華納公司已經形成眾多下屬公司的集團化發展，擁有了幾百家文化類公司，發行的雜誌超過 60 種，橫跨了傳統與現代相結合的娛樂媒體的電影、廣播、電視臺、有線電視網、唱片、雜誌等多個領域。貝塔斯曼也形成了文化產業的業務範圍的不斷拓展和集團化發展，涉及訊息、教育、娛樂、圖書出版、雜誌與報紙、影視音樂、廣播電視、印刷、媒介服務、圖書音樂俱樂部、電子商務等傳媒業領域，形成文化產業的生產、服務的系統化、集團化、壟斷化發展。

2.1.6 中國文化產業發展的趨勢與特點

中國文化產業的發展是借助於經濟全球化和世界文化產業發展的契機不斷得到演變，以全新的方式不斷改變著中國文化發展的形態，展現獨特的趨勢與特點。

（1）構成產業化的文化發展理念和創新模式長期以來，中國將文化作為重要的事業和意識形態的領域進行發展和管理。

《新民主主義論》中指出，文化是政治、經濟的反映，反過來又反作用於政治和經濟。因此對於文化的重要地位不可忽視，其也是執政黨所高度重視和關注的領域。文化作為政府的重要職能，將之作為政府的重要公共服務領域進行發展，將所有的文化活動和文化業務作為文化事業來看待和培育。受經濟基礎的影響，文化事業發展基礎薄弱、投入少，服務效益差，文化產業未能得到跨越發展。要在保障基本的公共文化服務和文化事業發展的基礎上，大力發展公益性文化事業，向廣大的人民群眾提供公共文化服務和公共

文化產品，同時還要根據市場經濟的規律，積極發展文化產業，不斷滿足人民群眾日益增長的多元化、個性化、多樣化的精神文化需求。

文化產業從文化事業中的分離，符合文化活動自身發展的規律，也是中國對文化建設和發展的新理念和新模式。不僅大大豐富了文化事業發展的內涵和領域，也通過文化產業發展，最終不斷滿足了人民群眾的精神文化生活的需求，促進社會文化大發展大繁榮。文化產業發展釋放了文化領域的生產力，對於促進經濟社會發展、經濟結構調整、豐富精神文化生活等發揮了重要的策略作用。特別是政府充分發揮市場機制在文化產業領域的資源配置中的決定性作用，允許民營和社會資本進入文化領域從事文化產品的生產、銷售活動，不斷鼓勵社會資本和社會力量投入文化產業領域，也鼓勵社會資本和社會力量參與公共文化服務設施建設和文化事業的發展，實現文化事業與文化產業的互相促進與共同繁榮。文化產業形成國有的、民營的、其他社會資本的多元化組織架構，文化建設和文化的意識形態建設的傳統動力模式發生變化，文化的意識形態功能與精神生活功能同時得到發展。

文化產業多元發展政策和文化市場準入，提出了先進文化建設和意識形態管理的新要求。外資、社會資本、社會力量的參與，促進了文化產業領域的創新、創意、創造性發展。

（2）政策創新促進文化產業的發展與繁榮

由於國家和各級政府對文化產業的重視程度不斷提升，文化產業政策、文化經濟政策和文化法制建設的不斷推進與創新，形成了文化產業發展的強大制度保障和內在活力，釋放了產業發展的內在潛力。文化產業的發展和文化體制改革的深入必然提出法律和制度保障體系建設的要求。國家《關於深化經濟體制改革的決定》、《關於加快投融資體制改革的決定》、《關於文化體制改革試點單位的若干經濟政策》、《關於非公有資本進入文化產業的若干決定》等文化產業政策，為文化產業繁榮發展創造了良好的政策與制度環境，形成文化產業發展的重要制度保障。

文化體制改革的不斷深化、優化、完善以及對世界其他國家文化政策的學習與經驗借鑑，為中國文化產業發展開闢了新的政策道路、制度空間和創

新體系。長期以來，中國文化體制改革缺乏有效的經驗借鑑，裏足不前，長期滯後於經濟體制改革。文化產業脫胎於傳統計劃經濟體制模式和文化事業化、單位化的發展軌道，產業政策不夠優化，文化產業被限制在政府主導下的文化事業發展模式，難以釋放市場活力和滿足市場對文化生活的各種需求。中國面臨著全球文化市場的巨大挑戰，但中國文化產業的市場準入門檻過高，制約了文化資源契合和優化配置，阻礙了文化產業的發展。加強政策創新、體制改革、市場開放成為文化產業發展的基本要求。深化文化體制改革，成為文化產業的體制要求和制度創新的基本保障。基於中國區域差異過大、文化發展不平衡的現實，特別是東中西各大區域之間的差距明顯，決定了中國文化體制改革的艱巨性和長期性。

中國文化產業發展和文化市場的開放不斷走向成熟，國家致力於依法管理文化市場，不斷推進文化產業發展。文化產業市場的監管、規範、有序以及各種制度障礙的梳理和清除，為文化產業發展疏通了道路，也代表著產業市場成熟程度的提升，體現政府駕馭市場經濟、把握文化發展規律的成熟性程度的提升。可以預期，未來國家對文化產業的重視、規範化管理以及各種政策創新，將形成文化產業發展的重要動力，也將成為文化產業發展的重要特徵與發展趨勢。

（3）建立以數位媒體為先導的新型文化產業結構

文化產業融合現代電腦、網路、訊息、數位等技術的發展，形成和建立以數位化為先導的新型文化產業結構，不斷改變中國文化產業生態。由於文化產業是現代城市化、工業化的物質和精神高度融合的產物，現代科學技術的變化與應用改變了傳統文化產業形態，促進文化建設和文化事業的飛速發展，為文化產業發展帶來良好的契機與動力。而現代城市產業形態的擴張空間營造和培育著新的文化市場消費主體，不斷繁榮城市文化生活和文化產品。網路技術、訊息技術、數位技術等的發展改變了人們傳統的閱讀習慣、閱讀方式和閱讀注意力，文化產業現代化、數位化實現了產業結構的轉型，數位媒體為先導的文化產業形態的形成，引發文化產業的深刻革命。數位電視、動漫遊戲、大眾傳媒等文化產品和文化服務的拓展，催生了新的文化產業，

很大程度上挑戰傳統文化產業的生存空間。傳統文化資源融合現代技術，不斷得到創新與拓展，形成新的文化形態和文化市場。文化創意產業的發展，數位技術的不斷運用，催生了動漫遊戲產業的繁榮。因此，以數位媒體為先導的新型文化產業影響和改變傳統文化產業結構，成為現代城市文化產業發展的重要特徵。

（4）品牌化、集群化發展成為現代城市文化產業發展的重要特徵

品牌化、集群化發展成為現代文化產業發展的重要特徵，也是中國文化產業發展不斷走向成熟和競爭力不斷提升的重要代表。一方面，中國區域不平衡導致文化產業發展的不平衡和區域差異性。另一方面，品牌理念提升、文化產業的集群化發展成為現代城市文化產業發展的重要特徵和趨勢，文化元素和文化資源在城市的高度集中和巨大的消費群體存在吸引了文化企業的扎堆。企業扎堆和文化現象的集中催生了文化產業的發展，文化產業的發展及其相互之間的集群創新、競爭與合作的加強決定了走品牌化發展道路是重要出路與趨勢。都市文化產業發展不平衡在進一步被拉大的同時，文化產業集群的崛起將深刻改變中國文化產業區域發展的力量結構。跨行業、跨地區、跨媒體發展，不僅改變和創新傳統的文化產業空間形態和組織架構，另一方面，通過跨界創新、區域集群、鏈條式發展，促進了文化產業組織結構不斷創新和集群發展。

品牌化、集群化發展的兩大特徵與趨勢挑戰著傳統的文化體制模式。一方面，文化產業力量分散，企業規模小、投資能力差、競爭能力弱，是文化產業或企業發展的重要障礙；另一方面，行政區劃壁壘和地方保護主義存在，制約了文化企業和文化產業的跨區域發展和多城市的投資空間，客觀需求和主觀障礙的並存，使文化企業和文化產業的發展不能跨越式推進。集群化、品牌化有增長的空間要求，但集群程度的提升、國際品牌的形成還需要一段時間的實踐與考驗。黨和國家加大了行政區劃的體制創新，構建區域城市群和國家區域策略，在一定程度上促進了區域的綜合發展與文化融合，實現了對區域文化產業空間布局的策略性調整。長三角、珠三角、京津冀等三大城市群已經成為中國經濟增長的引擎，東北振興、西部開發、中部崛起等成為

促進區域均衡發展的重要理念，這些策略的提出，為整合區域文化資源和文化元素、文化力量提供了重要的政策基礎。為文化產業的進一步集群化、品牌化發展提供了制度空間，給文化產業的區域發展和區域布局提供了巨大的增長空間。

（5）創意產業是文化產業新的增長空間

世界文化創意產業的興起和發展，改變了傳統文化產業形態。文化創意產業為傳統的製造業發展與改造提供了新的支持系統和可持續發展動力，提升了中國文化發展的創造性，創新、創意為文化產業發展提供了新的思維空間。通過創新和創意產業的發展，使中國傳統文化資源和文化元素獲得新的發展形態。在國家提出對老工業基地的改造，不斷改造和提升傳統產業結構的背景下，許多資源型城市，正是通過文化創意產業對舊城區、舊的工業遺跡進行改造和提升，實現了低碳轉型發展。北京的石景山區、上海、杭州等諸多城市、區域利用創意產業的發展和布局，對傳統的工業結構進行文化改造和藝術建構，形成現代化的文化產業園區和文化旅遊景區，實現產業轉型和節能減排。藝術設計和藝術創造在改變傳統製造業和傳統經濟的同時，重塑對廢舊廠房、礦區、遺跡的認識和理解，展現在市民面前新的產業增長空間，為城市經濟提升、文化產業發展提供巨大的推動力和增長潛力。

（6）技術、版權、服務成為文化產業的核心競爭力

與國內外需型經濟和實體經濟相對應的是，中國文化產業主要是文化產品的生產與銷售，關於技術、版權、服務的文化輸出競爭力差，與國際先進國家差距較大。美國文化產業主要是對版權的輸出，國際文化貿易大國通過轉讓版權、技術轉讓、服務等來實現經濟增長和文化市場擴張。而中國文化產業輸出主要是文化產品的輸出，如中國的唱片貿易都是成品貿易，通過遠洋船隊的集裝箱運輸實現，文化產業競爭力不夠。文化產業自身對現代技術的融合實現創新發展，技術、版權、服務成為文化產業發展的核心競爭力。中國文化產業在為轉變經濟增長方式提供新的策略選擇的同時，面臨自身增長方式的策略性轉移，中國文化產業的振興及其發展方式的轉型，必須加強技術、版權、服務等三個方面的核心競爭力的提升。要加快文化產業與數位

技術、訊息技術、網路技術等現代技術的融合，提升文化產品和文化服務的技術含量，實現精細化管理與高技術化，通過技術融合、技術創新不斷提高文化產業的檔次和品位，建立文化產業自身的文化品牌，實現高端化發展和品牌化競爭。以版權為核心要素的文化產業將成為文化產業的主流形態，體現了文化產業綜合競爭實力，擁有自主知識產權也成為文化產業競爭力強的策略性代表。

文化產業作為知識密集型、智力投入型、要素集約型的經濟形態，文化產業區別一般意義上的生產製造業，區別一般性的傳統產業。文化產業在本質上屬於知識、智力、創意的生產和傳播過程，這也是實現經濟結構的策略性調整、經濟增長方式的策略性轉型、經濟要素的策略性整合的關鍵所在。沒有知識、智力和技術的投入，傳統經濟結構就無法實現真正意義上的轉型、優化和升級。文化產業的核心要素是文化元素，文化的本質是精神生活層面的，屬於智力和知識層面的，文化產業通過輸出文化產品及其文化服務來滿足社會群眾的精神層面的需求，缺乏內涵、知識、技術的文化產業是無法得到長久發展的。所謂「臺上十分鐘、臺下十年功」，其反映了內在的知識、能力、素質、技術的長時間磨煉、提升與整合。中國文化產業要轉型升級，要成為經濟結構中的支柱型產業，要實施「走出去」策略，這些策略目標的實現，關鍵在於文化產業自身的轉型，包括版權、技術、服務等多方面要素的提升與融合。文化產業不能走傳統的文化服務道路，也不能走低端、代加工的粗放型發展模式，需要突出版權、技術、服務等這些要素的提升，走內涵式、創新型、版權型的發展道路，所謂版權型發展模式，實際上也就是要強調文化產業的品牌化發展道路，有版權，就是有自己的特色品牌。通過版權或品牌化發展、技術提升和服務提升的策略性轉型發展，文化產業才能夠在文化與經濟協同發展中發揮重要的策略支撐作用，實現中國經濟升級版和根本性的轉型升級。

（7）文化安全策略是文化產業發展不可忽視的重要方面

對於文化產業而言，國家文化安全也是文化產業的重要策略要求。隨著中國文化產業走出去和國際文化產業與文化產品的輸進來，文化市場的開放

面臨著機遇與風險的同時存在。如何預警風險、規避風險、消解風險，也是文化產業實現安全發展的基本要求。國家文化安全管理機構、文化安全預警系統等的建立與完善，將為中國文化產業的持續發展提供良好的政策保障，同時也為文化產業的品牌發展提出了要求與挑戰。建立品牌，實際上是為文化產業和文化產品的發展建立了法律保障，有品牌，有版權，意味著可以與其他產業或品牌相區別，避免模仿與惡性競爭；也可以對模仿者進行法律維權。同時，中國文化市場的開放，是在國際慣例和中國法律框架下的合法經營行為。中國加強建立自主的國家安全保障體系，為文化產品發展保駕護航。未來中國文化產業發展要高度重視國家安全策略實施，確保自身發展的安全而不受國際風險的干擾和黑客侵入，走品牌化、高端化、國際化、安全化發展道路是未來趨勢和基本潮流。

基於以上特點的分析，可以說，中國文化產業將伴隨中國經濟發展、社會建設、文化繁榮而不斷發展，在不同階段、不同時期、不同區域將展現不同特點。中國文化產業伴隨深化文化體制改革而不斷釋放新的活力與動力。關注中國傳統文化特色、掌握世界文化發展潮流也是文化產業發展的基本策略要求，是貫徹落實科學發展觀，實現中國經濟、社會、文化、政治、生態等五位一體策略的基本前提和重要任務。

2.2 產業集群理論

產業集群是在某特定領域中，一群在地理上鄰近、有交互關聯性的企業和相關法人機構，並以彼此的共通性和互補性相連接。產業集群在要素構成、結構關係及演變過程上都是較為複雜的社會現象。學者們對其研究存在著多重視角，相關的概念界定也有所不同。迄今為止，還沒有統一的認識，而且派生出許多相近的概念，如「產業集群」（Industrial Clusters）、「地方企業集群」（Local Clusters of Enterpri-ses）、「區域集群」（Regional Clusters）等概念。在早期的經濟地理研究中，許多學者將它稱為「地方生產系統」、「產業區」、「新產業區」等。在中國，學者們將浙江省產業集

群稱之為「塊狀經濟」、「特色工業園區」；對廣東省產業集群則稱之為「專業鎮」。

集群（Cluster）研究最早源於美國經濟學家馬歇爾（Marshall），他認為經濟學更接近於生物學而非力學，解釋了基於外部經濟的企業在同一區位集中的現象，提出集群是由外部性導致的觀點。

馬歇爾從新古典經濟學的角度，研究企業為追求外部規模經濟而集聚的原因，把經濟規模劃分為兩類：

第一類是產業發展的規模，這和專業的地區性集中有很大關係；

第二類則取決於從事工業的單個企業和資源、它們的組織以及管理的效率。

他把第一類的經濟規模稱為外部規模經濟，把第二類的經濟規模稱為內部規模經濟。外部規模經濟是指企業利用地理接近性，通過規模經濟使企業生產成本處於或接近最低狀態，使無法獲得內部規模經濟的單個企業通過外部合作獲得規模經濟。

阿爾弗雷德·韋伯（Alfred Weber，1909）是工業區位理論的創立者，他從微觀企業的區位選擇角度，闡明了企業是否靠近取決於集聚的收益與成本權衡。他在 1909 年出版的《工業區位論》一書中，探討了促使工業在一定地區集中的原因，將這些原因歸納為特殊原因和一般原因。特殊集聚因素包括便利的交通條件、豐富的資源狀況等，一般因素是指那些因企業聚集所產生的外部經濟性，如公共服務和基礎設施的共享，特別是因上下游企業間的產品互補所產生的產品相互依賴的間接外部網路效應。

科斯（Coase，1937）運用交易費用理論較好地解釋了產業聚集的成因。他認為，由於產業集群內企業眾多，可以增加交易頻率，降低區位成本，使交易的空間範圍和交易對象相對穩定，這些均有助於減少企業的交易費用；同時聚集區內企業的地理接近，有利於提高訊息的對稱性，克服交易中的機會主義行為，並節省企業搜尋市場訊息的時間和成本，大大降低交易費用。

克魯曼將最初的產業集聚歸於一種歷史的偶然，初始的優勢因「路徑依賴」（Path dependence）而被放大，從而產生「鎖定」（Lock-in）效應，因此不存在空間上各要素報酬趨於相等的自動均衡，集聚的產業和集聚的區位都具有「歷史依賴」性。克魯曼的工作實際上為主流經濟分析理論框架下，對研究產業空間集聚形態的多樣性開闢了理論空間，「區位是重要的，市場結構對產業區位格局和貿易關係的影響仍然重要，尤其是跨國生產組織中出現大量的中間產品交易和差別產品市場的不斷細分，使得市場因素在地區間貿易中扮演越來越重要的角色，實際上市場結構的轉變反映了地方專業化的趨勢。」克魯曼關於產業集群的新經濟地理理論模型可以用如圖 2-2 所示。

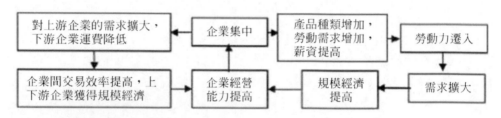

圖 2-2 克魯曼受產業集群的新經濟地理理論模型

　　邁克·波特（M.E.Porter）在 1990 年《國家競爭優勢》一書中首次用產業集群（Industrial Cluster）一詞對集群現象進行分析，基於產業集群的企業競爭力影響視角分析，認為集群能夠促進區域競爭，並因此保持或增加其經濟增長的速度。波特在其競爭優勢理論中指出，國家競爭優勢的獲得關鍵在於產業的競爭，而產業的發展往往是在中國幾個區域內形成有競爭力的產業集群。邁克·E. 波特（1998）認為，產業集群（industrial cluster）是在某一特定領域內互相聯繫的、在地理位置上集中的公司和機構集合。產業集群包括一批對競爭起重要作用的、相互聯繫的產業和其他實體。產業集群經常向下延伸至銷售渠道和客戶，並側面擴展到輔助性產品的製造商，以及與技能技術或投入相關的產業公司。產業集群包括提供專業化培訓、教育、訊息研究和技術支持的政府和其他機構。邁克爾·波特研究了組織變革、價值鏈、經濟效率和柔性等層面所創造的競爭優勢，重新審視產業集群的形成機理和價值，進而提出了國家競爭優勢的「鑽石模型」，如圖 2-3 所示。波特強調，

「鑽石模型」是一個動態的系統，地理集中造成的競爭壓力可以提高中國其他競爭者的創新能力，但更為重要的是地理集中而形成的產業集群將使四個基本要素整合成一個整體，形成國家產業競爭優勢。

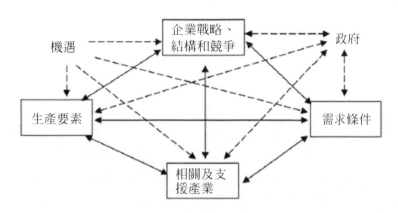

圖 2-3 波特的集群「鑽石模型」

J.A.Theo、Rolelandt 和 Pim den Hertog（1998）對產業集群的定義是：為了獲取新的互補技術，從互補資產和知識聯盟中獲得收益，加快學習過程，降低交易成本，克服或構筑市場壁壘，取得協作經濟效益，分散創新風險和相互依賴性很強的企業（包括專業供應商）、知識生產機構（大學、研究機構和工程設計公司）、中介機構（經紀人和諮詢顧問）和客戶通過增值鏈相互聯繫形成的網路，這種網路就是群。[16] Philippe Martin 和 Gianmarco I.P.Ottaviano（2001）綜合了 Krugman 的新經濟地理理論和 Romer 的內生增長理論，建立了經濟增長和經濟活動的空間集聚間自我強化的模型；證明了區域經濟活動的空間集聚由於降低了創新成本，從而刺激了經濟增長。反過來，由於向心力使新企業傾向於選址於該區域，經濟增長進一步推動了空間的集聚，進一步驗證了著名的繆爾達爾的「循環與因果積累理論」。也就是說，企業偏好市場規模較大的地區，而市場的擴大與地區企業數量相關。Anthony J.Venables（2001）認為，新技術改變了地理對我們的影響，但是並沒有消除我們對地理的依賴性；地理仍然是國際收入不平衡的重要因素，是產業集聚的重要條件。

Nicholas Craft 和 Anthony J.Venables（2001）利用新經濟地理學理論，探討地理集聚對經濟績效、規模和區位的重要作用，從地理角度回顧了歐洲的衰落和美國的興起以及未來亞洲的復興，認為儘管缺乏高質量制度是落後的重要原因，但是不能忽視地理集聚在經濟發展方面的重要作用。

Catherine Beaudry 和 Peter Swann（2001）對產業集群的強度影響產業集群內企業績效的途徑進行了研究。他們用雇員數量作為衡量產業集群強度的指標，對英國幾十個產業進行了實證分析：在不同的產業存在著產業集群正效應和負效應，在電腦、汽車、航空和通信設備製造業存在非常強的集群正效應。D.Norman 和 J.Venables（2001）探討了基於規模收益遞增的世界經濟範圍內產業集群的規模和數量，研究了國家產業集群政策與世界經濟均衡發展的關係，產業集群與世界經濟福利最大化的關係後，認為在均衡發展的條件下，產業集群數量太多而規模太小。

Lura Paija（2001）通過對芬蘭 ICT 產業集群的實證分析，認為 ICT 產業集群是芬蘭基於知識的經濟增長的發動機，優化了芬蘭的產業結構，構筑了芬蘭國家競爭優勢；並從產業政策的角度回顧了 ICT 產業集群在芬蘭的發展。

[17] 目前有許多學者利用產業集群理論對文化產業進行了深入研究，取得豐富的研究成果。童澤望、郭建平（2008）研究了文化產業集群競爭力的提升路徑，借鑑了產業集群競爭優勢基礎理論模型中的「波特鑽石理論」模型，提出在提升區域性文化產業集群競爭力的過程中，不僅要在建立文化產業和文化產業集群的基礎上提出原則性建議，還必須充分重視並發揮出文化產業集群自身的比較優勢。

[18] 史征（2009）以杭州數位娛樂產業集群為例對文化產業集群競爭力評價進行實證研究，認為從全球範圍看，傳統產業和高新技術產業集群發展模式的成功案例已不勝枚舉，而文化產業的發展再次印證了集群發展模式的可行性。文化產業集群競爭力的評價方法主要有規範性分析評價（定性評價）和數量模型分析評價（定量評價）兩種，文化產業集群競爭力定量評價的方法主要有 GEM 模型和投入產出法等。運用 GEM 模型對杭州數位娛樂產業

集群為代表的文化產業集群競爭力進行分析評價，結果說明杭州數位娛樂文化產業集群競爭力的 GEM 模型得分遠遠超過全國平均水平，同時提出了進一步提升文化產業集群競爭力的對策。

[19] 雷宏振、謝衛軍（2009）在回顧國內外相關理論的基礎上，總結了文化產業集群內組織間共享知識的特點：地理聚集性、溢出性和核心知識的保密性，並從知識形態、知識壟斷、知識共享能力的差異、共享平台的技術壁壘及文化產業產品的保護措施不夠健全等方面分析了文化產業集群內組織間知識共享的制約因素。提出應從共享能力和學習能力、組織間的關係、公共機構和專業中介機構、集群文化、共享平台及人才保障等六個方面提升文化產業集群的整體競爭力。

[20] 張榮剛（2011）研究了文化產業集群競爭力的演進動力機制，認為產業集群的發展與其競爭力的生成在邏輯上相輔相成、時序上基本一致，正是以競爭力為核心的競爭優勢開創了產業集群廣闊的發展空間。結合中國幾個著名的文化產業集群的競爭力生成，通過對集群競爭力的生成動力機制和協同演進路徑的分析，認為產業集群的競爭力來自於集群系統的自組織整合過程，正是基於系統化的集群企業間充分競爭、密切合作的機制，構成了集群總體上存在的競爭力的核心框架。

[21] 趙豫林（2011）研究了城市文化產業集群發展問題，認為文化產業與城市發展呈現雙向互動趨勢。文化產業集群的形成離不開一定的要素條件；城市有著發展文化產業集群所需要的文化資源、人才資源、資本資源、環境資源、消費市場和基礎設施等條件。文化產業集群競爭力由要素系統、模組系統和效應系統構成。城市發展文化產業集群應通過整合文化資源，深化文化體制改革，建立科學的人才機制，拓寬文化產業融資渠道，營造良好的制度環境，精心塑造文化品牌等措施，來促進文化產業集群的發展。

[22] 還有研究認為，文化產業作為全球發展最快的經濟門類，往往會在某一區域自發集聚或在政府主導下實現集聚，從而向集群化發展邁進。中國文化產業發展也呈現跨領域、跨行業、跨體制的發展趨勢，如何引導這種趨勢，在轉變經濟發展方式的要求下，實現文化產業的集群化，是發展文化產業要

關注的。文化產業的空間集聚，主要依托高端龍頭文化企業的帶動效應，輔之大量中小文化企業的配套和服務，意在實現產業要素和產業業態的交融，降低成本和實現規模效應，使中小企業從中獲益。現階段，文化產業發展既不能侷限於以地理文化資源劃分的自然區，也不能侷限於純粹的行政區，而是遵循文化自身的「超時空」特性和文化產業發展的內在地理維度的統一，通過整合使文化產業上下游產業鏈在一定區域內高度集聚，充分發揮集群效應，保持競爭優勢。

[23] 可見加強文化產業發展離不開產業集群理論的指導，文化產業發展和文化品牌提升需要走集群化發展道路。

以上僅僅分析了產業集群演化的幾種主要理論，其實產業集群理論頗多，新的研究成果層出不窮。這些理論模型主要注重於產業集群影響要素研究，如對外部規模經濟、交易費用、區位地理、需求條件、資源、技術、制度文化等層面的考察，為本書研究提供了一定的理論基礎。

▋2.3 價值鏈理論

價值鏈理論最早由麥克爾·波特（Michael E.Porter）在其著作《競爭優勢》中提出。自從邁克爾·波特提出「價值鏈」這一分析企業競爭優勢的工具之後，基於價值鏈基礎的各種管理模式就不斷湧現。

[24] 波特分析的基礎是針對某一產業內的企業而言，而在後來對企業進行的策略分析中，價值鏈理論的應用已經超越企業的邊界而擴展到企業的外部。按照波特教授的解釋，企業的根本任務就是不斷創造價值，並在創造價值的過程中，實現包括企業價值和社會價值在內的價值最大化。

企業創造價值的過程是由一系列互不相同但又相互聯繫的價值活動組成的，它包括以內部後勤、生產作業、外部後勤、市場和銷售服務為內容的基本活動和以採購、技術開發、人力資源管理和基本職能為內容的輔助活動。這幾類活動相互聯繫，形成一個完整的鏈狀結構，即價值鏈。波特研究指出，由不同性質的參與者（供應商、生產者、渠道、買方）形成的價值鏈條交織

在一起構成企業的價值系統。在最初基於製造業的觀點中，價值鏈被看成一系列連續完成的活動，是原材料轉換成一系列最終產品的過程。新的價值鏈觀點把價值鏈看成一些群體共同工作的一系列工藝的創新過程。這些關鍵性的工藝過程以某一方式不斷地創新，改變組合模式和整合資源，為顧客創造價值，增加服務，增強顧客的附加值和忠誠度。價值鏈思想認為企業的發展不只是增加價值，而是要重新創造價值。

[25] 產業價值鏈是由不同價值環節構成的，每個價值環節在產業價值鏈的形成過程中發揮重要的結點作用，是重要的策略支撐點。價值環節指的是價值鏈上能夠產生價值增值的相對獨立的基本單位。在 20 世紀末期，查爾斯·蘭蒂（CharlesLandry）將產業價值鏈分析方法引入了文化產業研究中，認為文化產業價值鏈主要包括創新創意的產生、文化產品的設計與生產（實現從創意到創意的實現）、文化產品生產後的運輸與流動、傳送部門、消費者與接受等五個環節，通過這些環節形成完整的價值鏈條，將創意與創意實現、文化產品消費有機連結。這些環節有一些屬於文化產業的核心產業，而另一些環節則是處在產業交叉和產業延伸地帶的產業，文化產業價值鏈具有分工與合作、價值增值和循環、最終用戶需求決定等特徵。

產業價值鏈的存在，是以產業內部的分工和合作為前提的。增值性是正常價值鏈的一個主要特徵，在一條價值鏈上，後面的增值環節在前面價值環節的基礎上，通過自身的價值活動，生產出包含新價值的產品和服務。價值鏈不但具有增值性的特點，也具有循環的特點。價值鏈中價值投入受最終用戶需求的約束，同時，最終需求也決定了價值在多大程度上能夠實現。位於價值鏈末端的最終客戶是價值鏈真正的價值源泉，是核心價值環節。價值鏈的構建實現了市場需求與供給的有效對接，對客戶價值需求的了解、反饋和滿足能有效增強生產端的價值供給。

關於價值鏈管理，就是通過有效的策略制定、實施及其監控的系統管理過程。

價值鏈管理強調通過有效的資源配置和組合，優化環節和流程，降低交易成本，提高價值鏈運行的整體效率，達到既定目的的過程。價值鏈管理是

為了創造某個價值鏈策略，滿足和超越客戶的需要和欲望，達成鏈中成員的充分的無縫整合。加強價值鏈管理可以整合多方面的資源和力量，形成團隊合力，每個成員都為了全部過程增加相應的價值，如通過整合實現快速組裝、更準確的訊息、更快的對客戶的反應速度和更好的服務等。

價值鏈管理主要有垂直價值鏈管理和水平價值鏈管理。

[26] 垂直價值鏈管理是針對企業縱向價值鏈聯繫的，包括對原材料生產商、供應商、製造商、顧客等所有參與實體的管理。日本的企業最先運用了垂直價值鏈管理，試圖把製造過程中所有因素統一起來。製造企業和供應商不必再為最低價格而討價還價，雙方建立了合作伙伴關係。基於利益共享、訊息共享、服務共享等優勢，供應商也參與製造企業的產品設計和技術創新，雙方就能通過及時的訊息交流，迅速設計出符合實際的產品。

水平價值鏈管理是全方位的，不僅包括製造商、服務供應商、設備等，還包括業務層面、服務層面和知識層面的關聯部門的聯合，如投資銀行、金融協會、中介服務機構等組成的利益聯合體，共同服務於企業或產業的價值創造。水平價值鏈管理是對企業價值鏈同一水平上企業集團的各個企業主體間相互作用的管理。水平價值鏈管理更適合策略聯盟以及虛擬企業的管理。各公司，有時甚至競爭對手之間通過聯合，採用 rr 技術達到共同的目標。通常由各相關業務提供各自的核心優勢，即由具有最先進的研發部門的企業來設計產品，由最好的製造商生產產品，由最好的市場銷售公司來銷售產品。[27]

也有部分學者研究了文化產業價值與價值鏈問題。周玉波（2011）對文化產業價值進行經濟學分析，認為在全球化背景下，文化競爭成為國際競爭新的發展態勢。文化不僅具有精神層面的價值，更可以轉化為巨大的經濟價值。文化資本成為經濟增長的一種解釋變量。文化產業正在成長為國民經濟的支柱產業，其對於經濟發展的貢獻主要表現為經濟能力的提升和經濟理論的創新。

[28] 朱欣悅、李士梅、張倩（2013）認為文化產業是以創造力為核心的新興產業，具有原創性、融合性強、產業關聯度高等特徵，文化產業價值鏈主要包括創意生成、產品開發與製作、商業推廣、最終消費等環節。應通過推

進文化產業與相關產業融合發展、文化產業價值鏈縱向延伸和文化產業價值鏈橫向拓展等途徑拓寬文化產業價值鏈，促進文化產業品牌化高端發展。

[29] 桂韜（2013）對文化產業價值鏈成本面進行分析並且對衍生品開發進行研究，認為文化產業價值鏈本質上是由一系列能夠滿足顧客需求的價值創造活動組成的。其中，衍生品的價值創造能力往往數倍於文化產品本身，衍生品開發成為文化產業價值創造不可或缺的一環。文化產業價值創造活動可分為文化創意、文化產品生產、流通及衍生品開發四個階段，同時認為衍生品開發位於價值鏈的高端。通過對文化產業價值鏈成本面進行分析，衍生品開發不僅延伸了價值鏈長度，同時具有促進成本面曲線下移的作用。[30]

根據價值鏈理論，分析文化品牌與文化產業發展問題可以得到有效的理論支撐。從價值鏈分解的角度看，文化企業不僅包括文化產品的生產，還應包括各種文化服務的供給，這些生產和服務均是滿足消費者文化需求的重要環節，是文化產業價值鏈的關鍵要素。由於這些產品生產和文化服務是本企業所設計的價值鏈中的一環，它們很可能受企業自身規模和供給能力的限制，分工的細化和複雜化決定單個企業很難提供完善的文化價值服務，需要企業通過價值鏈組合，整合多個關聯企業資源，將這些生產和服務環節進一步分解細化，其中許多環節嵌入其他的價值鏈。企業的技術、管理模式、行銷網路、品牌等都可以包裝成服務產品輸出，讓它們參與更多的價值鏈過程，從而使企業的服務等價值活動創造出更大的效益。

[31] 通過價值鏈理論分析，文化品牌提升和文化產業發展是依靠價值鏈的構建、細化和完善，不斷提高文化產品的質量和服務水平，滿足消費者多樣化、多層次的文化消費需求，進而形成文化企業的品牌和特色，促進文化產業品牌化高端發展。

▍2.4 品牌與文化品牌

2.4.1 品牌的起源、內涵及其構成

「品牌」一詞來源於古斯堪的那維亞語「brandr」，翻譯為「燃燒」，指的是生產者燃燒印章，然後烙印到產品上，形成產品代表的過程。印度在吠陀時期（9000—10000 年前）將品牌稱之為「Chyawanprash」。義大利最早將品牌水印印於紙上，可見義大利重視品牌的作用。公元 19 世紀，工業化進程加速，許多商品進行規模化生產，工廠生產後以代表或徽章等形式進行明確規定，形成了初期「品牌」的商標價值，從此，品牌得到正式使用，並大規模、大批量推廣。英國啤酒廠聲稱其「紅色三角」品牌是世界上第一個商標。工業革命時期許多製造廠建立，大批量的商品運輸到市場，客戶對當地產品具有較為熟悉、更有信任、更有質量保證的產品印象。

為了獲得客戶更加熟悉的印象，許多企業反覆提示人們要認準其產品代表，由此強調產品的創新性，從而建立了自身的品牌地位。如坎貝爾湯、可口可樂、水果口香糖、桂格燕麥等在當時建立了品牌，成為重要的名牌產品。企業家認識到商品的品牌價值及其可能帶來的顧客忠誠度和認可，努力建立和打造產品的品牌，形成特色和個性文化。

從品牌的起源可以看出，品牌作為一種可以保值、增值的重要無形資產，具有獨特的影響力和市場競爭力，備受企業和社會所關注，消費者對有品牌的企業認可度高、忠誠度高。品牌的建立主要是依托於某種產品或服務為重要載體，通過名稱、象徵、符號、術語或者設計、組合實現。從一般意義上考察，品牌的內涵是企業製造商或經銷商通過創新創意賦予企業產品上的標識，包括品牌名稱和品牌代表，由產品名稱、名詞、符號、象徵、設計及其組合而成。從策略開發的視角考察，品牌的內涵是區分生產者或銷售者的產品或勞務，使之同競爭對手的產品和勞務區別開來的名稱、名詞、符號或設計或者組合的總稱，在策略層面形成某種獨具特色的形象認知度、感覺、品質認知，進而獲得消費者的客戶忠誠度和認可度，成為企業基業長青和長期佔有市場的重要無形資產。從品牌構建的視角考察，品牌的內涵是通過企業

員工或設計者的激情、知識、智慧、理念的高度融合、創新、創意，形成企業形象、文化構建的系統工程，是關於企業或品牌主體一切無形資產總和的全息濃縮，是主體與客體，主體與社會，企業與消費者相互作用的形象集成與文化產品。

也有研究者將品牌的內涵界定進行了階段性論證。SCHMITT 把品牌的內涵發展劃分為兩個階段：

第一，「品牌—代表」階段，即通過採用名稱、徽標、圖標、口號和廣告標語來標識公司產品，以提升知名度和形象，從而滿足理性消費者的「特色和益處」需求。

第二，「品牌—體驗」階段，即不僅通過採用名稱、代表、口號、活動等形式，而且重點通過建立感官、情感、創新性聯繫以及和生活方式與品牌之間的聯繫，來滿足消費者渴望刺激、樂趣、受到教育以及接受挑戰的感性需求，從而為「客戶創造體驗」價值。[32]

陶曉紅（2003）從品牌內涵演進過程的角度，把品牌理論發展劃分為 3 個階段，即品牌就是品牌代表、品牌就是品牌形象、品牌就是品牌關係。

[33] 張炎炎、張銳（2004）把品牌本性發展劃分為 3 個階段：

傳統品牌觀階段，包括符號說、情感說、綜合說、淺層關係說、淺層媒介說等；

現代品牌觀階段，包括深層關係說、擴展的媒介特性說等；

未來品牌觀階段，包括品牌哲學說、品牌生態說等。

[34] 以上對品牌內涵的階段解說不僅反映了品牌內涵隨著經濟社會發展不斷拓展和豐富，也反映了品牌理論的不斷發展。品牌內涵的發展結合最新理論的發展而發展，並與經濟、社會、文化等多個領域進行了融合。品牌概念也被眾多學科領域所接受和應用，並不斷促進了學科之間的交叉發展，如品牌與文化、城市、產業等領域的發展。

品牌包括品牌屬性、利益特徵、價值、文化、個性消費者用戶等要素。品牌體現了商品的內在文化底蘊、商業價值和產品個性，是企業通過全力打造和長期積澱所形成的文化體系和無形資產，具有多方面的要素構成。

一是屬性，即品牌應標記著某種商品的基本屬性，這是品牌的基礎內涵。品牌代表某一種或一類產品，而不是所有產品，區別其他產品的內在本質性規定即為屬性。

二是利益，品牌的代表性起到區別其他品牌或產品的作用，屬性的存在也就意味著某種利益的歸屬和代表。

三是價值，品牌包含了品牌擁有者或開發者所主張的價值取向以及關於功能、質量和價值的用戶價值要素；其不僅包括品牌的自我價值取向，還包括品牌的知名度、美譽度和普及度等，兩種價值取向的整合形成了品牌的價值定位。

四是文化，由屬性、利益和價值形成了品牌的文化內涵，這些要素的集合即表現為品牌所要求的文化特徵。

五是個性，品牌體現了產品的屬性的同時，還表現為獨有的個性特徵，這種特質是其他產品或品牌不能具有的，否則就失去品牌的排他性。

六是用戶，品牌的建立規定了客戶群，即用戶是品牌的重要範圍和消費者類型。

擁有用戶就是擁有市場，品牌才有存在的理由和發展的空間。

以上探討表現了品牌的基本要素構成，從廣義考察，品牌的綜合價值是多方面的。品牌形成某種不可替代的凝聚在顧客心目中的獨具競爭力的形象或印象，借助這種印象能形成某種核心競爭力和社會影響力，進而在企業產品銷售和服務推廣中獲益。因而，品牌是消費者對企業產品、企業服務、文化推廣、價值宣傳的良好評價和較高認可，體現對企業價值、文化、產品、理念、服務的信任和忠誠度，這種信任和忠誠在很大程度是無形資產、無價之寶、是競爭中取勝的法寶，體現企業產品、服務、文化的綜合品質。品牌所形成的這種強勢印象能使消費者與企業的文化、產品、價值相關聯、互動

和融合。企業品牌的構建同時也是在培育企業時尚和創新文化，使企業從低端的產品提升為高附加值的文化理念和良好形象。企業通過創建品牌，建立良好形象，使企業擁有強大的產品開發優勢、產品技術優勢、質量優勢、服務優勢和文化優勢，實現企業的高層次提升與轉型。企業品牌被市場認可和接受，就能更加提升產品的銷售規模和市場佔有率，進而產生豐厚的市場價值和市場利潤。

2.4.2 品牌的特性

（1）品牌差異化

品牌可以理解為某種「產品」的「牌子」，之所以稱之為某種產品的「牌子」，在於該產品所具有的差異性或特色，企業必須使自身產品具有某些核心技術和差異性，才能與市場同類產品區別開來，並獲得顧客的認知、認同與信任。企業往往絞盡腦汁設計、研發和創造出不同於其他產品的特殊性能、形象和特徵，顧客也偏向於區別其他產品的特色功能或性質，獲得至尊或高尚的消費體驗，通過商品消費差異性功能的獲取、消費、體驗尋求與他人差異性的個體特徵。通過對差異性、個體性、特殊性的產品消費和服務體驗，獲得與眾不同的消費滿足。正是基於此，企業注重自身差異性產品或服務的品牌塑造，形成品牌獨特性。差異化表現為市場的獨特性、稀缺性和排他性，能彰顯消費者的地位和身分；差異化體現產品的優秀品質和卓越功能，增加顧客的附加值和對社會需求心理的滿足。

（2）品牌的關聯性

品牌體現了商品對消費者提供的利益關聯性程度，消費者只有通過消費和消費需求的滿足過程，才能真正感知品牌的存在及其價值。品牌是為滿足消費者某種或某些利益需求服務的，既包括物質層面的消費需求滿足，也包括服務體驗過程中獲得的心理方面的消費滿足。因此，品牌與消費者在利益滿足層面的關聯性及其強度決定了消費者對品牌的信任和忠誠度。關聯性代表品牌對消費者的適合程度，關係到市場滲透率，與消費者的利益或消費需

求的關聯性越強，意味著消費者能接受品牌形象和品牌所作出的承諾，主觀上願意嘗試，也意味著在相應的渠道建設上有更大的便利。

（3）品牌的認知性

品牌的認知性（Preceived Quality）或認知度（Brand awareness）是指消費者對品牌及其產品價值的認可或認知，代表消費者對品牌的了解程度，關係到消費者體驗的深度。品牌是消費者在長期接受品牌傳播並使用該品牌的產品和服務後，逐漸形成的對品牌的認識。品牌包括核心認知和延伸認知兩大元素。核心認知是品牌內涵中最獨特、最個性的元素，延伸認知是一些雖並非特別關鍵，但也不可忽視的品牌元素，包括售後服務等環節，二者相輔相成。顧客對品牌的認知既包括對其核心價值的認知，也包括對延伸價值的認知，如對售後服務等的感受和好評。[35] 當顧客不能感覺到產品的內在價值時，其品牌的意義就不能被真正認知，也就不會去購買此類產品。品牌認知度是品牌資產的重要組成部分，是企業或產業核心競爭力的一種體現。20世紀 80 年代，大衛·艾克提出了「品牌價值」的概念，同時也推出了多個品牌建設的方法和理念。其中，在行業內被廣泛認同的是品牌建設的四段里程，即：品牌知名、品牌認知、品牌聯想、品牌忠誠。一個成功的品牌，應該具備比較高的認知度和知名度，通過良好的認知度傳播效應使消費者對該品牌的名稱、內涵、個性、質量等有較充分的了解和認知，有購買和消費的欲望與情感共鳴。消費者在真正獲得品牌產品的消費體驗後，再次認可產品價值、重複購買或多次消費，成為忠誠的持續的消費者。因此，應通過廣告、宣傳、體驗等多種渠道提高品牌的認知性或認知度，實現品牌的長期價值。[36] 品牌的知名度不等於認知度。不要把知名度與認知度等同與混淆，知名度只要有錢，只要不違法，只要肯打廣告就可以輕鬆地獲取。但一個缺少品牌內涵或品牌內涵不恰當的知名度卻難與受眾產生心理聯繫，不一定能讓受眾產生認知度或認可度，即在心理層面不一定獲得認同感受。一個具有一定文化內涵的品牌才會使人產生品牌認知度，而品牌認知度必須要走心裡聯繫這條路。品牌若不能讓人產生認知，品牌就失去了它的聯繫能力。一個沒有聯繫能力的品牌就沒有拓展品牌關係的能力，品牌的保值增值則完全靠品牌關係的維繫。因此說，如果品牌策略的核心是品牌資產，那麼品牌關係則是品牌資產

的核心。而品牌關係產生的基礎首先是品牌認知度而非品牌知名度。品牌的聯繫能力主要來自於品牌內涵，包括品牌核心價值、品牌定位、品牌個性、品牌文化等，而這些是使人們內求認知與品牌產生聯繫的重要基礎。品牌要得到人們的認知與認同，就要解決品牌與人的心裡聯繫問題。[37]

（4）品牌的質量性

品牌質量是能夠實現商品功能、價值和消費目的的優越性或卓越性程度。[38] 品牌是以質量為優先條件，品牌的質量是影響品牌影響力的核心要素，能夠發揮引導和激勵顧客選擇和偏好的重要作用。品牌質量包括使用該品牌的產品質量和服務質量，能滿足消費者對產品或服務的基本需求和信任度，是從顧客感受和消費的角度進行評價，主要反映該品牌產品的耐久性、可靠性、精確度、易於操作和便於修理、服務完善等有價值的屬性。品牌的質量水平一般有四種選擇，即低質量、一般質量、中上質量或高質量。好的質量是品牌的生命。打造名牌是企業或產業一致的追求，名牌是高質量的象徵，因其高質量、完善服務、高品位的滿足能在消費者心目中廣為傳播、備受贊譽、可信度高。品牌由於質量可靠、信譽度高，得到消費者公認，才使品牌成為名牌。名牌形成後，又對它賴以形成的優質產品具有獨立性，它可以脫離具有使用價值的優質產品實體擁有自己的價值，使馳名品牌獲得市場通行證。

在市場經濟條件下，買方市場的形成，消費者的挑剔和選擇形成企業創新的原動力，缺乏質量和品牌的產品在市場上競爭力不足。擁有好的品牌和高質量的產品，才能獲得更多的市場份額和持續的顧客忠誠度。市場的競爭是產品和服務的競爭，在本質上是質量的競爭和品牌的競爭。名牌之所以暢銷，其原因就在於名牌滿足了買方市場對產品的質量需求，而質量需求的增長則是推動質量差價的根本原因。

因此，可以說，質量性是品牌的核心要素和基本特徵，質量是品牌的生命之根。

品牌不是單一靠政府部門或其他機構評選出來的，更多的是廣大消費者持久的忠誠、信任和「貨幣選票」塑造出來的。要建立和持久擁有品牌，必須加強創新，提高產品質量，必須長期保持優良、創新的品牌質量，這是企

業、產業獲得品牌，贏得顧客忠誠取之不盡、持續不斷的力量源泉。品牌質量包括品牌本身的質量和體現或服務過程中表現的質量，品牌本身的質量是由產品本身的質量表現的，而體現的質量是消費者在消費過程中感受到的產品質量和服務效果。注重品牌的質量性就是要不斷提高產品質量，提高顧客感知質量，提高服務水平、服務效率、服務質量。持續的創新、優質的產品質量、較長的保質期、完善的售後服務是提高品牌質量性的前提和基礎。

2.4.3 品牌的經濟功能

品牌是一種體現經濟價值的產品乃至一個企業區別於其他產品和企業的代表，品牌是一種資源、一種區別其他產品的特色策略，一種占領市場的重要法寶。

品牌作為無形資產的主要載體，在企業無形資產的組成中占據著十分重要的地位。

品牌作為企業的無形資產因具有市場價值，可以進行買賣，許多擁有著名品牌的企業僅通過對品牌使用權的出讓就可獲得非常可觀的收益。知名品牌的產品質量好、性能可靠，能夠贏得客戶，贏得市場。市場佔有率的提高就意味著為企業帶來巨大的經濟效益，並不斷積累成為企業新的無形資產，而隨著企業的發展，品牌本身的價值也會不斷升值。品牌的功能在於承諾消費者產品的功用、情感及自我表現等利益，使消費者明確、清晰地識別並記住產品的與眾不同之處，品牌是驅動消費者認同、喜歡商品的主要力量。

[39] 品牌表現為企業產品的優勢和特色，表現企業產品的質量和相關聯的服務水平，因而能夠獲得市場和顧客的認可與忠誠度的提升。有研究認為，品牌是企業產品性能、質量、服務、信譽的概括和反映，品牌具有行銷功能、獲利功能和競爭功能。

[40] 具體而言，品牌的經濟功能主要表現在以下幾個方面：

（1）信譽保障功能

企業為自己的產品確定品牌後，事實上就明示了企業對顧客、消費者的質量承諾和責任。品牌代表了產品所具有的質量、信譽度。好的品牌意味著出錯率和失信行為的最小化，甚至於保障在產品缺陷時的責任追求和利益補償，如果不能起到這些信譽保障作用，品牌的價值也就基本不存在，即顧客不再相信產品的質量或存在的真實性意義。因此，建立品牌，就是建立產品的信譽度，促進消費者識別、偏好、忠誠於某種商品，贏得顧客的忠誠度和長久的信賴，即消費者放心，質量有保障，進而達到推銷產品、提高利潤、獲取競爭力的經濟目的。

（2）市場壟斷功能

良好的品牌能使企業或產品在市場上擁有足夠大的市場規模和佔有量，形成某種程度上的市場壟斷，進而能提升企業利潤和價值。品牌的建立使企業避免陷入單純同質化的價格競爭。伴隨市場競爭激烈和同質化趨勢嚴重，企業的產品、服務、品質、技術、文化、管理、推廣等容易被複製和模仿，甚至於以假亂真，但競爭者一般難以複製品牌，品牌將建立自己的商標和知識產權，受到國家法律保護，一旦有侵權，將可以採取法律手段維護權益。因此品牌能使企業長期獲得市場佔有率，形成壟斷優勢。

（3）利益維護功能

品牌不僅代表企業的形象和利益，也包括能維護和滿足消費者的利益需求。

品牌代表了企業的形象、地位，也表現了消費者對企業的價值認可，進而能體現消費者的地位與身分，形成對企業利益和消費者身分的價值認可與利益維護功能。

一方面，品牌能提升企業知名度和影響力，進而能保護企業應有的利益，形成足夠長期的利潤和市場佔有率。品牌在顧客心目中所具有的地位與形象，也代表了顧客的身分和地位。商標掌握在注冊人手中，而品牌則植根於消費者心中，品牌巨大的價值及市場感召力是來源於消費者對品牌的信任、偏好

和忠誠。品牌經營及其經濟功能的實現，實質上是企業在消費者心中的忠誠度不斷維護和提升，進而能獲得消費者不斷消費的利益保護。

（4）市場行銷功能

對於消費者來說，品牌的市場行銷功能有利於區分其他商品，簡化商品購買的複雜程序，便於消費者識別和記憶商品，獲得顧客信任和忠誠，願意長期購買和消費該種商品，使商品不斷提高市場行銷水平和市場份額。對於生產者來說，品牌的主要意義在於向消費者推廣、傳遞、銷售產品和服務的訊息，提高消費者對商品的識別、信任能力，給社會以認知的載體。品牌作為企業和企業產品的外在形象和內在精神的代表，具有使產品本身更為簡單化、形象化和容易傳播、易於行銷的功能。

（5）價值增值功能

所謂價值增值就是超過勞動力價值的補償而延長了的價值形成過程。品牌具有連接上下游企業、廠商和最終用戶價值鏈，促進產品的價值保值、增值的作用。

一個品牌常常是因為企業品牌存在形成產品的一組關聯的利益和好處，顧客購買每種產品，能夠獲得相應的價值，品牌能維護和保證這種價值不貶值。

第一，對上游供應商而言，品牌企業是一個穩定的、有良好信譽的客戶，信任度高，可以為供應商帶來可靠的利潤來源和市場份額，品牌企業成為上游企業的價值來源。

第二，對下游企業或銷售商而言，使用品牌企業的產品或服務可以降低質量風險，提高供貨的可靠性以及技術支撐的保障，有助於提高企業的競爭力，產生其他供應商無法提供的利益保證，這就意味著給下游企業和銷售商帶來價值。

第三，對最終用戶而言，使用和消費品牌商品可以降低產品選擇的風險、減少精力和體力支出，提高其獲得的產品價值、形象價值、人員價值和服務

價值。品牌不僅是保證了產品質量，還體現了顧客的檔次、層次和社會地位，獲得社會認可和某種希望達到的虛榮心理。

品牌特別是對高檔奢飾品品牌的消費更是彰顯消費者的身分和地位，擴大了產品本身的價值和意義。如消費者購買月餅送禮，作為一種文化，月餅的高價不再是月餅本身的價值，而是體現在對送禮對象的地位與身分的認知程度，以及通過這種變相的品牌消費需求心理滿足來獲得對方的認可和價值的增值。因此，品牌自身的價值可能在某些時候已經超越了產品本身的價值，富含社會意義和社會文化價值的因素。正是基於此原因，人們更加重視品牌的價值增值因素，走品牌化發展道路才具有超越本身價值的含義，品牌的經濟功能才越發明顯。品牌在這裡既是連接上下游企業、廠商和最終用戶的價值鏈，同時又在這一連接過程中擴展著、增值著品牌價值。[41]

2.4.4 品牌文化與文化品牌

（1）品牌文化的內涵

品牌文化（Brand Culture），是關於品牌的文化，品牌自身所具有的深刻文化意蘊及其內涵，成為品牌的特質屬性，通過文化傳播和文化理念滲透形成消費者的持久認可和忠誠度，通過文化傳播與打造構成消費者對品牌精神層面的信仰、追求和偏好，形成消費者對某種品牌的強烈忠誠。

[42] 對品牌文化的認可、定義與忠誠，就能形成穩定的消費群體和消費市場，獲得穩定的市場佔有率和銷售額、利潤，形成企業持續的核心競爭力，為品牌策略的成功實施提供強有力的保障。可以說，品牌作為企業的符號、代表和形象，並不能等同於企業的利潤、目標的實現，關鍵在於構建和培育關於品牌的文化體系，即形成企業的品牌文化，才能穩固企業的品牌基礎。因而，有學者認為，品牌文化是品牌中的文化特質的長期積淀，是品牌實施與經營過程中的文化活動的集成，代表消費者對品牌和品牌企業的價值認同、利益關聯、情感寄托、個性張揚等文化因素的綜合。品牌文化的建立能增強品牌溢價能力、市場競爭力和品牌忠誠度，

[43] 品牌文化的形成夯實了企業文化的根基，是企業層次提升和文化價值凸顯的重要代表。

品牌文化體現了企業的外部文化形象，是對企業文化進行外在的推廣、宣傳、行銷、整合，形成認可、偏好企業文化的良好外部環境和社會氛圍。品牌文化滿足了顧客的心理需求和文化認同，是將企業品牌理念有效地傳遞給消費者，體現和凝結企業在品牌上的主要精華和文化要素，形成了企業競爭的「品牌力」，代表著品牌自身價值觀、世界觀、文化觀。品牌文化形成了品牌的人格化，集中反映和體現了顧客的文化精神層面的需求、認可、共鳴，形成持續的、忠誠的品牌追求。因此，企業所具有和需要張揚的文化內涵，體現企業深層次滿足顧客需求的價值理念、社會責任、精神追求，是品牌所凝練的價值觀念、生活態度、審美情趣、個性修養、時尚品位、情感訴求等精神象徵。

品牌文化體現了產品或服務所形成的物質價值與精神價值的高度集成的完美境界，超越時空限制帶來消費者高層次的消費體驗、精神滿足、心靈慰藉、文化認同。因此，品牌文化的內涵更多是依托物質產品形成的情感歸屬，能獲得消費者心理層面的認可與歸屬感。顧客偏好和選擇的品牌代表商品的代表、質量、性能、獨特的市場定位，代表商品生產者、開發商的文化理念、價值觀、個性偏好、品味體驗、格調和生活范式等。品牌文化能使消費者對自己喜愛的品牌形成強烈的信賴感、依賴感、歸屬感、榮耀感。其建立在品牌深刻的文化內涵和精神內涵上。維繫消費者與品牌長期聯繫的是獨特的品牌形象和情感因素。長期聯繫、交往、溝通、協調等過程有效培養了消費者對企業產品、企業文化、企業品牌的信任、依賴、歸屬和情感寄托，形成了完整人格化的品牌文化。品牌文化使消費者保持高度的持久的忠誠度，一般難以發生「品牌轉換」或「移情他戀」。因而品牌文化的構建及其品牌影響力提升需要企業保持持續的高質量、高附加值，保持一貫的良好服務和創新，進而吸引和擁有長久的忠誠消費者，為企業和品牌獲得持續的消費群和不斷財富保障。

（2）文化品牌的內涵

基於以上分析，品牌文化是關於品牌的文化內涵，是體現在品牌上的文化特質，通過賦予品牌深刻而豐富的文化價值，建立鮮明的品牌定位、充分利用有效的傳播途徑，形成對消費者精神高度認同與品牌的文化信仰。換而言之，品牌文化主要表征的是關於產品、企業品牌的文化體系。進而文化品牌是從更加寬泛的視角，分析基於文化產品、文化價值、文化范式的品牌打造。即文化品牌是將某種文化特質、文化因素、文化模式形成具有吸引力、影響力、競爭力的品牌代表。文化品牌可能包括多種文化產品、文化服務、文化產業的集成所構成的品牌定位，主要表征的是關於文化的品牌建設，包括文化產品、文化服務的品牌。

文化品牌的內涵，首先是形成文化，屬於文化的範疇，屬於文化的物質產品或精神產品，這種產品具有區別其他文化的特質和品味，形成了此種文化的品牌，而非其他文化的品牌。品牌文化是關於品牌的文化，在研究視角和範疇上有所區別，文化品牌屬於大的品牌概念，是關於某種义化的品牌定位，包含文化所屬範圍內的某些具有共同特質的品牌文化。文化品牌與品牌文化不僅僅是詞序的不同，同時也將帶來含義上的區別。本書認為，文化品牌是對某種文化的精神、價值、特質的提煉，上升到品牌的高度，形成區別其他文化類型、文化模式的品牌競爭力。文化品牌包含了品牌文化，兩者是相互包容、相互促進、相互影響的過程。

文化品牌與普通商業品牌的聯繫與區別在於，文化品牌與其他商業品牌同屬品牌的大範疇，具有同質性，都是用以區分產品和服務的重要代表、符號。但文化品牌也有其獨特的性質：

第一，鮮明獨特性。一般情況下，文化品牌一經確立，不會再出現同樣或者類似的品牌。

第二，創新性。既然稱為品牌，就具有一定的商業性質，要適應社會歷史的發展而不斷變化。

[44] 文化品牌是文化軟實力的重要代表，體現了文化的核心競爭力，是在文化建設中形成的具有獨特性和廣泛影響力的文化現象，是文化的經濟價值與精神價值的雙重凝聚。文化品牌比一般的商業品牌更具有競爭力、影響力、感召力。文化品牌不是簡單建立商標就可以形成的，需要一定時期的文化積淀，具有更高的穩定性，一旦形成，也具有長期的影響力和滲透力。

2.4.5 文化品牌的產業功能

從產業視角考察，品牌文化實現了文化產業的價值提升，形成產業的核心競爭力，因此，高層次的文化產業應走品牌發展道路，品牌文化的產業經濟功能主要表現在以下幾個方面：

（1）文化品牌的建立能形成文化產品、文化產業的品牌競爭力，能實現文化產業或企業的促銷以及佔有更多市場份額、形成市場壟斷地位的目的。通過文化品牌打造，能為文化企業和文化產業帶來「品牌力」，從而謀求更多的商業利潤。文化品牌形成消費者對文化產品的品牌認同和心理歸屬感，進而形成顧客忠誠度，由於同一經濟、文化背景的影響，其價值取向、生活方式等具有一致性。這種文化上的一致性為塑造品牌文化提供了客觀基礎。即為文化建立品牌，為品牌塑造典型的文化個性，達到促銷、營利、佔有市場的目的。

（2）文化品牌提升能滿足消費者的精神文化消費需求，有效承載企業的社會功能。梅奧·羅特利斯伯格提出「社會人」的概念，認為人除了追求物質消費需求，還有社會心理等精神文化消費需求。文化品牌的建立能讓企業不僅銷售的是產品或服務，更多的是企業文化，這種文化能讓社會認可，讓消費者認同，具有較高的忠誠度，能充分體現企業的社會價值和長期滿足顧客需求與附加值的整體利益，體現了文化的歸屬感和精神滿足。文化品牌要求企業在宣傳自己產品功效品質的同時，也要弘揚優秀的文化，倡導正確的價值觀，促成社會的進步。通過塑造優秀的品牌文化來表明企業堅持積極的文化理念，是促進社會利益、履行社會責任、維護社會價值、提升社會文化的重要體現。文化品牌提升了產品或服務的文化內涵、精神價值，使消費者獲

得在享用商品所帶來的物質利益之外，還能有一種文化上的滿足，文化精神層面的滿足，直接增加了文化產品、文化產業的附加值和文化歸屬感。

（3）文化品牌塑造有助於培養對文化產品、文化模式、文化產業的品牌忠誠度。按消費者的忠誠度水平，市場可分為堅定型、不堅定型、轉移型和多變型。其中品牌可以堅定顧客的忠誠度，對企業最有價值。市場競爭激烈，消費者個性化需求加強、保持挑剔的眼光和特殊偏好給企業帶來更多的難題和壓力，因此文化產品、文化企業、文化產業的發展需要培育忠誠的消費者，需要維護、壯大品牌的忠誠群體。文化品牌的樹立、壯大，在滿員文化效用訴求的同時，向消費者灌輸與品牌聯想相吻合的積極向上的生活理念，使消費者通過使用該品牌的文化產品，達到物質和精神兩方面的滿足。建立文化品牌，即在消費者心理上能鮮明地識別該品牌，讓品牌具有獨特的文化，讓文化具有品牌的特徵、價值和內涵，形成文化品牌的文化差異和特質發展策略。

（4）文化品牌提升有助於提升民族傳統文化的內涵、影響力和民族軟實力。

實施品牌文化行銷需要設計品牌的名稱和代表，強調品牌文化的民族內涵，對品牌進行獨特的文化定位以及塑造個性的品牌文化。

[45] 將優秀的民族傳統文化提升為文化品牌，將民族文化精華提煉為具有世界影響力和感召力的某種文化品牌，更易讓大眾產生共鳴形成特色和差異，增強吸引力和文化競爭力。中國的民族傳統文化，注重家庭觀念；講究尊師敬老、撫幼孝親；強調禮義道德、倫理等級、中庸仁愛；追求圓滿完美；崇尚含蓄、溫和和秩序等。不斷挖掘民族傳統文化內涵，在特色小吃、風俗習慣、文化習俗等方面提升為品牌，將其獨特的民族傳統文化融入品牌中，打動消費者的心，形成強大的文化影響力和歸屬感，進而有效提升民族文化軟實力。在文化品牌要繼承民族傳統文化，符合民族的審美情趣、風俗習慣、消費模式和心理訴求，要充分考慮到民族的接受心理和消費者的禁忌文化等。因此，文化品牌與民族傳統文化的融合，或者民族傳統文化的提升與品牌化

發展，既能促進傳統文化產業的發展，也能實現民族文化的傳播、推廣，提升民族傳統文化及其文化產業的影響力、競爭力與軟實力。

2.5 低碳經濟與低碳轉型理論

基於對全球氣候變暖的擔憂和反思，低碳經濟概念得以產生。英國政府在 2003 年的能源白皮書《我們能源之未來：創建低碳經濟》中，首次提出了「低碳經濟」的概念。該白皮書從英國對進口能源高度依賴和作為《京都議定書》締約國有義務降低溫室氣體排放的實際需要出發，目的在於有效降低對化石能源依賴和控制溫室氣體排放，構建低碳經濟社會。近年來，隨著全球氣候變化影響的日益明顯，發展低碳經濟正逐漸成為一種新的國際潮流。2007 年 2 月至 11 月間，聯合國政府間氣候變化專門委員會（IPCC）陸續發布第 4 次氣候變化評估報告的四個部分，報告指出，未來幾十年全球溫室氣體排放將持續增加。低碳經濟模式要求通過提高資源的生產率，以更少的汙染獲取更多的經濟產出。發展低碳經濟能有效應對全球氣候變化和能源危機等問題，隨著經濟社會發展和資源能源問題的進一步惡化，低碳經濟的內涵也不斷豐富和完善。目前大多數學者認同低碳經濟是一種以低能耗、低汙染、低排放和高效能、高效率、高效益為主要特徵，以較少的溫室氣體排放獲得較大產出的全新的經濟發展模式。有學者認為，低碳經濟是指在不影響經濟和社會發展的前提下，通過技術創新和制度創新，盡可能最大限度地減少溫室氣體排放，從而減緩全球氣候變化，實現經濟和社會的清潔發展與可持續發展。[46] 低碳經濟是基於可持續發展理論、循環經濟理論、生態經濟理論、綠色經濟理論的基礎上發展而來的全新的經濟發展模式，與可持續發展理念和資源節約型、環境友好型社會、生態文明建設的要求是基本一致的。但低碳經濟也有其自身的特徵。主要表現為：

第一，注重碳的減排性。綠色經濟、生態經濟、循環經濟等強調的是資源節約、環境友好、綠色生態的產業鏈，促進資源的循環利用。但沒有突出對碳減排的重要性認識。溫室氣體排放特別是二氧化碳濃度的上升是導致全

球氣候變暖的關鍵因素，減少碳減排才是問題的根本。因此，低碳經濟區別其他經濟理論的核心要素是強調碳的減排性。

第二，注重碳問題的綜合性。也就是說，低碳經濟的出現或者低碳問題的解絕不是控制或解決某一方面的問題，而是要從技術、經濟、社會、文化、環境、生態等多方面的綜合性問題進行解決，不僅要強調經濟和產業發展問題，強調技術創新和技術進步問題，還要強調社會、文化、生態等問題的協同解決。低碳經濟意味著經濟發展與溫室氣體排放之間關係的「脫鉤」，即 GDP 的增長率高於溫室氣體排放的增長率（相對脫鉤），或經濟穩定增長而溫室氣體排放量零增長甚至減少（絕對脫鉤）。低碳經濟不是不要經濟發展，是要求經濟發展的同時，不能以犧牲環境為代價，要求是在經濟穩定發展的基礎上，解決氣候變化和環境汙染問題，與單純的節能減排思路不同，它強調經濟增長與環境治理、碳減排、社會發展的協同，通過降低能源消耗強度和碳排放強度，通過技術創新和制度轉變，來實現經濟的綠色低碳增長。低碳經濟還要求解決人類的共同富裕、自由競爭和公平發展問題，碳排放方案必須從社會公平、國家和諧發展、人類可持續發展的策略高度進行綜合性考慮，注重碳問題的綜合性解決。

第三，注重碳減排的策略性。由於氣候變化是全球性的，不是一個國家或地區可以控制的，氣候變化本身具有全球性、長期性，因此實現低碳發展，需要進行策略性思考，需要各個國家和地區進行策略性合作，需要從長遠的眼光來重視問題的解決和技術提升以及人類自身經濟發展模式、產業結構、生活消費范式的轉變。因而，注重碳問題的系統性和綜合性的同時，要重視策略性工具的選擇，策略性方案的制定，策略性措施的選擇，實現人類能源消費、經濟發展、生活方式的全新的策略性選擇。

第四，注重碳減排的全球性。氣候變化的影響是一個系統，具有全球性，超越主權國家的範圍，任何一個國家都無力單獨面對全球氣候變化的嚴峻挑戰，低碳發展需要全球合作。2007 年，聯合國氣候變化大會在印尼巴裡島召開，為 2012 年以後控制溫室氣體排放制定了「巴裡島路線圖」。與此同時，以歐美為主的先進國家也已開始採取一系列實際行動向低碳經濟轉型。《京

都議定書》是由多個國家圍繞氣候變化形成的全球性的談判和制度框架，但缺乏足夠的約束力，在參與和執行方面受到國家利益的左右而大打折扣。要真正有效解決碳減排問題，需要進一步進行制度創新和國際層面的制度合約。英國先後引入了氣候變化稅、氣候變化協議、排放貿易機制、碳信托基金等多項經濟政策，推動低碳經濟發展。丹麥、芬蘭、荷蘭、挪威、義大利和瑞典等國，對燃燒產生二氧化碳的化石燃料已開徵國家碳稅；德國、日本和奧地利等國也相應引入了能源稅和碳稅制度；美國也在投入巨資研發低碳技術，尤其是最近發布實施的《能源政策法》，為發展低碳經濟提供了重要的法律保障。

中國作為世界能源生產、消費、碳排放的大國，高度重視全球氣候變化問題，主動承擔國際減排責任，為應對氣候變化做了大量工作。中國先後於1998 年簽署、2002 年批准了《聯合國氣候變化框架公約》和《京都議定書》。雖然作為發展中國家，中國沒有像先進國家那樣承擔減排責任，但仍積極行動，開展節能減排工作。

九五計劃（1996 — 2000）提出了節能率平均每年為 5%，削減主要汙染物排放量（包括溫室氣體）的目標。「十五」規劃又提出節能和減少主要汙染物排放 10% 以上。

2007 年 6 月，中國政府發布了《中國應對氣候變化國家方案》，確定了中國長期應對氣候變化的框架。報告提出要大力推進生態文明建設，促進綠色發展、循環發展、低碳發展。全面深化改革，緊緊圍繞美麗中國建設深化生態文明體制改革，建立生態文明制度。這些策略層面的文件和制度規定為中國低碳經濟發展和主動承擔國際減排責任提供了保障，樹立良好的國際低碳形象。

發展低碳經濟、加快低碳轉型符合可持續發展的要求，也是國際社會長期發展的趨勢。低碳轉型是中國可持續發展的內在要求，是實踐科學發展觀，建設「兩型」社會的必由之路。[47] 結合中國現階段發展的實際情況，加快低碳轉型是長期性的發展難題。一方面，中國目前正經歷著工業化、城市化快速發展的階段，人口增長、消費結構升級和城市基礎設施建設使得對能源的

需求和溫室氣體排放不斷增長。長期以來，中國經濟發展呈現粗放式的特點，對能源和資源依賴度較高，單位 GDP 能耗和主要產品能耗均高於主要能源消費國家的平均水平，正面臨著能源基礎設施建設的高峰期。因此，加快低碳轉型，任務重、壓力大、困難多。先進國家因自身減排壓力小於發展中國家，必然會在低碳和碳減排等方面表現得更加積極和主動，並憑藉其在低碳經濟領域取得的主導權和話語權。中國作為最大的發展中國家承受著先進國家的壓力，節能減碳的任務艱巨。發展低碳經濟，加快低碳轉型已經成為中國實現經濟發展方式轉變、推進生態文明建設的重要組成部分，應當採取有效措施努力爭取發展低碳經濟的主動權。推動低碳轉型，需要政府部門給予相應的優惠政策，以充分調動企業投資低碳經濟的積極性，為企業的低碳技術和產品開發提供履約擔保，扶持建立低碳技術風險投資機構。建立和完善碳交易制度，使企業在碳交易中獲得必要的合理收益，推動中國經濟的低碳轉型。[48] 低碳經濟與低碳轉型理論的提出，為文化產業發展和文化品牌提升提供了重要的理論基礎和發展依據。文化產業具有低碳經濟的特點，是比較典型的朝陽產業和綠色經濟，不僅具有生態增值的功能，而且能夠改變傳統消費觀念和生活方式。[49] 傳統產業的資源能源約束趨緊，環境汙染不斷惡化的現實為文化產業發展創造難得契機。傳統產業在為經濟發展作出貢獻的同時，也正經受資源能源環境等多種制約因素影響，產業標準門檻越來越高，區域經濟競爭日益激烈。傳統高能耗、高汙染的重化工產業為主導的粗放型經濟增長模式不可持續。在全球氣候變暖和低碳發展的大背景下，迫切需要加快轉變經濟發展方式，推動產業發展低碳轉型升級。文化產業科技含量高、環境汙染小、資源消耗少、發展潛力大，與傳統產業相比優勢明顯。歷史經驗證明，經濟發展遭遇瓶頸的時候，往往是發展方式轉型的關鍵期，也是文化產業發展的機遇期。[50] 推進生態文明建設，要加快低碳發展，加快低碳轉型，發展文化產業則是重要的策略選擇。

發展文化產業是國家或區域實現低碳發展和低碳轉型的重要途徑。文化產業作為現代服務業的重要組成部分，促進城市轉型具有重要的作用，是實現城市低碳轉型的重要力量。綠色發展、低碳轉型已成為當今世界經濟結構調整的一個重要趨勢，綠色低碳領域發展前景廣闊，將為全球投資者帶來更

多的合作機遇。根據聯合國環境規劃署報告，2011 年，全球可再生能源投資達到 2501 億美元的歷史記錄。

聯合國呼吁，在今後 40 年內，全球每年應增加 1.9 萬億美元投資推動綠色經濟發展。中國政府把握全球經濟發展趨勢，積極推進生態文明建設，加快低碳轉型，不斷增強可持續發展能力。文化產業發展要積極應對低碳轉型的潮流，重構文化產業的新動力。

有研究指出，文化產業屬於低碳經濟範疇。[51] 但是文化產業本身有物質產品生產，涉及資源能源的消耗和廢物排放問題。文化產業在轉變經濟發展方式的同時，自身也有轉變發展方式和低碳轉型、綠色發展的問題。「低碳」問題具有全球問題的普遍性價值取向，具有廣泛的國際共識和認同。英國研究小組曾經對每一張光盤生產所產生的二氧化碳排放進行研究，開啟了文化產業碳排放問題研究的先河。西方先進國家對文化產業自身的「碳排放」問題製造碳壁壘或碳標籤，形成對高碳文化產品進口的諸多限制。西方大國制定新的國際文化貿易的「碳排放標準」建構新的國家文化商品的交易秩序，對於高碳型的文化產品輸出國形成嚴峻的挑戰。中國的文化「走出去」策略必須高度重視這一現象，高度重視文化產業低碳發展的新趨勢與新要求。中國粗放型經濟增長方式包括文化產業在內，備受國內外輿論和公眾的嚴屬批評和諸多爭議。因此，加快低碳轉型與發展，有利於中國文化產業發展，有利於中國在文化資本利用、文化資源項目引進、文化產業開發、國際文化貿易和低碳文化產業發展等方面形成新的低碳競爭力。

低碳經濟時代的到來和低碳轉型的世界潮流湧現的背景下，文化產業應該發揮重要作用。一方面，加快自身文化產業發展方式的低碳轉型，以低碳為要求，提高資源能源利用率。另一方面，要大力發展低碳型文化產業，提高文化產業在國家或城市經濟增長的比重，促進經濟發展方式轉型，進而促進城市低碳轉型。

▌2.6 文化品牌與文化產業的互動關係

2.6.1 從「文化」到「城市文化」再到「城市文化品牌」的邏輯

　　轉換泰勒認為，文化或文明是包括知識、信仰、藝術、道德、法律、習慣以及其他人類作為社會成員而獲得的種種能力、習性在內的一種復合整體。文化的語義在《辭海》中的解釋是：從廣義層面考察，文化是包括物質層面和精神層面所有財富載體的總和，這些財富都是人類長期社會生產生活形成和積累起來的，是人類智慧的結晶。從狹義層面考察，文化主要是指精神層面的產物，是人類社會發展和組建國家所產生的意識形態、價值理念、精神意識以及與之相適應的制度和組織結構等的總和。文化的意識形態特徵區別一般性的物質文化特徵，主要反映的是一定時期的地域經濟、政治、社會、文化等領域的精神產物。文化是在人類社會歷史過程中產生的智慧結晶，是源於客觀世界和社會實踐又反作用於客觀世界和社會之間的藝術、知識和觀念以及與之相適應的社會組織、制度、行為和由此創造的精神財富總和。文化是一定時期內人類生活的智慧產物。

　　城市作為社會政治、經濟、文化的聚集中心，是一種文化形態和文化實體。城市底蘊就是文化，文化積累形成城市的名片。城市文化是人們在城市生產、生活中所創造的能體現城市特色、城市屬性、城市功能的價值觀和意義體系，包括使這些價值觀和意義體系具體化的物質實體。城市文化可分為城市觀念文化、城市行為文化和城市物質文化三種形態。觀念形態的城市文化是指市民的價值觀念、文化知識、法律制度等，表現為城市發展的基本理念和價值定位，是城市發展的基本指導原則和重要方向。行為形態的城市文化是指城市中的整體與個體的行為規範、行為準則、行為模式、行為取向，是在一定城市理念指導下的城市居民的行為準則和生活范式的總和。物質形態的城市文化是人們可以通過感官感受到的具體直觀的有形部分，如城市代表、建築、雕塑、環衛、交通、基礎設施等。每一個城市都會在發展中根據自身的地理環境、交通條件、經濟基礎、技術水平、民俗傳統塑造自己的文化特質。目前，文化發展得到各級城市政府的高度重視，社會各界掀起文化發展熱潮，重視對城市歷史文化元素、文化資源的系統梳理、挖掘、整合，

發展文化設施和文化產業，依托文化的獨特魅力來提升城市品位，彰顯城市個性，擴大城市影響，構筑城市品牌，並借以走上發展文化產業與品牌化互動的道路。[52] 城市文化上升到品牌的高度，就形成了典型的城市文化品牌。城市文化品牌是城市文化進一步提煉和特徵總結，是提升城市文化層次和競爭力的重要代表。

北京丰台區城市文化品牌需要通過一定的美學與科學形式的組合包裝，使其能以一種更完美的整體形式呈現在廣大受眾面前，彰顯特色，凝聚共識，擴大影響，便於丰臺文化品牌的傳播和推廣。當然城市文化品牌的包裝不完全等同於一般的商品包裝，它往往以一種原初、原生態、分散、獨特的形式存在，不易被人們發現、複製、模仿。所以，北京丰台區城市文化品牌建設要借助一些特定的方式來包裝和推廣，比如城市文化內涵的提升、文化特色的凸現、文化類型的優化組合、文化產業發展以及現代社會潮流和人們心理的契合等。

2.6.2 從「品牌」到「文化品牌」的邏輯之路

品牌是一種核心競爭力，代表組織或產品的特殊的代表。根據美國市場行銷學會的定義，品牌作為區別其他事物的重要性的特徵標記，包括名稱、術語、標記、符號或設計，或是它們的組合運用，其目的是形成獨特競爭力，區別、記憶、記載銷售商或某群銷售者的某個或系列的產品及其關聯服務。品牌的價值在於它能在消費者心中塑造獨特、良好、令人矚目的形象，而商品卻借此實現價值轉化和價值增值。缺乏品牌定位的商品難以在消費者心中形成相對穩定、持續、好感、忠誠的形象感知。

文化品牌是一個區域的歷史文化傳統、建築設施外觀、社會文化活動、文化產品、文化氛圍等所形成的鮮明特性，在國內外和社會公眾心中形成總體印象和評價的、易於為人們所指認的形象表述。劉文儉（2010）認為，文化品牌作為品牌的一種類型其實質是文化產業品牌化的結果，是文化的精神價值與經濟價值的雙重凝聚。

文化品牌主要涵蓋了文化藝術、新聞出版、廣播影視、網路傳播、休閒娛樂、文化旅遊、會展收藏、體育健身等八個主要領域及其他衍生領域。從主體上劃分，可以分為社區文化品牌、企業文化品牌、校園文化品牌、機關文化品牌等；從層次上劃分，可以分為鎮街文化品牌、縣域文化品牌、城市文化品牌、省域文化品牌、國家文化品牌；從內容上劃分，可以分為文化產品品牌、建築文化品牌、節會文化品牌、廣場文化品牌、旅遊文化品牌、餐飲文化品牌、演藝文化品牌、傳媒文化品牌、民俗文化品牌等。[53] 一種城市文化要想在受眾心中形成獨特、美好、持久、令人矚目的形象，必須樹立品牌意識，結合城市文化元素和文化資源特徵塑造出在一定區域範圍內持續、認知的自主品牌。這種品牌包含自身的文化特色和文化資源，並通過文化資源挖掘、整理、培育和提升文化品牌，形成一個有區別性的城市文化代表，借助品牌效應提升城市形象，形成城市文化吸引力。

　　文化品牌代表了一個地域和城市的獨有的文化傳統和文化特性。文化品牌的本質是對區域內一定時期所形成的文化生活產物的濃縮，表現地域文化的精華。

　　加強文化品牌建設就是要以文化產品的濃縮、精華為主旨的創建的過程以及地域文化的去粗取精過程，是地域文化或城市文化的進一步提升、符號化，並具有一定文化優勢和文化吸引力的過程。如河南的武術文化、西安的古都文化、平遙的古城文化、大連的時裝文化、湖南的傳媒文化等都是比較成功的城市文化品牌。以河南的武術文化為例，武術文化又稱功夫文化，是中原文化的鮮明特色。「天下功夫出少林」之說，形象地表明了少林武術在中國武術文化中的重要地位。「十三棍僧救唐王」的歷史傳奇，幫助戚繼光抗倭立功的光輝業績，使少林寺遐邇聞名，成為中華武術的薈萃之所、流播之處、發揚光大之地，使「少林」成為中國武術的品牌，成為中原文化乃至中華文化的品牌。[54] 河南擁有豐富的武術文化元素和資源，歷史傳承和文化遺跡，這些都是形成和打造河南武術文化品牌的根基。

　　西安的古都文化主要源於西安是中國歷史上建都朝代最多、影響力最大的都城，是連接中西方的古老絲綢之路的東方起點，是中華文明的發揚地、

中華民族的搖籃、中華文化的傑出代表之一。西安、南京、北京和洛陽並稱為中國四大古都。

西安古稱長安，位於黃河流域關中平原中部秦嶺北麓，地跨渭河南北兩岸，是周、秦、漢、隋、唐等十三朝古都。其是聯合國教科文組織最早確定的「世界歷史名城」

歷史文化名城之一，屬於世界著名旅遊勝地。西安是公元 10 世紀之前東方世界的文明中心，與西方的羅馬一同代表著古代城市文明所達到的最高成就，自古就有「西羅馬，東長安」的美譽。如今的西安是中國七大區域中心城市之一，亞洲知識技術創新中心，新歐亞大陸橋中國段和黃河流域最大的中心城市，中國大飛機的製造基地。

平遙的古城文化是彰顯平遙地域的古城文化特色的品牌表征。平遙古城，位於山西中部平遙縣，是一座具有 2700 多年歷史的文化名城，與同為第二批國家歷史文化名城的四川閬中、雲南麗江、安徽歙縣並稱為「保存最為完好的四大古城」，也是中國僅有的以整座古城申報世界文化遺產獲得成功的兩座古縣城之一（另一座為麗江古城）。平遙古城是中國境內保存最為完整的一座古代縣城，是中國漢民族城市在明清時期的傑出范例，在中國歷史的發展中，為人們展示了一幅非同尋常的文化、社會、經濟及宗教發展的完整畫卷。平遙舊稱「古陶」，明朝初年，為防御外族南擾，始建城牆，洪武三年（公元 1370 年）在舊牆垣基礎上重筑擴修，並全麵包磚。以後景泰、正德、嘉靖、隆慶和萬歷各代進行過十次的補修和修葺，更新城樓，增設敵臺。康熙四十三年（公元 1703 年）因皇帝西巡路經平遙，而筑了四面大城樓，使城池更加壯觀。平遙城牆總周長 6163 米，牆高約 12 米，把面積約 2.25 平方千米的平遙縣城一隔為兩個風格迥異的世界。城牆以內街道、鋪面、市樓保留明清形制；城牆以外稱新城。這是一座古代與現代建築各成一體、交相輝映、令人遐思不已的文化聖地。

城市文化的品牌化過程是通過內在的文化屬性轉化而使其獲得的功能性或情感性的價值，有了價值的內涵才會獲得受眾的認同。文化品牌的內涵是文化本身，品牌屬於文化價值的範疇，是社會物質形態和精神形態的統一體，

是現代社會的消費心理和文化價值取向的結合。文化品牌的個性是品牌存在的靈魂，也是品牌與消費者溝通的心理基礎。文化品牌不是產品和服務本身，而是它留給人們的意義想像和精神感覺。作為一個區別性代表，城市文化品牌是一個包括其名稱、術語、標記、符號或設計，或是它們的組合運用的要素整體。從城市文化品牌發揮作用的區分和一些著名品牌成功的經驗看，品牌的有形要素主要有品牌名稱、品牌代表、廣告和廣告樂曲、品牌包裝等。

2.6.3 從文化元素、文化資源到文化產業再到文化品牌的邏輯之路

文化元素是建構文化品牌的基本單元。文化元素也可稱之為文化特質，組成一種文化的可以界定的最小單位，是表現文化總體特徵的內在各個要素，這些元素區別於其他東西，形成文化的特殊屬性。這些單位實際上互相配合而形成一種功能的整體——一種較大的功能單位。每一個文化叢都是由若干文化元素組成的。

文化品牌是基於文化資源挖掘、文化元素組合的被符號化的、用以集中展現區域、城市或企業精神風貌和文化品位的特殊載體，同時也是被選擇出的最能體現城市文化特點和文化產業內核的集合體。

文化元素又稱文化特質、文化要素。元素或特質雖是獨立的文化單位，但各個元素之間實際上常互相配合而成為一種較大的功能的整體，通稱為文化叢或文化復合或文化資源。在經濟全球化和城市化加速發展的大背景下，國際市場競爭、區域競爭已從產品競爭到產業競爭。單個文化要素或文化資源難以形成城市的特色或競爭力，進而發展到文化品牌競爭的高端形態。由此，文化品牌成為城市文化產業發展、城市文化建設、城市總體發展策略的重要組成部分。

文化品牌是通過對文化資源和文化元素的挖掘、分析，梳理文化元素和文化資源內在的價值。文化元素包括無形的精神文化和有形的物質文化。文化元素的利用，要通過「識別——篩選——改造——利用」過程，才能真正形成文化品牌。並不是所有的文化元素都可以用來打造品牌。傳統文化也會

有不同的利用方式，如恢復利用，傳承利用，創新利用等。傳統文化因底蘊深厚，影響深遠，通過有效的利用方式，易於打造出特色的傳統文化品牌。

文化資源一般是人們生活長期積累的文化財富的總和，有的是可再生的、可重複開發利用的，是人文資源，而且越使用人氣越旺。當然也有些文化資源是稀缺的，不可複製、不可替代的。因此，根據文化資源的特殊性進行挖掘和提煉打造，這是文化資源價值提升的重要舉措。文化資源是打造文化品牌的基礎，文化品牌的打造也是將文化資源轉化為文化資本、文化形象、文化競爭力的過程。[55] 文化資源是當地居民從事經濟社會文化生活和生產所必需的前提條件與文化準備。文化資源從對人們的貢獻力量來看，有廣義和狹義之分：廣義上的文化資源泛指人們從事一切與文化活動有關的生產和生活內容的總稱，它以精神狀態為主要存在形式；狹義上的文化資源是指對人們能夠產生直接和間接經濟利益的精神文化內容。[56]

文化資源包括文化現象、文化積累和文化財富等，這些是長期以來人們生活和生產的智慧、才識、知識、經驗、習俗、模式等的綜合體現。文化資源主要表現為人們社會生活生產的精神層面的表征。文化資源具有這些特點：

第一，無形性。精神層面的物質均具有無形性，文化資源也如此。人們的文化精神和氣質、文化知識、文化習俗、文化模式等均是以不可見的形式存在於人們的思想當中。這就意味著在進行文化資源挖掘和提升中，全面把握和深度考察文化資源內涵，要注重精神品質的不斷提升和豐富，才能夠深刻把握文化資源的豐富價值和意義。

第二，民族性。即文化資源的生命力要在一定的情景或者相當的環境資源條件支撐下才會發生，是一定民族地域空間的精神文化生活的產物。民族性也表現出地域性、區域性的差異。不同文化地域所產生的民族文化內容是不一樣的。不同的民族有不同的文化因子，同一民族在不同地域、不同時期也會形成差異性的文化產物。文化是民族的文化，是特色民族在特色空間和區域長期生活的積累的大眾文化。民族的大眾的文化對文化的傳承和交流提供了豐富的適應情景。

第三，差異性。不同民族、不同空間、不同的時期所產生的文化資源屬性、種類和流行的內容與模式是有差異的。同一民族在不同時期所表現的文化生活方式和模式也是有差異的，所追求和崇尚的內容同樣也是有差異的，這就昭示文化資源自身的豐富性和差異性。

第四，可開發性。文化資源如果能被識別和發現，就可以通過人為的挖掘、宣傳、複製和策劃，進行推廣、傳播，為其他地區人們所認識、感受和體驗，從而實現文化資源的開發與提升，實現文化資源的增值和發展。文化品牌正是借助文化資源的可開發性的特徵實現提升與品牌化發展。可開發性也說明文化資源不是一成不變的，而是可以隨著社會發展不斷繁榮發展，也可以不斷衰退和消亡的。

文化資源和文化元素通過挖掘、識別、篩選、改造、加工利用等系統工程，科學的品牌定位，圍繞品牌發展，加強文化產業布局和結構調整，構建品牌特徵的文化產業類型及其集群，進而形成城市區域的整體文化品牌形象和特色。

2.6.4 北京丰台區文化品牌提升與文化產業突破的關係考察

北京丰台區擁有深厚的文化資源優勢，擁有漢唐以來的歷史文物遺存400餘處，其中800多年的盧溝橋，300多年的宛平城，3000多年的蓮花池，700多年花卉栽培史的花鄉、長辛店古鎮等文化元素豐富，文化底蘊深厚。通過對這些歷史悠久、元素豐富、底蘊深厚的文化資源進行識別、分類、篩選，可以劃分為中秋文化、紅色文化、花卉文化、戲曲文化，對其進行挖掘與產業化運作，可以實現北京丰台區文化產業突破發展，培育和提升為北京丰台區文化品牌。

（1）北京丰台區文化元素與文化資源

第一，中秋文化元素和資源。

「盧溝曉月」是著名的燕京八景之一。盧溝橋在北京廣安門外西南，橫跨永定河，乾隆皇帝曾在秋日路過盧溝橋，賦詩「半鉤留照三秋淡，一練分波平鏡明」，並題「盧溝曉月」，立碑於橋頭。2008年5月份，北京丰台區

政府啟動永定河的蓄水工程，工程中就包括恢復曉月湖水面。「盧溝曉月」
奇觀也得以在中秋佳節期間成功再現。之後，曾舉辦盧溝橋中秋廟會、盧溝
曉月中秋晚會、丰臺中秋文化旅遊節等活動。盧溝橋、曉月島、曉月湖、岱
王廟等均是北京丰台區中秋文化的重要元素和資源。

　　而修復的岱王廟，建成的民俗博物館，成為盧溝曉月中秋文化的新資源。
[57] 如圖 2-4 所示：

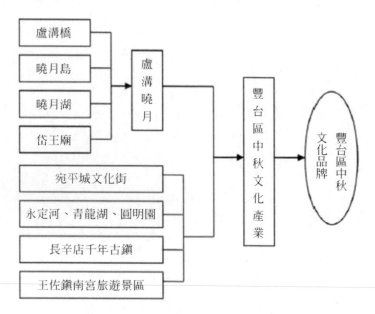

圖 2-4 北京丰台區中秋文化元素與資源

　　2011 年舉辦「花好月圓 幸福丰臺」中秋文化旅遊活動。「花好月圓 幸
福丰臺」中秋文化旅遊活動歷時一個月，持續至 10 月 8 日結束，涵蓋中秋、
國慶兩個節日。在此期間，北京丰台區開展了包括文化旅遊活動、美食購物
活動、群眾文化活動等在內的共三大系列 22 項活動，主要有：北京國際汽
車露營大會、北京世界花卉大觀園「賞花、品菊」金秋大游園、盧溝中秋賞
月行、第四屆北宮彩葉節、南宮金秋度假行、第三屆金秋美食節、「棚改居
民喜團聚共度難忘中秋節」等。借助 2011 北京「盧溝曉月」中秋文化旅遊
節的強勢推進，北京丰台區「花好月圓 幸福丰臺」文化旅遊活動受到社會廣

泛關注，北京國際汽車露營大會、長辛店鎮第九屆大棗采摘節、十里幽谷金秋行、丰臺金秋購物節、丰臺金秋美食節等活動陸續開展。舉辦「花好月圓舞動金秋」文藝匯演、「月滿中秋好禮盡獻」、「國慶連重陽 低價齊分享」等多種主題活動和優惠促銷活動。

2012 年舉辦「天涯共此時——盧溝曉月 2012 年中秋晚會」。北京丰台區借助中秋晚會的舉辦，突顯丰臺中秋文化特色，打造中秋文化品牌，「盧溝曉月」中秋文化成為北京丰台區一張亮麗的城市名片。

此外，宛平城文化街、永定河、青龍湖、園博園、長辛店千年古鎮、鷹山森林公園、留霞峪、雲崗森林公園、王佐鎮南宮旅遊景區等均為盧溝曉月周邊的重要文化元素和旅遊資源，可以抱團打造北京丰台區中秋文化旅遊和生態文化旅遊產業，豐富和拓展北京丰台區中秋文化內涵和場地，借助丰臺盧溝曉月的影響力，共同打造中秋旅遊文化產業，形成和提升北京丰台區中秋文化品牌。

第二，紅色文化元素和資源。

盧溝橋（全國紅色旅遊經典景區）。中國華北地區最長的聯拱石橋，「盧溝曉月」為燕京八景之一。從金大定二十九年（1189）至明昌三年（1192），在盧溝渡口建造廣利橋，即中外馳名的盧溝橋，至今已有 800 多年。1937 年 7 月 7 日，爆發盧溝橋事變，點燃了全國抗戰的烽火。

宛平城。位於盧溝橋東，宛平城始建於明崇禎十一年（公元 1638 年）二月，於明崇禎十三年（公元 1640 年）八月竣工，距今已有 300 餘年，初名「拱北城」，清代改名為拱極城，清代初期為軍事堡壘。1937 年盧溝橋事變爆發，揭開了中國全面抗戰的序幕。1987 年，重新修建宛平城，目前成為華北地區唯一保存比較完整的衛城。1961 年，該城連同盧溝橋被列為國家首批重點文物保護單位。[58] 中國人民抗日戰爭紀念館（3A）。全國唯一一座全面反映中國人民抗日戰爭歷史的大型綜合性專題紀念館，1987 年 7 月 7 日盧溝橋事變爆發 50 周年之際，正式建成並對公眾開放。

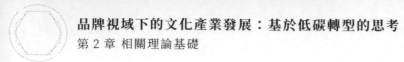

盧溝橋與宛平城、中國人民抗日戰爭紀念館是國家、北京市命名的第一批紅色旅遊景區。

中國人民抗日戰爭紀念雕塑園（3A）。其位於北京豐台區宛平城與京石高速公路之間的三角地帶，占地 20 公頃，是由北京市政府投資興建的愛國主義教育基地，是集歷史、文化、藝術和革命傳統教育於一體的重要觀光勝地。2000 年 8 月 15 日正式開放，雕塑群按中國人民抗日戰爭歷史過程，分為「日寇欺凌」、「奮起救亡」、「抗日烽火」、「正義必勝」4 個部分。園內有原國家主席江澤民親筆題寫碑名的中國人民抗日戰爭紀念碑；有以《國歌》為主題反映中國人民八年浴血抗戰歷史的雕塑群區以及下沉式中心廣場、歷史悠久的宛平城牆等主要景區。

長辛店留法勤工儉學舊址。其繫一所法式二層小樓，建築面積 251 平方米，原是京漢鐵路局為火車房總管郭長泰建造的住宅。1918 年夏建成後，由華法教育會的蔡元培、李石曾與有關方面交涉，改做留法勤工儉學預備班的教室。

長辛店二七大罷工遺址。1923 年 2 月，京漢鐵路工人為爭取集會、結社的自由權利，在中國共產黨的領導下舉行了聲勢浩大的總同盟罷工運動。這次罷工的最北端也是重要發源地之一為長辛店火車站。1984 年被公布為北京豐台區區級文物保護單位。現有二七烈士墓、長辛店二七紀念館等。長辛店二七紀念館占地 6600 平方米，陳列著與二七罷工有關的珍貴史料和文物。[59] 對以上紅色文化元素和文化資源應當進行挖掘、整理、提升，可以形成中國重要的紅色文化旅遊景點，打造為北京豐台區紅色文化產業集聚區，構成北京豐台區特色的紅色文化品牌，如圖 2-5 所示：

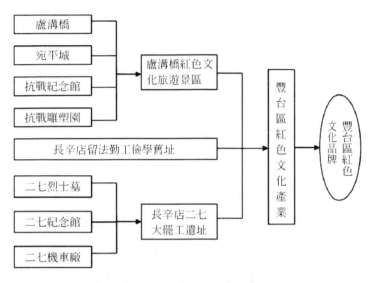

圖 2-5 北京丰台區紅色文化元素與資源

第三，戲曲文化元素和資源。

北京丰台區內的戲曲文化元素豐富，底蘊深厚，中國戲曲學院、中國評劇院、北京京劇院、北京曲劇團、北京戲曲藝術職業學院等坐落於此。戲曲在丰臺擁有深厚的群眾基礎，現有盧溝橋鄉小井村的「隆韻戲迷樂園」、東高地街道的「長虹京劇團」、馬家堡街道的「和韻京劇團」等五六十個戲曲團體。依托現有的戲曲歷史文化資源，北京丰台區將建設國家級戲曲博物館、小劇場群、戲曲主題公園，著力打造戲曲文化節等戲曲文化品牌活動，拓展集教學、研究、演出、服務等於一體的戲曲文化產業鏈，打造戲曲文化中心。

北京丰台區邀請著名演員、編劇深入到社區農村，開展采風創作活動。採取政府購買文化服務的方式，與中國戲曲學院戲曲藝術教育中心聯合開展「戲曲進社區（村）」活動。社區票友社「升格」為京劇團的星河苑社區和韻京劇社。《望江亭》、《西廂記》、《貴妃醉酒》、《狀元媒》、《坐宮》等折子戲演繹出色。東高地街道「長虹京劇團」、馬家堡的「和韻京劇團」等已形成較好的發展態勢，社會影響力不斷提升。2012 年 4 月，馬家堡街道在「和韻京劇團」的基礎上，與轄區璽萌資產控股有限公司協商溝通，斥資

14 萬餘元將其售樓處一層精心改裝，成立了「馬家堡街道戲曲文化中心」。馬家堡街道戲曲文化中心由能容納 150 人的小劇場、兩個化妝室、一個劇裝間及相關辦公室等組成，總面積 2000 餘平方米。

2012 年 10 月，「2012 豐臺時尚戲曲文化節」在北京萬芳亭公園開幕。活動期間開展「龍戰虎爭」戲曲演唱大賽、多媒體戲曲秀、「粉墨登場」新人秀、「臥虎藏龍」戲曲票友大聯歡、「霓裳羽衣」戲曲時尚服飾秀、「豐容靚飾」戲曲行裝大體驗等戲曲文化演出和系列活動。

北京丰台區戲曲文化元素與資源如圖 2-6 所示：

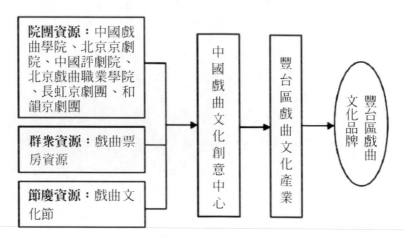

圖 2-6 北京丰台區戲曲文化元素與資源

第四，花卉文化元素與資源。

花鄉是北京最大的花卉生產基地，有近 700 多年的養花歷史，擁有國家林業局授予的「中國花木之鄉」、「全國花卉生產示范基地」和「全國重點花卉市場」等稱號，擁有花神、娘娘廟等潛在的可以開發的重要文化元素。花鄉世界花卉大觀園、世界公園、蓮花池公園、園博園、青龍湖、永定河、鷹山公園、留霞峪、雲崗森林公園等均是北京丰台區重要的園藝花卉文化元素和資源，通過現有的生態文化、園藝文化、花卉文化等景區和旅遊產業支

撑,共同打造和形成北京丰台區園藝花卉文化產業集群,提升北京丰台區花卉文化品牌。如圖 2-7 所示:

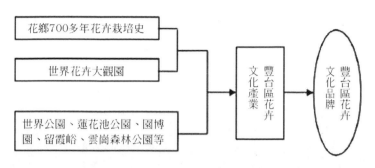

圖 2-7 北京丰台區花卉文化元素與資源

2011 年開展了世界花卉大觀園藝菊展,以龍為主題,展示菊文化,展現花鄉悠久的歷史以及宣傳北京丰台區花卉文化。2012「花開丰臺」端午文化游園會在有著 700 多年花卉種植歷史的花鄉與歷史悠久的蓮花池舉辦,開展了「世界花卉大賞」三十國國花風情展、「快樂過端午」民俗系列互動活動、世界花卉產業發展論壇、「話說端午」民俗文化展、「魏紫姚黃,芍藥花開」實用裝飾插花比賽等一系列活動。

中國「十一」長假期間,「園博花開·幸福丰臺」北京園博會參展城市市花展在北京世界花卉大觀園舉辦。結合世界花卉大觀園第六屆藝術菊花展,以 59 個中國參展城市的市花及花語為主要內容,向遊客生動展示參展北京園博會城市展園的設計思路、理念及效果圖。市花展活動期間,園博會官方網站及「北京園博會」官方微博對市花展活動進行了為期六天的直播宣傳。在為期 4 天的活動中,入園人數共計 17556 人,發放「市花猜猜看」答題卡共計 5800 張,兌換園博會預展期門票兌換券共計 4500 張,情侶寫真套票共計 500 套(其中包含 1000 張園博會預展期門票兌換券及 500 張情侶寫真券),手機鏈 7000 個,北京園博會宣傳資料 2000 份。[60] 第五,服裝時尚文化元素與資源。

2008 年 4 月,北京市文化創意產業領導小組批准大紅門服裝服飾創意產業區為北京市第二批認定的 11 個文化創意產業集聚區之一。從 20 世紀 80

年代至今，大紅門依托其獨特的區位優勢，從「浙江村」起家，歷經 30 多年的發展，完成了從自發出現服裝產銷野市階段、整頓形成服裝批發市場階段到規劃建設服裝商務區階段的轉變，實現了從大棚經濟到現代化市場的跨越。現在的大紅門已經成為北京地區服裝特色商業圈和新興商業中心，是中國長江以北地區最大的服裝紡織品批發集散地。

北京丰台區服裝時尚文化元素與資源如圖 2-8 所示：

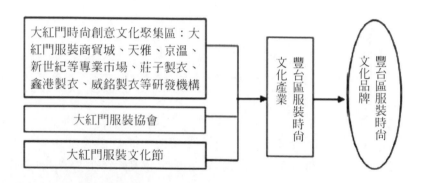

圖 2-8 北京丰台區服裝時尚文化元素與資源

目前，大紅門集聚區擁有大紅門服裝商貿城、天雅、京溫、新世紀等 31 家大型專業市場，營業面積 100 餘萬平方米、經營商戶 2 萬餘家，貨物日平均吞吐量 1600 餘噸，年交易額 200 億元，交易額占北京交易額的一半以上，構成了較大規模的服裝商業圈，具有巨大的市場集聚能力。擁有莊子制衣、鑫港制衣、方仕制衣、威銘制衣等研發機構和加工生產企業 460 家，北京鑫福海工貿集團等核心企業 310 家。

擁有北京大紅門服裝協會。大紅門地區建成金泰彤翔商廈 2 號樓（木樨園購物廣場）、北京 CBC 大廈、大紅門服裝文化園（街）等商業項目。北京 CBC 大廈建成後，中國紡織工業協會、中國流行色協會、中國服裝協會、中國紡織協會質量檢測中心、中國文化產業（國際）論壇組委會等服裝界、文化創意產業界的權威機構入住該大廈。從 2003 年起，北京丰台區政府每年均主辦大紅門服裝文化節。

第六，汽車文化元素與資源。

北京汽車博物館、汽車露營公園、西國貿汽配城、汽車文化消費節、科技體育節等為北京丰台區重要的汽車文化元素和資源。如圖 2-9 所示：

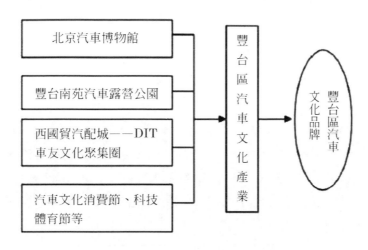

圖 2-9 北京丰台區汽車文化元素與資源

北京汽車博物館位於北京丰台區南四環西路，總建築規模 5 萬平方米，由德國 Henn 和加拿大 B+H 建築師事務所聯合設計。北京汽車博物館是大型國有公益專題性博物館，是目前中國規模最大、藏品最豐富、科技含量最高、展示手段最先進的汽車專題博物館。汽車博物館展覽由上至下分為創造館、進步館、未來館 3 個獨立的展館和中國汽車工業經典藏品車展一個獨立的展區，共有 50 餘項大型互動展項，近 40 部反映不同展覽題材的多媒體影片製作及數萬字的圖文訊息，征集收藏具有典型歷史意義的展品車 80 餘輛，汽車歷史相關的零部件百餘個、圖書文獻資料 3000 餘冊、照片萬餘張。[61]汽車露營公園位於北京丰台區南苑村，是目前北京市最大體量、也是距離中心城區最近的汽車公園。公園利用原有的 600 畝的混植林地，在保持林地原生態的基礎上，增植不同精品林木，搭建活動車房，形成露營公園。園內栽有樹木 13 萬株，最大的草場面積約 1.3 萬平方米。公園園區劃分為房車時尚體驗區、體育運動區、娛樂體驗區、休閒養生區、公共服務區等 5 大體驗式活動區域。

西國貿汽配城形成 DIY 車友文化聚集圈。西國貿汽配城位於三環豐益橋附近，該城區擁有相當完善的配套措施，包括了一般消費者使用率最高的簡修區（簡易維修區）、車輛零配件供應商、音響改裝、車內飾品部件與重度改裝區，而對於喜歡 DIY 的消費者，也可在該汽配城內買到適合的車輛簡易維修工具。該汽配城已初步形成 DIY 車友文化聚集圈，成為北京豐台區汽車文化發展的重要元素和資源。

　　豐臺作為首都的西南門戶和城市功能拓展區，是汽車消費大區，汽車消費占全區消費總額一半以上。2010 年，北京豐台區在世界花卉大觀園主辦「2010 北京購物季——豐臺汽車文化消費節」，八大主題活動覆蓋了汽車裝飾、汽車設計、汽車旅遊、汽車安全教育、二手車選購等眾多汽車文化內容，其中「浪漫房車體驗之旅」、「汽車自駕游」、「未來車世界設計大賽」更增添時尚感。汽車展根據世界花卉大觀園區域的劃分，結合花卉景觀展出相應汽車品牌。

　　2011 年豐臺科技體育旅遊節在豐臺體育中心舉行。活動結合科技體育、旅遊、文化、娛樂、時尚等多種元素，包括車輛模型、航空航天模型、航海模型、建築模型等項目，以「北京車輛模型邀請賽」、「北京紙飛機創意大賽」、「北京業餘無線電應急通信演練競賽」為主要內容。「豐臺科技體育館」成為全國首個以科技體育館為中心，科技體育活動為載體的體育產業與相關產業復合經營，商貿、教育培訓、競賽活動、創意文化、休閒娛樂為一體的科技體育產業聚集區。

　　2012 年北京國際鐵人三項賽在北京豐台區青龍湖公園舉行。來自世界各地的 272 名「鐵人」上演了一場激烈的爭奪戰，分專業組比賽、業餘組比賽、企業挑戰賽。參賽運動員中女運動員最大年齡為 57 歲，年紀最長的男運動員已經 65 歲，最小的男、女選手均為 13 歲。新西蘭的貝文·多切蒂獲得男子冠軍，美國的莎拉·格羅夫獲得女子冠軍，企業挑戰賽冠軍獎杯「豐臺杯」被北京汽車青年隊贏取。2012 北京國際鐵人三項賽與奧運會鐵人三項賽賽道長度相同，都為 51.5 千米。其中游泳 1.5 千米，自行車 40 千米，跑步 10 千米。主賽場回轉於王佐鎮青龍湖公園、南宮地熱博覽園和千靈山之間。此項賽事

對推動丰臺城市品牌形象體系的建設，對北京丰台區「一軸兩帶四區」建設、河西地區重大項目的宣傳、推介以及民生改善等大有裨益。[62] （2）北京丰台區文化品牌提升與文化產業突破的互動關係第一，立足本土文化元素與資源，加強北京丰台區文化與市場、文化與資本的對接和融合，培育和提升北京丰台區文化產業和城市文化品牌。

基於以上對北京丰台區六大文化元素和資源的整理、分類，北京丰台區城市文化要真正轉變為推動北京丰台區社會經濟發展的軟實力，就應立足本土文化元素和文化資源的實際，借助品牌效應並實施科學管理，真正促成文化與市場的對接，文化與資本的融合，搭建起實現北京丰台區文化產業、文化品牌與城市發展良性互動和共同繁榮的橋梁。城市文化品牌作為特色和象徵已越來越被各個城市所看重，沒有品牌的城市就缺乏魅力，就缺乏競爭力。文化品牌提升是避免城市文化建設形式雷同化，內容庸俗化，效果虛泛化，是提升城市文化產業競爭力和實現城市文化產業高端化的必然之擇，也是實現北京丰台區城市文化科學發展與北京丰台區城市文化產業化的必然之路，還是實現北京丰台區城市低碳轉型，推進生態文明建設的策略選擇。

第二，依托北京丰台區文化元素與資源挖掘，打造文化企業，形成文化產業集群，培育和提升北京丰台區文化品牌。

文化資源和文化元素是基礎，文化品牌是對文化資源的挖掘和提煉，文化品牌是文化產業的核心競爭力，文化產業是文化品牌的載體和實踐者。北京丰台區文化元素得到深度挖掘後，文化企業進行運用，生產或提供出體現北京丰台區文化元素特徵和價值的文化產品或者文化服務，能滿足市場消費需求，企業獲得利潤和社會價值。

眾多文化企業的集聚和扎堆形成文化產業，北京丰台區文化產業的集聚和共同特質的形成，即形成北京丰台區文化品牌，文化品牌是文化產業發展的高端標準和內涵表征。

第三，文化產業與文化品牌需要實現互動發展。

北京豐台區文化產業依托品牌發展形成自身獨特的優勢、產品形象和市場競爭力，實現跨越發展，文化產業的發展進一步強化和提升北京豐台區文化品牌價值，提升北京豐台區文化品牌的社會影響力和競爭力。北京豐台區文化產業發展需要走文化品牌之路，北京豐台區文化品牌必須依托特定的文化產業才能真正形成品牌和品牌的持續競爭力。文化品牌必須走產業發展的道路，依托產業集群發展和創新創意發展，才能打造特色的文化品牌，提升文化品牌質量，形成文化品牌競爭力。文化產業突破必須以形成和構築文化品牌為方向和策略目標，只有走品牌化的產業發展道路，才能真正突破文化產業發展的瓶頸和困境，體現文化產業自身的魅力和內涵，形成文化產業競爭力。可以說，文化產業是軀體，文化品牌是靈魂；文化產業是基石，文化品牌是目標。

第四，文化品牌的培育和提升，需要北京豐台區文化企業或文化產業建立品牌策略，需要塑造與提升北京豐台區城市形象。

在經濟全球化和城市化加速發展的大背景下，國際市場競爭、區域競爭已從產品競爭走向品牌競爭，從經濟硬實力競爭走向文化軟實力競爭。一座城市是否擁有鮮明的個性形象與國內外馳名品牌，已成為該城市綜合競爭實力和國際競爭能力的象徵和代表。在當今的全球化、訊息化、網路化時代，城市形象本身就是十分重要的「注意力資源」和文化資源，是城市經濟發展的重要生產力和經濟要素整合的利器。任何一個城市如果不能塑造自己的獨特形象，就不可能引起世人的關注與青睞，城市的投資、人才流入、技術創新、產業發展必然會受到限制。北京豐台區作為北京城市功能拓展區的重要區域，要在新的更高層次上推動經濟社會發展，增強城市綜合競爭實力，就必須加強城市形象與城市文化品牌建設。

面對日趨激烈的城市競爭，城市發展問題備受關注，技術進步和經濟社會發展促進城市發展提速，城市之間的競爭日益激烈。特別是經濟全球化、知識經濟和網路經濟的到來，城市形象成為城市政府推銷城市、經營城市、參與全球競爭的銳利武器。因此，也成為政府領導者時常思考與談論的焦點

話題。[63] 城市形象是指城市內部諸要素，經過長期綜合發展形成的一種潛在的和直觀的反映和評價，是城市自然地理形態、歷史文化元素和資源整合、產業特徵和結構布局及其品牌影響力、城市功能和整體視覺特色的綜合性表征，代表城市的身分、個性和文化特質。[64] 城市形象是真、善、美高度統一的藝術綜合體，是城市本質的自然流露，是城市歷史的長期沉澱。[65] 城市形象代表城市獨有的文化、城市精神，城市性質、城市的區位和城市底蘊的綜合反映，是城市重要的無形資產。城市形象的好壞、優劣將在人們心目中特別是各級領導者、投資者、顧客、消費者等群體中形成比較固化、相對穩定的印象和評價，進而影響到城市經濟社會的策略定位、資本投資、人才訊息等資源要素流動、商業信用、城市文化環境等，進而深刻影響到城市的經濟增長和社會發展。

城市之間人才、資金、市場的競爭，在根本上是城市形象的競爭，而城市形象競爭又關係到城市品牌的塑造和提升，城市品牌競爭力又傳導城市文化產業發展，進而影響到城市經濟，因此，相互之間的連鎖反應和利益關聯，形成城市形象、城市文化、城市品牌、城市產業經濟之間的互動發展關係。

一方面，提升北京豐台區城市形象的知名度、美譽度，就要大力打造高品位、全覆蓋、強滲透、深影響的城市文化品牌。城市文化品牌是根據城市的發展策略定位所傳遞給社會大眾並得到社會認可的核心概念，是城市政府、社會組織、企業、個人及城市所提供的產品、服務等品牌的綜合。城市品牌化的力量就是讓人們了解和知道某一區域並將某種形象和聯想與這個城市的存在自然聯繫在一起，讓它的精神融入城市的每一座建築、每一種設施、每一種代表之中，讓精神、價值、習慣、意識、文化、生命等要素和這個城市共存。城市品牌實質上是一種文化力，這種「力」主要表現在城市品牌對內的凝聚力和向心力，對外的吸引力和輻射力上。因此，提升城市形象，要加強城市文化品牌的塑造和提升。

另一方面，城市品牌塑造與提升，離不開良好的城市形象的塑造。不同的城市形象反映了不同城市為自己在市場上所作的定位。從更深層次分析，城市形象不僅是可資城市經營的最大的無形資產，同時也是一種重要的城市

競爭資本，並直接作用於城市競爭力的提升。[66] 塑造和提升北京丰台區城市形象，要加強城市市容市貌改造和建設，改變城市臟、亂、差、交通擁堵、占道經營等諸多不文明現象，要加強政府形象和誠信建設，要加強企業信用建設，加強城市形象宣傳策劃等多方面的工作。要立足北京丰台區的文化基礎和文化底蘊，對盧溝曉月中秋文化、盧溝橋長辛店紅色文化、戲曲文化、大紅門服裝時尚文化、園藝花卉文化、汽車文化等資源開展系列文化活動，加強宣傳和報導，通過強有力的宣傳活動，進而形成北京丰台區城市形象，提升和固化人們對丰臺城市文化品牌的認知和理解。城市形象的塑造可以促進城市文化品牌和文化產業的發展，形成相互促進、互動發展的良性效應。

因此，北京丰台區文化品牌的培育和提升，需要北京丰台區文化企業或文化產業建立品牌策略，需要塑造與提升北京丰台區城市形象。對於北京丰台區企業和產業發展而言，要求北京丰台區文化企業加快培育文化品牌，制定品牌發展規劃，將品牌策略與企業策略和區域策略相結合。利用文化元素打造品牌，形成品牌的「外殼」，如商標設計、品牌形象設計、產品造型設計、產品包裝設計、甚至商場環境設計等；形成品牌的內核，即以精神文化塑造企業行為，形成企業特有的行為范式。對於城市發展而言，要以文化企業、文化產業、城市政府為重要主體，將城市文化品牌化作為一種文化商業化運作手段，從策略管理的高度和整體長遠的視野來塑造與提升城市形象，實施北京丰台區城市文化品牌管理，實現北京丰台區文化發展和區域發展的互動，進而提升北京丰台區文化品牌。

▌2.7 本章小結

本章主要對文化品牌與文化產業的密切互動關係進行梳理。文化品牌是通過對文化資源和文化元素的挖掘、分析，梳理文化元素和資源內在的價值。文化元素包括無形的精神文化和有形的物質文化。文化元素的利用，要通過「識別——篩選——改造——利用」過程，才能真正形成文化品牌。文化品牌依托文化產業得以持續發展，文化產業需要走品牌化道路才能具有核心競爭力，以科技投入、文化創新、市場運作、品牌提升、集群突破為重要動力，

能有效促進文化品牌與文化產業的互動融合與跨越發展。北京丰台區文化產業發展需要走文化品牌之路，北京丰台區文化品牌必須依托特定的文化產業才能真正形成品牌和品牌的持續競爭力。文化品牌必須走產業發展道路，依托產業集群發展和創新創意發展，才能打造特色的文化品牌，提升文化品牌質量，形成文化品牌競爭力。

註釋

[1] 梅寧華. 實現中國文化新的歷史超越 [N]. 北京日報，2012-02-06（17）.

[2] 趙學琳. 價值、問題、發展：中國市場條件下文化生產的三維分析 [J]. 理論月刊，2013（6）：140-143.

[3] 榮躍明. 論文化生產的價值形態及其特徵 [J]. 社會科學，2009（10）：119-121.

[4] 上海統計局. 文化及相關產業分類 [J/OL].（2012-12-18）[2014-01-01]http://www.stats-sh.gov.cn/tjfw/201103/94579.html.

[5] 朱忠元. 藝術轉化：文化資源生成現實文化的重要途徑 [J]. 學習與探索，2013（10）：140-144.

[6] 孔偉. 沂蒙特色文化產業發展初探 [J]. 科技訊息（科學教研），2007（33）：166.

[7] 王能憲. 原創性文化是文化產業的動力和源泉 [N]. 光明日報，2004-09-01（1）.

[8] 汪金梅. 原創性文化是文化繁榮的原動力 [N]，江西日報，20 工 2-12-03（B03）.

[9] 陳少峰. 創新產品和可複製性是文化產業的標識 [DB/OL].（2012-09-21）[2012-1012] http://njculture.longhoo.net.

[10] 曹軍. 中國文化產業發展的策略研究 [D]. 合肥：安徽大學，2007：12-16.

[11] 數位地球（Digital Earth）最早是時任美國副總統的戈爾於 1998 年 1 月在美國加利福尼亞科學中心發表的題為「數位地球：21 世紀認識地球的方式」的講演中提出來的。戈爾在他的文章裡指出：「我們需要一個『數位地球』，即一種可以嵌入海量地理數據的、多分辨率的和三維的地球的表示，可以在其上添加許多與我們所處的星球有關的數據。」在科技界目前對「數位地球」還沒有確切的學術的定義，一般認為「數位地球」是對真實地球及其相關現象的統一的數位化的認識，是以因特網為基礎，以空間數據為依托，以虛擬現實技術為特徵，具有三維界面和多種分辨率瀏覽器的面向公眾開放的系統。正如戈爾在他的文章裡描繪的一個小孩在一個地方博物館參觀數位地球的場景：「當她戴上頭盔時，她便可以看到與從太空看到的一樣的地球。然後，通過數據手套她可以對所看到的影像進行放大，這樣通過越來越高的分辨率她便可以看到各大洲以及不同的地區、國家、城市等內容，甚至最後還可以看到其體的房屋、樹木以及其他的自然或人造的對象。」數位地球主要由三部分組成：一是不同分辨率尺度下的地球三維可視化的瀏覽界面（與目前普遍使用的 GIS 不同）。二是網路化的地理訊息世界，為用戶提供公用訊息和商業訊息，為各類網路用戶開闢一個認識「我們

這個星球」的「沒有圍牆的實驗室」。三是多源訊息的集成和顯示機制，就是融合和利用現有的多源訊息，並將其「嵌入」數位地球的框架，進行「三維的描述」和智慧化網路虛擬分析。數位地球將在農業、環境、資源、人口、災害、城市建設、教育、軍事、政府決策和區域的可持續發展等領城起到巨大作用。資料來源：http://www.web3d.comm.cn/new/news/peripheral/2007/9/1/042727.html.

[12] 洪霧 . 文化科技融合的自主創新協同發展 [N]. 中國文化報，2013-01-01（7）.

[13] 上海統計局 . 文化及相關產業分類 [J/OL].（2012-12-18）[2014-01-01]http://www.stats-sh.gov.cn/tjfw/201103/94579.html.

[14] 華夏社會發展研究院 . 國際大都市的文化產業 [J/OL].（2013-01-02）[2013-12-01]http://www.docin.com/p-570116476.html.

[15] 上海統計局 . 文化及相關產業分類 [J/OL].（2012-12-18）[2014-01-01]http://www.stats-sh.gov.cn/tjfw/201103/94579.html.

[16] 陳劍鋒，唐振鵝 . 國外產業集群研究綜述 [J]. 外國經濟與管理，2002（8）：22-27.

[17] 陳劍鋒，唐振鵬 . 國外產業集群研究綜述 [J]. 外國經濟與管理，2002（8）：22-27.

[18] 童澤望，郭建平 . 文化產業集群競爭力的提升路徑研究 [J]. 科技進步與對策，2008（11）：90-93.

[19] 史征 . 文化產業集群競爭力評價實證研究：以杭州數位娛樂產業集群為例 [J]. 生產力研究，2009（18）：141-143.

[20] 雷宏振，謝衛軍 . 文化產業集群內組織間的知識共享 [J]. 長安大學學報，2009（2）：44-50.

[21] 張榮剛 . 文化產業集群競爭力的演進動力機制分析 [J]. 中國流通經濟，2011（4）：70-74.

[22] 趙像林 . 城市文化產業集群發展對策研究 [J]. 中州學刊，2011（6）：52-54.

[23] 范玉剛 . 文化產業的集群化趨勢 [DB/OL].（2011-09-05）[2013-03-13]http://www.lwgcw.com.

[24] 方琢，劉曉明 . 基於價值鏈基礎的價值分析與價值管理初探 [J]. 價值工程，2001（4）：36-38.

[25] 遲曉英，宣國良 . 價值鏈研究發展綜述 [J]. 外國國經濟與管理，2000（1）：25-30.

[26] 遲曉英，宣國良 . 價值鏈研究發展綜述 [J]. 外國經濟與管理，2000（1）：25-30.

[27] 遲曉英，宣國良 . 價值鏈研究發展綜述 [J]. 外國經濟與管理，2000（1）：25-30.

[28] 周玉波，文化產業價值的經濟學分析 [J]. 求索，2011（2）：57-59.

[29] 朱欣悅，李士梅，張倩 . 文化產業價值鏈的構成及拓展 [J]. 經濟縱橫，2013（7）：74-77.

[30] 桂韜 . 文化產業價值鏈成本面分析及衍生品開發 [J]. 特區經濟，2013（4）：213-214.

[31] 方琢，劉曉明 . 基於價值鏈基礎的價值分析與價值管理初探 [J]. 價值工程，2001（4）：36-38.

[32] 張銳，張燚，周敏 . 論品牌的內涵與外延 [J]. 管理學報，2010（1）：148-149.

[33] 陶曉紅，品牌文化是品牌力的重要依托 [J]. 管理現代化，2003（2）：27-29.

[34] 張炎炎，張銳 . 國內外品牌本性理論研究綜述 [J]. 北京工商大學學報（社會科學版），2004（1）：50-54.

[35] 劉舜，萬曉 . 淺析基於顧客認識的品牌延伸策略 [J]. 北方經貿，2009（1）：50-51.

[36] 嚴金偉 . 用品牌矩陣解讀品牌認知 [J]. 成功行銷，2007（8）：112-113.

[37] 從七匹狼看品牌認知度的重要性 [J/OL]．（2012-05-03）[2012-05-20]http://www.chinasspp.com，2012-5-3.

[38] 楊德鋒，李清，趙平 . 品牌特性對品牌至愛的影響：品牌借用傾向和物質主義價值觀的調節作用 [J]. 北京工商大學學報，2012（5）：12-17.

[39] 光鬥 . 細察品牌功能洞悉消費心理 [J]. 連鎖與特許·管理二程師，2007（12）：80-81.

[40] 盛江軍 . 品牌功能的探索 [J]. 江蘇廣播電視大學學報，2005（1）：70-72.

[41] 盛江軍 . 品牌功能的探索 [J]. 江蘇廣播電視大學學報，2005（1）：70-72.

[42] 妮明 . 認知品牌文化 [J]. 東方企業文化，2009（5）：14-16.

[43] 李彥亮 . 品牌文化行銷探析 [J]. 金融與經濟，2006（4）：56-58.

[44] 文化產業的品牌建設 [N]. 歷城，2012-05-29（A3）.

[45] 餘明陽，戴世富 . 品牌文化 [M]. 武漢：武漢大學出版社，2008：5.

[46] 金樂琴，劉瑞 . 低碳經濟與中國經濟發展模式轉型 [J]. 經濟問題探索，2009（1）：84-87.

[47] 李婧，朱承亮，安立仁 . 中國經濟低碳轉型績效的歷史變遷與地區差異 [J]. 中國軟科學，2013（5）：167-182.

[48] 杜人淮 . 中國經濟低碳轉型面臨的困境及應對舉措 [J]. 現代經濟探討，2010（7）：5-9.

[49] 鄧顯超 . 低碳經濟視閾中的文化產業發展 [J]. 長白學刊，2011（2）：150-152.

[50] 做強文化產業推進轉型發展 [J/OL].（2013-09-04）[2013-09-20]http://www.chi-na.com.cn，2013-09-04.

[51] 胡惠林 . 文化走出去」策略轉型：發展「低碳文化產業，[J/OL].（2010-09-21）[2011-04-13]http://www.chinanews.com.

[52] 曾望軍 . 論城市义化品牌及其策略管理 [J]. 湖南义理學院學報，2009（3）．82-85.

[53] 劉文儉 . 省城文化品牌建設的思路與對策：以山東為例 [J]. 北京行政學院學報，2010（4）：1-4.

[54] 天下功夫出少林，河南的武術文化 [J/OL].（2008-05-28）[2008-06-02]http://ca-thay. ce.cn/history/200805/28/t20080528_15649556.shtml.

[55] 劉文儉 . 省域文化品牌建設的思路與對策：以山東為例 [J]. 北京行政學院學報，2010（4）： 1-4.

[56] 陳則謙 . 保定市城市文化資源公眾認知度研究 [J]. 合作經濟與科技，2011（17）：10-11.

[57] 翟烜 . 曉月島將建民俗博物館 [DB/OL].（2011-01-12）[2012-01-13]http://www. cjxnews.com.cn.

[58] 盧溝橋宛平城 [J/OL].（2008-04-28）[2008-05-10]http://www.weather.com.cn/static/ html/article/20080428/2166.shtml.

[59] 走進二七大罷工 [J/OL].（2011-06-15）[2011-06-20]http://www.bjft.gov.cn/fengtaibao/ html/2011-06/15/content-1-1.htm.

[60] 「十一」長假期間北京園博會舉辦參展城市市花展 [J/OL].（2012-10-12）[2012-10-15] http://www.bjft.gov.cn/fengtaibao/html/2012-10/12/content_1_2.htm.

[61] 汽車「進化論」探訪北京汽車博物館 [J/OL].（2012-01-19）[2012-02-15]http://news. xinhuanet.com/auto/2012-01/19/c_122517403.htm.

[62] 2012 北京國際鐵人三項賽圓滿落幕北京丰台區域形象大輻提升 [J/OL].（2012-09-17） [2012-11-18]http://www.momingpost.com.cn/szb/html/2012-09/17/content_184164. htm.

[63] 李廣斌，王勇，袁中金 . 城市特色與城市形象塑造 [J]. 城市規劃，2006（2）：79-82.

[64] 趙敏 . 城市品牌與城市形象 [J]. 中國質量與品牌，2005（7）：66-68.

[65] 徐蘇寧 . 城市形象塑造的美學和非美學問題 [J]. 城市規劃，2005（4）：24-25.

[66] 李廣斌，王勇，袁中金 . 城市特色與城市形象塑造 [J]. 城市規劃，2006（2）：79-82.

第 3 章 品牌視域下文化產業發展的策略意義

　　要解放和發展文化生產力，推動文化內容形式、體制機制、傳播手段創新，特別提到大力發展文化產業、繁榮文化市場，增強國際競爭力，運用高新技術創新文化生產方式、培育新的文化業態。北京市提出建設世界城市和首善之區，建設社會主義先進文化之都和全國文化中心，高度重視文化建設、文化品牌與文化產業發展。北京豐台區依靠深厚的文化積澱和現有的產業基礎，發揮自身優勢，新聞出版業、設計服務業、戲曲業等多個領域培育了一批重點項目、基地，形成了一些文化品牌和文化產業規模。在此背景和基礎上，以品牌提升為重要視域，研究和考察文化產業發展具有重要的策略意義。北京豐台區文化品牌提升與文化產業突破，對於推動北京豐台區科學發展、建設文化強區、推進低碳轉型具有重要的策略意義。

▌3.1 實現經濟低碳發展、文化內涵提升的支柱產業

　　加快北京豐台區文化品牌提升和文化產業突破，是促進北京豐台區經濟繁榮、低碳發展、文化強區的支柱產業和重要基礎。傳統區域經濟發展主要靠工業，特別是高汙染、高排放、高能耗的重化工業為支撐或支柱，這種粗放型、資源型城市經濟增長不可持續、不可複製、不可支撐，區別這種高能耗的經濟模式，是走集約型、環境友好型的經濟發展模式，發展包括文化產業在內的服務業是世界潮流，也是走出傳統先汙染後治理困境的重要出路。在大力推進生態文明建設和發展低碳經濟的時代，無論是西方還是東方，文化產業作為新型的朝陽產業，其來勢之猛、發展速度之快，超過了以往任何一個歷史時期，真正成為各國經濟持續增長與發展方式轉型的支柱產業。因此對於缺乏足夠礦產資源，不能走傳統資源型城市老路的北京豐台區而言，大力發展文化產業，提升文化品牌，是實現豐臺經濟低碳綠色發展、文化內涵提升的重要策略選擇。

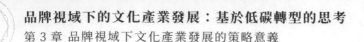

　　文化是城市的靈魂，是城市核心競爭力的重要方面，文化品牌是城市行銷與發展之魂，是城市的代表和名片，體現著城市的個性和價值取向；是體現城市隱性資源和無形資產的綜合象徵。文化品牌提升可以提高市民的歸屬感、自豪感，增強其凝聚力和向心力，提高城市的知名度、美譽度，增強城市的影響力和競爭力，改善城市投資環境，為城市經濟發展注入活力，引領城市的科學發展。文化產業具有資源消耗低、環境汙染少的鮮明特徵，是典型的綠色經濟、低碳產業。其發展主要依靠精神成果和智力投入，而不以消耗物資形態的資源為主，具有能耗少、排放少、環境汙染少以及增加就業、提高效益等優勢。文化產業所滿足的文化消費是一種可持續的綠色低碳消費，它將消費和人類自身的發展有機地結合了起來，不但對環境、資源的破壞作用小，而且能提高人們的生活質量，滿足精神文化需求，符合可持續發展的基本規律。正是由於文化產業的優良經濟特性使得文化產業成為社會經濟發展新的引擎，在經濟發展中具有越來越重要的地位，成為經濟增長的重要方式。[1] 文化產業作為低碳型產業，大力發展文化產業可以促進經濟結構優化升級，提高經濟質量與效益，減少資源能源和環境汙染，實現經濟的低碳發展。

　　提升城市文化品牌，不僅是時代發展的潮流，更是塑造和展示北京丰台區城市形象、實現文化強區、文化內涵提升的重要載體和關鍵力量。一個強勢的城市文化品牌，不僅體現著城市發展的硬實力、產業競爭力和城市品牌競爭力，體現著城市產業發展的強大生機和潛力，也體現著城市的文明形象和充滿魅力的軟實力。好的城市文化品牌，能夠固化和形成良好的城市文化氛圍和社會評價，增強社會認可度和歸屬感，為社會資源集聚和優化配置提供良好的文化環境和基礎，達到鼓舞士氣、增強信用、吸引投資、增加安全的城市文化環境，進而有效促進城市企業投資、產業擴張、經濟增長和社會發展，實現文化強區的發展目標和策略。北京丰台區實現文化強區，必然要求加強城市文化品牌提升和文化產業突破，提升全體市民的素質，營造良好的投資環境，更多更好地吸引人才和資金，塑造良好的政府形象，增強公眾對政府的信任度。依托品牌提升，增強北京丰台區城市的內聚力、榮譽感，提升北京丰台區的軟實力和經濟發展的內生動力。

提升城市文化品牌，是應對國內外城市競爭，增強城市競爭實力，實現文化強區的客觀要求。在全球城市化、城市品牌化、品牌競爭化普遍推進的時代背景下，無論國家之間、企業之間、產業之間、區域之間的各種競爭都表現為品牌之間的競爭，品牌代表資源、品牌代表標準、品牌代表形象、品牌代表話語權。目前，如美國的亞特蘭大、紐約、芝加哥，英國的倫敦，西班牙的巴塞羅那等國際知名城市，中國的香港、上海、深圳、廣州、大連、青島、杭州等城市都大力推進城市文化品牌的建設。

　　北京丰台區儘管文化元素豐富、文化底蘊深厚，但不加強文化品牌的塑造和提升，不加強高端文化品牌的建設和發展，北京丰台區的城市形象就難以真正樹立和提升，北京丰台區經濟社會全面發展就會受到無形的限制。因此，北京丰台區加強跨越發展和文化強區策略，就必須加強實施城市文化品牌策略，加強城市文化品牌提升和城市文化產業突破，把城市文化品牌作為北京丰台區經濟繁榮、文化強區的重要的競爭工具、競爭優勢、行銷策略和競爭策略。

　　在西方發達城市，依托文化品牌實現文化產業突破和發展，已經成為城市經濟的支柱產業。在未來經濟潮流中，文化產業的比重還將不斷提高，其將是城市區域經濟的新增長點。弗朗奈瓦·佩魯曾說過：經濟體系總是沉浸於文化環境的汪洋大海之中。意義比較明確的價值觀念使某些目標處於相對優先的位置，對這些目標的追求激勵著每個人對經濟和社會發展作出自己的貢獻。農業經濟時代的發展依靠的是自然力，工業社會的發展依靠的是資源、資本和技術，伴隨知識經濟和訊息社會的來臨，經濟增長模式已發生了根本的變化，文化產業逐漸取代傳統化石資源在經濟中的主導地位，構成新經濟增長的主要因素。在經濟與文化、技術與文化、產業與文化高度整合的當今社會，文化產業已成為發展迅速並不斷壯大的新興產業，對國民經濟和社會發展發揮著越來越重要的促進和支撐作用，成為經濟增長的內在推動力和支柱產業。

　　文化品牌、文化產業以其巨大的發展潛力，將成為未來經濟發展中新的增長點和支柱產業。人們對文化產品和文化服務的需求不斷提高，文化產業

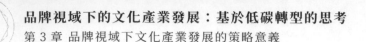

的產值在國民經濟中所占的比重逐漸上升。隨著高新技術的發展與全球大科技、大文化時代的到來，文化產業日益改變著傳統的產業結構，從而影響眾多國家的產業變革和經濟發展。許多先進國家和城市的文化產業已由經濟體系的邊緣走向了中心，成為國民經濟的支柱產業。據有關資料顯示，英國文化產業的年產值近 600 億鎊，文化產業產值占 GDP 的 10%，文化產業平均發展速度是經濟增長的兩倍。義大利則高達 25%，日本的文化娛樂業早在 1993 年就超過其汽車工業的年產值。美國文化產業的產值占 GDP 的 10% 以上，400 家最富有的美國公司中有 72 家是文化企業，文化消費占家庭消費的 30% 左右。北京已經形成服務經濟占主導地位的經濟結構，文化創意產業發展勢頭強勁；建設全國文化中心城市的策略布局，將進一步助推北京市文化產業的快速發展。北京豐台區作為北京首都城市功能的拓展區，文化資源豐富、文化元素深厚，文化產業基礎不斷夯實。建設經濟繁榮的新豐臺，形成以高新技術、金融服務、文化創意、旅遊會展等產業為主導的產業格局，第三產業增加值比重達到 80% 左右。大力發展文化產業，突出文化品牌提升，是促進北京豐台區經濟快速增長，實現富民強區的新經濟增長點。北京豐台區加快文化產業發展，文化產業將成為實現北京豐台區經濟繁榮發展的重要支柱。

文化產業是關聯性很強的產業，能夠有效帶動其他產業的共同發展。文化產業的商品化、市場化、社會化以及直接與此相關的各種服務業的發展，直接增加國民生產總值、擴大就業範圍，使文化產業成為強有力的經濟增長點。文化產業能夠促進與它相關的物質生產部門的發展，如花卉產業能促進旅遊產業、餐飲業、會展業等相關服務業發展。盧溝橋文化景區發展能帶動包含紅色文化和中秋文化在內的文化旅遊、愛國教育、餐飲、生態休閒等相關事業和產業的聯動發展。文化產業對其他行業的無形影響和帶動作用，有效地提高其他產業的文化含量和內在文化吸引力，促進城市區域經濟社會協調發展，形成城市經濟新的增長點。北京豐台區文化資源深厚，生態環境良好，應結合自身的資源環境條件和國家政策要求，大力發展文化產業，通過文化產業突破和品牌化發展，形成北京豐台區新的經濟增長點和支柱產業，有效實現北京豐台區富民強區的策略目標。

▌3.2 實現發展方式轉變、產業優化升級的關鍵策略

當前，以各種服務業為代表的第三產業興起，在歐美先進國家已經占據了主導地位，許多發達城市的第三產業已經占據 GDP 的 80%—90% 甚至更高，文化產業作為支柱產業成為城市經濟發展方式轉變、產業優化升級、節能減排的關鍵點。第三產業成為朝陽產業，是產業升級的方向，文化創意產業發展程度成為一個國家、地區、城市產業層次高低的重要代表。文化產業豐富的文化產品和服務能夠有效地培育文化需求，滿足經濟的增長帶來的閒暇時間增多和可支配收入增加所導致的需求變化，需求結構的轉換也能夠有效提高居民的生活質量。因此，文化產業能夠較好地滿足經濟結構調整的需要，從根本上促進經濟的繁榮發展和質量效益型的經濟增長。

隨著中國經濟的向前發展，資源瓶頸日益突顯、環境與人口壓力越來越大，粗放的經濟增長方式已經難以為繼。中國各級政府積極發展第三產業，不斷加強發展方式轉變和產業結構優化升級，第三次產業比重不斷提升。近些年來，黨和政府更加重視發展文化產業，確認了社會主義文化的經濟性質，明確了文化產品和文化服務的產業性質，為推動文化體制改革，發揮文化力在綜合國力中的作用指明了方向。北京提出建設世界城市，加強產業結構調整，已經形成服務經濟占主導的產業結構，第三次產業占 GDP 70% 以上，發展服務業已經成為北京轉變發展方式、實現產業結構優化升級的基本方向和策略關鍵點。第三產業分為傳統服務業和現代服務業，其發展過程明顯是體能因素漸減而智慧因素漸增的過程。傳統服務業以批發零售業、餐飲業、旅館業為主，靠體力來經營；現代服務業主要為工業服務，伴隨製造業服務化和生產性服務業迅速發展，服務業的技術含量、知識含量不斷提升，創新、創意、智慧因素明顯增多。進入知識經濟、網路時代以來，經濟發展的根本動力來自於創意和創新，依靠具有強勁創造力的人力資本和經濟主體的自主創新能力。文化產業是以知識、文化與人力資源開發為重要生產要素的創造性產業體系，是一種內源性、可再生、不斷提升的新型發展策略和新經濟增長點，大力發展文化品牌和文化產業是實現北京豐台區發展方式轉變、產業結構優化升級、占領世界經濟制高點的重要支撐和關鍵策略。

加快文化品牌提升和文化產業突破，是實現北京豐台區經濟發展方式轉變、產業結構優化升級的重要方向、關鍵策略和基本要求。北京豐台區在經濟結構調整方面，按照國家和北京市的策略布局和產業定位，發展傳統製造業和資源消耗強度大的工業是行不通的，經濟增長只能依靠現代服務業發展。豐臺自身礦產資源匱乏，但文化資源豐富，生態資源良好，不可能發展資源型製造業，只能以文化為重要元素和支撐，大力發展文化創意產業。從北京豐台區三次產業結構比重來看，如下表 3-1、圖 3-1 所示，北京豐台區三次產業比重為 0.11：24.60：75.30，其中第三產業比重低於北京全市三次產業比重 1 個百分點，遠低於朝陽區和海淀區，因此三次產業發展的空間和潛力還很大。北京豐台區基於國家發展策略、北京市文化產業政策、北京豐台區文化元素豐富的區情要求，必然需要大力發展文化產業，以文化品牌提升文化產業質量和競爭力，以文化產業發展促進北京豐台區結構優化升級和發展方式轉變。發展文化產業是北京豐台區經濟發展方式轉變、產業優化升級的必然選擇和關鍵策略。

表 3-1 2011 年北京城市功能拓展區三次產業情況圖

區縣	地區生產總值（萬元）	第一級產業（萬元）	第二級產業（萬元）	第三級產業（萬元）	三級產業比重
北京全市	162519300	1362700	37524800	123631800	0.84：23.09：76.07
都市功能拓展區	76153036	36371	11046356	65070309	0.05：14.51：85.45
朝陽區	32721505	11630	3626612	29083263	0.04：11.08：88.88
豐台區	8426811	8911	20722879	6345021	0.11：24.60：75.30
石景山區	3206588	0	1218151	1988437	0.00：37.99：62.01
海淀區	31798132	15830	4128714	27653588	0.05：12.98：86.97

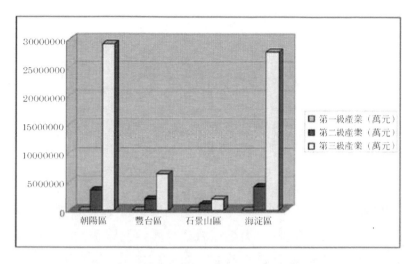

圖 3-1 北京城市功能拓展區三次產業比重

3.3 實現城市綠色跨越、低碳發展崛起的重要基礎

3.3.1 發展文化產業就是發展低碳經濟

文化產業具有低碳經濟的特點，是資源消耗低、環境汙染小，受資源、能源、環境瓶頸制約不大的新興產業，在轉變經濟發展方式中扮演著重要角色。黨的十八大報告明確提出要大力推進生態文明建設，促進綠色低碳發展。發展低碳經濟既是應對全球氣候變化的策略需要，也是中國應對資源能源瓶頸性制約和環境汙染不斷惡化的現實需要。加快發展方式的轉變，提高經濟結構的效率和質量，就需要大力發展低碳型產業。包括文化產業在內的服務業屬於典型的低碳型產業。發展文化產業，就是發展低碳經濟。低碳經濟是在應對全球氣候變化的大背景下，通過面向節能減排的技術創新和制度創新，通過產業轉型升級和開發新型能源等手段，盡可能地減少高碳能源的消耗和環境汙染，以達到經濟社會發展與生態環境保護雙贏的一種經濟發展模式。黨的十八大提出了深化文化體制改革，大力發展文化產業，建設社會主義文化強國的策略目標。文化產業從本質上來說是一種腦力勞動，腦力勞動的特點使得文化創意產業具有低能耗、低汙染、低排放的特徵。因此，可以說，

文化產業是典型的低碳型產業，是發展低碳經濟的重要類型。有學者明確指出現在中國在經濟發展方面積極要求發展低碳經濟，同時又要求積極推進文化產業的發展，這些政策的提出，就為中國文化產業的發展提供了難得的發展機遇，我們應該按照低碳經濟的發展要求，積極推進文化產業的發展。[2]

3.3.2 發展文化產業是實現城市經濟結構優化、提高經濟質量的必然要求

發展文化產業是落實科學發展觀，實現城市經濟結構優化，提高經濟質量和效益的必然要求。文化產業在先進國家已經是支柱型產業。我們應大力發展文化產業，不斷提高文化產業在城市經濟結構比重，促進城市經濟結構優化升級，不斷提高經濟質量和效益，減少資源能源消耗和環境汙染。發展文化產業是從人民群眾的根本利益出發謀發展、促發展，重視滿足精神文化層面的需要。隨著社會生產力的發展，人們閒暇時間的增多，在物質生活得到基本滿足後，人們更加關注文化的、心理的、精神的高層次需要，文教娛樂消費逐漸成為城鎮居民消費的新熱點。發展文化產業是實現全面、協調、可持續發展的必然要求，促進資源的集約利用和環境優良。文化產業具有資源消耗低、環境汙染小的鮮明特徵，是典型的綠色經濟、低碳產業。文化產業不僅自身不消耗或較少消耗自然資源，而且能夠改變傳統消費觀念和生活方式，進而促進節約資源、保護環境。文化產業以其較低的物質消耗和環境汙染為特徵，注重精神層面的滿足，促進城市經濟結構的調整、轉型與優化，提高經濟層次和經濟質量。文化產業是人類文明發展的社會形態，低碳是它的本質特徵之一。因而低碳是文化產業發展策略問題。中國產業發展需要解決的突出的問題，不是簡單提高產業占 GDP 的比重，關鍵是要提高產業發展質量和效益，轉變發展方式。大力發展文化產業是促進低碳轉型的重要內容，同時文化產業本身發展方式的轉變，要由注重數量型、資源型、結構型增長，轉為注重提高發展質量和生態效益，注重品牌提升與內涵提升。大力發展文化產業，走品牌提升之路，是促進經濟結構轉型，促進產業優化升級，不斷提高產業質量、經濟效益，促進節能減排、生態文明建設和低碳發展的正確途徑。

3.3.3 發展文化產業是促進城市低碳崛起的重要基礎

文化產業不僅符合低碳經濟的條件，而且符合生態文明建設的潮流，發展文化產業，就是走低碳之路。[3] 傳統的資源型城市演進路徑主要依靠的是工業為主導的、資源開髮型、能源消耗型的粗放發展模式，這種模式不可持續，大多數資源型城市已經面臨衰退風險。第二產業資源消耗多，對環境的破壞嚴重，而第三產業則資源消耗少，對環境的破壞小。為了節省資源、保護環境，西方先進國家和城市重點發展第三產業。目前，經濟增長方式粗放，環境汙染嚴重，第三產業發展緩慢，貧富差距增大等問題嚴重制約了中國經濟社會和生態環境的可持續發展。當前，經濟發展面臨的資源、能源、環境、生態等瓶頸制約因素越來越突出，文化產業基本屬於「少汙染、低消耗、高效益」的無煙產業、朝陽產業、綠色產業，具有較高成長性的有增長潛力的產業。特別是在國際金融危機到來時，世界文化產業逆勢上揚，其消耗少、汙染低、附加值高等優勢進一步凸顯。文化產業知識含量高、能源資源消耗少、環境汙染輕，是名副其實的低碳、綠色產業，它滿足人們的高層次的需要，有利於實現經濟、社會、生態環境的協調發展。文化產業基於自身的資源能源投入少、環境汙染程度低，基本實現零碳排放，屬於知識密集型、技術密集型、創新驅動型的產業體系，能促進北京豐台區綠色跨越和創新崛起。

發展文化產業能改變傳統的高碳消費模式和生活方式，促進城市低碳轉型，是北京豐台區實現綠色低碳崛起的重要基礎。文化產業鼓勵人們追求高層次的生活質量，杜絕一味的虛榮的面子消費和高碳排放與奢侈浪費，強調生活更加綠色、舒適、自然、宜居、低碳，鼓勵不消耗或較少消耗自然資源，走低碳生活和低碳消費的道路。以往人類生活富足是建立在物質財富豐富以及隨之而來的資源消耗和環境破壞基礎上的，過度重視物質層面的消費，對精神層面的文化消費重視不足，投入不足，發展不足。大力發展文化產業，為人們提供文化消費的場所和空間，鼓勵人們重視生活質量和生活品位的提升。人類生活富足表現為滿足基本物質產品消費需求的基礎上，更加重視較高層次的對精神文化生活的需求上，不需要耗費過多能源資源。消費文化產品，享受多層次與多樣化的文化服務，是改變消費結構與實踐低碳生活的具

體體現。大力發展文化產業，樹立低碳意識，追求高層次的精神需求，並依托城市或社區現有的生態資源、生態優勢、文化資源，進行文化消費、文化享受、文化體驗，杜絕盲目的物質消費攀比，促進人與自然協調發展，促進城市經濟、文化、社會的低碳協同發展。此外，文化產業與生態農業、綠色工業、文化旅遊等進行融合發展，提升傳統農業、工業的文化內涵，實現產業轉型和優化升級，促進生態旅遊資源的開發，在提升文化旅遊業的發展水平和附加值的同時，促進了城市低碳轉型。

▋3.4 實施創新驅動策略、社會和諧發展的強大動力

文化產業是以創意、創新為主導要素的知識密集型、技術密集型、人才密集型產業。文化產業不但能夠生產文化產品和提供文化服務，更能通過創新、創意來提升文化產品質量，提升文化服務效益，滿足人們多樣化、多層次的精神文化享受的消費需求，促進經濟與社區，經濟與文化，人與自然的和諧發展。大力提升文化品牌與文化產業，是實施創新驅動策略，促進社會和諧發展的強大動力和重要支撐。

在現代社會，文化產業發展不是拼資源、能源消耗，不是靠環境汙染為代價，不是簡單的代加工生產，而是依靠專業技術人才的創新和創意，獲得產業發展的競爭優勢和產品吸引力。缺乏技術創新能力和必要的創意內涵，文化產業難以持續，難以形成持久的競爭力，因此大力發展文化產業，進一步促進北京豐台區的創新能力的提升和創意人才的培養，能有效促進北京豐台區的技術創新、知識創新水平，實現創新驅動發展。創新驅動作為新時代的創新理念，突破了傳統依靠要素驅動和投資驅動發展的觀念，將要素和投資兩個驅動源替換成了具有時代特徵、突顯時代科技發展水平的科技資源和人才資源。[4] 文化產業的創意、創新水平提升，能為北京豐台區培養大批高素質的文化人才和技術人才，同時文化產業通過所提供的產品和服務全面提高文化消費者的教育程度和知識素質，因此大力發展文化產業能夠為北京豐台區經濟發展和社會進步提供精神動力和智力支持。

提升文化品牌是發展丰臺文化、凝聚丰臺精神、塑造丰臺形象的必然要求。黨的十八大報告指出，文化是民族的血脈，是人民的精神家園。全面建成小康社會，實現中華民族偉大復興，必須推動社會主義文化大發展大繁榮，興起社會主義文化建設新高潮，提高國家文化軟實力，發揮文化引領風尚、教育人民、服務社會、推動發展的作用。好的文化品牌，能鼓舞士氣，激發創造性，激勵城市居民更重視城市自身的環境、文化建設，重視自身素質的提高，增強城市的文化凝聚力、文化認同感、文化歸屬感。文化品牌凝聚著一個城市的歷史文化傳統、文化資源、建築設施的外觀風貌、社會文化活動以及文化產業、文化產品、文化氛圍所形成的鮮明特性和形象表述。北京丰台區加快文化品牌提升和文化產業突破，通過富有個性和創造性的文化品牌傳播，加強文化創意產業發展，重視創新和創意，重視文化創新與科技創新的雙輪驅動，可以提升丰臺人們對丰臺文化的價值認同，增強居民的文化歸屬感和創意創新意識，凝聚丰臺文化精神，促進北京丰台區創新驅動與和諧發展。

　　北京丰台區文化品牌提升與文化產業突破發展，不僅需要保護好丰臺良好的生態環境和自然資源，同時要尊重和珍惜丰臺深厚的文化資源和歷史文脈，在傳統文化與現代文明的交織互動中培育出城市文化品牌。依托文化與科技的結合、文化與經濟的互動、文化與資源的整合、文化與環境的共贏，讓城市風貌和文化精神完美融合一體，構建起特色鮮明、神采獨具的丰臺形象，彰顯丰臺獨特的文化韻味和文化競爭力，以文化品牌助推文化產業發展，以文化產業創新發展驅動丰臺經濟繁榮與科學跨越。丰臺盧溝橋、曉月島、宛平城、永定河、青龍湖、長辛店、花鄉花卉、大紅門等具有豐富的文化資源和歷史積淀，這些文化元素和文化資源閃耀著丰臺獨有的品格和氣質。提升丰臺文化品牌和文化產業質量，不斷增強丰臺內在的文化氣質，對於提升丰臺城市的親和力、吸引力、競爭力，提高人們對丰臺的偏好、信任與忠誠度，具有不可或缺的作用，有利於提升丰臺城市的知名度和國際影響力，吸引世界各地的人們來丰臺旅遊創業，將丰臺的文化優勢轉化為經濟優勢和城市發展優勢，助推丰臺創新驅動與和諧發展。

發展文化品牌和文化產業，可以在提升城市整體教育程度和科技素養的基礎上，實現文化成果全民共享，發揮文化產業的較強吸納就業能力，促進北京丰台區和諧社會建設與發展。文化產業的資本有機構成相對較低，具有較強的吸納就業能力，是發達城市主要的就業產業。在美洲，文化產業每年為加拿大人提供大約 60 萬個直接工作崗位，為祕魯提供 20 萬個工作崗位，為墨西哥提供 200 萬個工作崗位，為薩爾瓦多提供了 1.5 萬個工作崗位，還能提供更多的臨時就業機會。[5] 就中國而言，人多地少是中國的基本國情。北京丰台區人口增長快，就業壓力不斷加大，文化產業作為第三產業的重要組成部分，其中的許多行業都是就業彈性大，吸納就業人數多的產業，如旅遊業、娛樂業、會展業、休閒業等。發展文化產業能有效增加就業崗位，一旦擴大生產和供給，就能吸納大量勞動力。文化產業的發展是解決就業問題、安置剩餘勞動力的重要出路，因此大力發展文化產業是北京丰台區增加就業、吸引人才、促進和諧發展的必然需要。

▍3.5 助推世界城市建設、構筑國際品牌的策略工程

北京提出要打造世界城市，文化產業方面與其他世界城市存在不小的差距。

目前倫敦、紐約、巴黎、東京等國際知名的世界城市在文化產業領域發展已經形成規模，文化產業成為世界城市的重要支柱產業。自 20 世紀 90 年代以來，文化產業成為集中代表現代經濟和社會發展的全球性產業發展潮流，成為世界城市發展較快的產業領域，成為一個國家、一個區域、一座城市綜合實力特別是軟實力、品牌提升的關鍵要素和重要代表。北京建設世界城市，必須加快文化品牌與文化產業發展，依托文化產業發展，構筑在國際上響噹噹的知名品牌。作為國際大都市，發展文化產業是彰顯城市創造性、創新性的活力和靈魂所在，而現代化的城市是文化產業與文化品牌的成長載體和發展空間。大力發展文化產業、提升文明品牌是北京建設世界城市、構筑國際品牌的策略工程。

3.5.1 發展文化產業是增強城市綜合競爭力、提升世界城市軟實力與品牌的策略需要

　　20 世紀中葉以後，隨著先進國家的城市逐步從工業型功能向服務型功能的轉變，第三產業的比重不斷上升，文化產業成為第三次產業的重要領域，獲得空前發展，成為經濟新增長點。城市科技創新、訊息化進程提速，進一步促進了文化產業的跨越式發展，在世界各國經濟發展中的作用與地位不斷提升。安蒂·卡斯維奧（AnttiKavio）在《傳媒和文化產業》一文中指出，隨著訊息社會的到來，經濟全球化依托科技創新與訊息技術進步，使城市重心從訊息收集與科技的傳送，逐漸轉向這些科技所傳播的內容。從訊息技術產業轉向傳媒和文化產業，後者實現較大程度的發展，訊息產業與文化產業的高度融合，互相促進了文化產業與訊息技術的發展。

　　文化產業借助於國際發達的訊息技術、三次產業提升潮流以及城市化進程加快，進一步促進世界城市綜合競爭力與軟實力的提升。一方面，通過產業整合與融合，使文化產業的內部進行分工、細化，並與其他產業如訊息產業的不斷融合、資源重組，不斷促進文化產業整合與規模擴張，產業活力不斷彰顯與提升。1998 年埃克森與移動通訊公司、MCI 與斯普林特公司、旅遊人集團與花旗公司（Citieorp）合並，1999 年英國沃達豐（Vodafone）與德國曼內斯曼（marmorean）合並，2000 年美國在線公司與時代華納公司合並，這些案例充分說明文化產業發展的潛力與增長空間。另一方面，通過城市空間集聚，形成文化產業集群，中心城市的訊息化與媒體活動融為一體，凸顯了訊息時代新媒體的作用和地位。紐約就擁有 4 家日報社、2000 多家周刊和月刊雜誌、80 多家新聞有線服務機構、4 家中國電視網路和至少 25 家大型廣播公司以及數百家如《時代》、《新聞周刊》等國家級雜誌的總部，城市訊息化的空間結構特徵導致了以互聯網為基礎的新媒體及其產業的空間集聚。文化產業的快速發展加快了城市人流、資金流、物流和訊息流的流動速度，提升了現代城市的集聚和擴散功能。既促進了文化產業自身的發展，也結合其他產業和城市要素，進行了整合與集群發展，形成新的產業集群類型，並由於其創新、創意、創造要素的存在，區別於傳統的高能耗製造業，

具有節能減排的低碳發展優勢，為所有國際大都市所吸引和認同。其整體上能提升城市綜合實力與文化軟實力，成為建設世界城市的策略需要。借鑑國際經驗，北京應該大力發展文化產業，不斷提升城市綜合實力與競爭力，加快世界城市進程。

中國文化產業脫胎於文化事業，起步晚，基礎差，產業意識弱，資金投入少，這些問題制約文化產業的發展。隨著經濟社區發展，文化產業界逐步轉變了觀念，初步探索了文化產業發展的現實道路。2002 年，黨的十六大吹響了中國文化產業全面發展的號角，代表著文化產業進入加速提升的階段。隨後黨和政府不斷重視文化產業發展，不少城市確立建設國際大都市的目標，採取有效措施大力發展都市文化產業。特別是黨的十八屆三中全會指出，要建設社會主義文化強國，深化文化體制改革，為文化產業發展不斷釋放內在增長動力與活力。北京打造世界城市，應該充分借助於國家文化體制改革的機遇，不斷為文化產業發展疏通道路，創新機制，消解障礙，跨越發展。

北京大力發展文化產業是增強世界城市競爭力、構筑國際品牌的策略需要。

當前，中國文化產業對外開放的速度日益加快，文化體制改革不斷提速，2002 年對外國投資者開放了圖書、報紙、期刊零售市場，允許外資進入電影製片行業，不斷擴大文化市場的準入範圍，允許國外文化資本和文化產品、文化服務進入。改革開放力度的不斷加強，促進文化產業跨國經營，吸引外來資本的同時，也促進中國文化產業走出去，文化產業化發展與對外開放的同時，進一步促進了競爭與合作。大力發展文化產業，對於北京而言，能增強世界城市的競爭力，與國際慣例接軌的同時，在學習中不斷提升，在競爭中不斷成熟，在改革中不斷壯大，避免夜郎自大和閉關鎖國，有利於北京文化產業的國際競爭力提升。北京建設全國文化中心，在國際上應該有足夠的知名度、世界影響力和產業競爭力。大力發展文化產業，特別建立國際文化企業集團，運用資本、技術和管理優勢，與國際文化企業爭奪市場、爭奪人才、爭奪消費者，有利於中國文化產業的成長與成熟。大力發展文化產業，對於北京建設世界城市和全國文化中心具有重要的策略意義。北京建設世界

城市，也必須增強危機感和緊迫感，積聚優勢文化資源，加快文化產業發展，構筑文化品牌，積極主動應對外來資本、外來產品、外來文化的衝擊，在應對中提升自身的文化吸引力和競爭力，在激烈競爭中爭得主動和有利的地位，構筑國際品牌，形成對世界文化產業的引領作用和應有的對等的話語權。

3.5.2 文化產業是助推世界城市產業升級與經濟轉型的策略選擇

文化產業的知識密集性、資本密集性、技術密集性等特點，決定了其能夠為產業優化升級提供有效的發展方向，提升產業技術含量和文化底蘊，增加附加值和顧客忠誠度。文化產業自身的深厚文化資源，具有節能減排、綠色低碳、技術創新等優勢，可以實現產業結構的輕型化和低碳化。文化產業是高新技術產業的土壤和載體，被稱作未來最賺錢、最有前途的朝陽產業之一。在一些先進國家和世界城市，文化產業增加值占到了 GDP 的近 30%，美國的電影業、德國的出版業、韓國的遊戲業與韓劇等都已成為本國國民經濟的支柱產業。加快世界城市轉型與發展，必然要求大力發展文化產業，以文化產業為重要的產業方向，不斷提升產業結構，實現優化升級，提高世界城市的文化魅力與競爭力。

北京建設世界城市，文化產業發展是進一步提升北京產業結構，構建國家文化中心的必然選擇，也是增加和突出北京的文化底蘊，增強文化內涵和吸引力的重要策略選擇。北京第三次產業已經占據主導地位，文化產業將是三次產業中的重要增長點，如 789 藝術區、文化娛樂、文化旅遊、文化體育等產業所創造的價值在中國生產總值構成中的比重不斷提升。北京丰台區作為北京文化產業發展的重要區域，應緊抓發展文化產業的契機，調整產業結構，促進經濟增長方式轉變，打造面向和適應世界城市發展要求的文化產業，不斷提升競爭力和文化內涵，實現品牌化發展，體現北京作為世界城市的自身文化魅力和特色，進而助推北京以世界城市為目標的建設。

助推產業優化升級與城市經濟轉型的關鍵在於，文化產業作為重要的服務業類型能提升傳統製造業附加值，提高技術含量，豐富產品的文化內涵。如在製造企業的產品研發、工藝設計、生產製造、市場行銷、售後服務等諸多環節融入文化創意，提高產品文化內涵，塑造企業文化品牌，提高相關產

品與關聯服務的文化品位和檔次。傳統製造業的轉型、升級與優化，促進製造業服務化和文化產業的融合，開發和打造一系列文化產品，塑造出知名的文化品牌，再通過這個文化品牌帶動一大批關聯產業發展，實現產業結構升級、促進城市文化產業發展、提高服務業比重的同時，為城市文化品牌構建、城市產業轉型、世界城市建設提供了產業支撐和文化實力。傳統製造業可以通過文化提升、品牌打造、技術創新等，成功實現文化轉型、服務轉型、技術轉型與品牌轉型，提升城市產業的文化軟實力和技術競爭力，為實現城市轉型與世界城市建設提供動力與活力。北京作為國家首都，擁有豐富的文化資源和科技資源，大力發展文化產業，促進傳統產業的文化提升與品牌構建，是助推城市轉型與世界城市建設的重要策略選擇。

3.5.3 發展文化產業是優化世界城市功能與增強文化吸引力的策略選擇

文化品牌與文化產業是優化城市功能、增強吸引力與競爭力的核心元素和重要底蘊。打造世界城市，增強城市的魅力，關鍵在於文化本身具有的精神內涵和強大吸引力。文化自身的特色和區域個性，能增強當地市民的文化歸屬感，也能形成對外來遊客、消費者的個性化差異和特色文化的吸引力。在城市化、訊息化、個性化、多元化、知識化的全球經濟時代，城市文化的彰顯、城市人文精神的提升，會促進人們自身價值與城市人文精神的高度契合與文化融合。世界上的知名城市之所以能成為世人矚目的區域，靠的是城市良好的景觀環境、人文環境及由此形成的城市文化力，這種文化吸引力將轉化為一種穩定持久的精神向心力和感召力，吸引更多的人流、物流、資金流、訊息流、知識流、技術流的集聚，促進優勢資源的整合與優化配置，進而促進世界城市的經濟社會跨越發展，引領全球經濟潮流。

文化產業的發展能優化城市功能，增加市民的文化歸屬感，靠的是強大的文化消費需求的滿足，文化服務、文化產品、文化精神的消費滿足。一方面，文化產業能強化城市的外在影響力，優化城市功能，滿足更多的文化層面的精神需求，重塑城市形象。另一方面，能吸引更多的資源要素，催生城市內在布局優化的牽引力，形成新的產業集群和城市品牌。世界上的知名城

市的建設離不開文化產業的發展，提升城市文化地位，促進更多的文化資源要素的集聚、完善與整合，如吸引博物館、著名歌劇院、芭蕾劇院、大小電影院、大圖書館、音樂廳等文化資源向城市集中，發達的商場、寫字樓、購物中心、訊息平台等使國際化大都市共享大量的文化資源、文化訊息、文化服務，使城市形成現代文化和藝術創造力的中心，不同類型的文化產業在不同城市區位中集聚，形成了不同的文化特色、文化品牌、文化環境，進而豐富城市文化內涵，形成新的文化吸引力。

▌3.6 本章小結

本章主要研究了品牌視域下文化產業發展的策略意義。大力發展文化產業，符合國家的政策方向，是實現中國文化大發展大繁榮的重要基礎，對於促進經濟繁榮發展、文化內涵提升具有突出作用，是實現經濟發展方式轉變、產業結構升級和優化調整的關鍵策略，是實現經濟綠色跨越、低碳崛起的重要基礎，是實現創新驅動、和諧發展的強大動力。

註釋

[1] 耿乃凡 . 文化產業在轉變經濟發展方式中的地位和作用 [N]. 新華日報，2010-08-24（B07）.

[2] 黃友軍 . 低碳經濟視角下的文化產業發展研究 [J]. 科學大眾（科學教育），2013（2）：163.

[3] 鄧顯超 . 低碳經濟視閾中的文化產業發展 [J]. 長白學刊，2011（2）：150-152.

[4] 李洪文 . 中國創新驅動發展面臨的問題與對策研究 [J]. 科學管理研究，2013（3）：26-29.

[5] 苑浩 . 全球文化產業發展的最新趨勢及政策分析 [J]. 國外社會科學，2006（1）：45-52.

第 4 章 國內外文化品牌與文化產業發展經驗比較

　　文化產業（Culture Industry）作為一種新興的朝陽產業，對一國的國民經濟和社會發展發揮著越來越重要的促進和支撐作用，國外先進國家的文化產業經過多年的探索和發展，已經成為國民經濟的支柱產業。要促進文化大發展大繁榮，大力發展文化產業，深化文化體制改革。如何發展，如何改革，可以適當借鑑一些西方先進國家經驗。借鑑世界文化強國發展文化產業的經驗，利用其文化產業發展的一般規律，對於促進北京丰台區文化品牌與文化產業發展具有重要的借鑑意義和政策啟示。本部分通過對歐美先進國家、中國發達城市在文化品牌和文化產業發展的成功經驗和模式進行比較研究，為指導北京丰台區文化品牌和文化產業發展提供借鑑。

▌4.1 西方國家文化品牌與產業發展歷程

　　西方國家比較早重視文化品牌與文化產業發展，各自結合國情特徵採取了相應的政策措施。大力發展文化產業，提升文化品牌，使文化產業已經成為國家或地區經濟社會發展的支柱產業，成為國民經濟的重要支撐。各個國家或地區文化產業發展的階段、政策、制度、文化及其模式不盡相同，但展現出文化產業自身發展的共同規律和階段性特徵，通過梳理髮現主要表現在以下五個階段：

4.1.1 地位確立階段：傳統文化價值提升與服務供給擴大

　　西方國家文化產業脫胎於對傳統文化價值提升、文化產品生產與繁榮以及提供了相應文化服務的基礎上。通過改變傳統文化價值觀和文化內在商業價值，使得西方文化產業的地位得以確立。在西方傳統社會，經濟繁榮，政治制度不斷完善，人民生活水平不斷提升，使人們更加重視精神文化層次的消費需求，文化與經濟發展相得益彰，文化與政治、思想、精神領域相融合，一定程度上提高了社會群眾對於精神層面的體驗與享受。文化的價值及其市

場不斷擴大被人們所認同和理解，越來越多的人們追求高層次的精神文化消費，促進了文化產品和文化服務市場的繁榮。在市場經濟背景下，企業家高度響應文化市場需求，重視對傳統文化價值的提升，擴大文化產品生產和文化服務的供給，不斷滿足日益增長的文化消費需求，使文化產業地位不斷提升與確立。在經濟全球化、知識化、一體化的現代社會，市場經濟體制已經成為人類社會的文明產物，資本主義國家和社會主義國家都可以共享人類文明。文化作為精神層面的消費屬性以及對大眾化文化消費需求的不斷提升，使文化產業的內在價值不斷得到認同和提升，多樣化、多元化、創意型的文化產業得到繁榮發展。當人均 GDP 達到 3000 美元以上時，人民生活水平實現溫飽並不斷走向小康，社會群眾對自身發展特別是精神文化層面的消費需求不斷凸顯和強化，形成對文化更多的要求和多方面的價值實現。伴隨市場經濟發展與社會建設提速，許多國家和地區重視文化內在的經濟效益和社會效益，挖掘文化價值，提供文化產品和文化服務，實現文化市場消費需求的滿足，使得文化產業得到加速發展。因此，文化價值的挖掘，實現文化產業化的地位確立，文化產品生產與文化服務供給催生了文化企業和文化產業的發展與繁榮。

4.1.2 政策確認階段：文化產業獲得合法地位和健康發展機遇

西方國家文化產業基礎一旦確立，文化市場得到發展，文化產業價值不斷得到認同和充分挖掘，在國家法律政策層面，獲得了必要的政策支持和法律保障，使文化產業進一步獲得合法性地位，也迎來了健康發展、持續發展的良好機遇。以美國為代表的先進國家，其文化產業在 20 世紀 60 年代以後就逐漸進入了高峰狀態，[1] 文化產業得到國家法律和政策的確認、保障與支持，進一步獲得文化產業發展的合法地位，促使文化產業的健康發展。先進國家文化產品的語言表達、文化企業的經營機制、文化產業提供的服務樣式、文化經營的融資能力及科研水平，在全球範圍內處於領先地位。許多西方國家已建立相對完善的文化發展政策、產業扶持政策和法律監管體系，確保文化產業的健康、穩定、持續發展。完善的政策法律體系與手段有效地調整社會的文化經濟關係，規範人們的文化行為，鼓勵文化產業走出去，確保文化

產業的快速發展。良好的環境以及各項法律法規的保障促進了這些國家文化產業的發展。政策確認和法律保障形成文化產業的重要驅動力。

4.1.3 規模擴張階段：完善文化產業鏈和占領高端環節

西方先進國家的文化產業基礎得到確立和法律政策的有效保障，文化產業實現了規模化擴張與發展。文化產業的價值認同、市場激活、法律地位提升與政策確立為各國文化產業的跨越發展提供了重要環境和基礎條件。伴隨著比較強的文化產業政策扶持、財政投入和社會支持力度，先進國家文化產業開始占領和瓜分全球文化市場，形成強大的規模經濟效應和文化競爭力。西方先進國家的文化產業鏈不斷完善，並不斷占領文化消費市場的高端環節。20 世紀 90 年代以來，以美、日、韓為首的文化強國向外輸出文化產品，鼓勵文化企業走出去，實現跨國集團化經營。文化企業集團不僅促進本國文化產業的發展，也建立了比較完善的文化產業價值鏈，並牢牢占據和壟斷文化產業鏈的高端環節，以技術優勢、資本優勢、人才優勢和訊息優勢占領全球文化產業的市場，獲取高額利潤。美國以雄厚的經濟實力，加強文化產業對世界各國的投資、規模擴張和文化滲透，與西方國家一起壟斷了 90% 以上的世界新聞，控制全球 75% 電視節目的生產和製作。從文化軟實力考察，文化產業鏈的跨國擴張、布局與完善，不斷通過創新、規模經營、技術創新、品牌發展，長期占領高端環節，保持長久的核心競爭力，形成強大的文化軟實力，進一步夯實了先進國家的文化產業全球壟斷地位。

4.1.4 科技融合階段：創新創意促使文化產業升級換代

進入 21 世紀，伴隨科技的快速發展，技術創新日新月異，特別現代訊息網路技術的創新，一定程度上改變了傳統產業形態，催生了更加具有創意的文化業態。文化創新與科技創新的高度融合、雙輪驅動極大地推動了文化產業的創新與發展。

在數位化、互聯網等高新技術支撐下，以「創意」、「創新」為核心的文化產業產生許多新業態。創意產業是傳統文化產業發展的更高階段。利用

互聯網數位化高新技術，以創意創新為核心，培育新興業態，是實現文化產業升級換代的重要途徑。

科技創新成為21世紀推動文化產業的強大動力。第一部3D電影大片《阿凡達》在全球放映近半年時間追平《鐵達尼克號》20多年來全球累計的18億美元票房。

可見，文化競爭、科技進步與融合創新成為文化產業的強大動力支撐，促進文化產業的融合創新和跨越發展。國際文化產業的發展密切關注日新月異的科技成果、科技方法、科技環境，特別是六大科技潮流對文化生產力的推動作用，包括訊息和通信技術、電腦技術、視聽表達技術、仿真技術、新材料技術、節能環保技術等在文化生產和文化消費中的有效運用，如圖 4-1 所示。[2]

圖 4-1 推動文化生產力的六大科技潮流

美國文化產業引領世界潮流，與美國完善的發達的科技創新體系分不開的。

美國高度重視科技創新，其文化產業的研發、生產、流通、銷售等產業鏈中的各個節點均體現了科技含量，科技創新提升了文化產業競爭力，文化

企業與科技公司是良好的合作伙伴關係，共同研發和生產了一系列的高科技含量的文化產品，提升了產品質量和服務水平，促進了文化市場的繁榮和文化產品的消費。

訊息和通信技術以及電腦技術促進了互聯網的發達。互聯網創造出許多的文化創意產業傳奇。Facebook 從高盛和俄羅斯投資者數位天空技術（DST）融資 5 億美元。據推算，Facebook 目前的估位為 500 億美元。Facebook、優酷和威客等創意企業快速發展，昭示出在新時期，世界各國積極響應經濟全球化和技術創新浪潮，依托發達的數位網路技術和先進科技工具，整合全球資源創造出新的財富增長點和新興創意產業業態。依托科技創新和創意創造出新的產業形態和內容產品，進一步吸引更多資本融入和運營，形成互動和連鎖反應，又成為科技創新和創意的持續動力。創意與創新是文化產業發展的核心，日益成為現代財富的源泉，比爾·蓋茨創造的電腦軟體創造了世界財富增長的奇蹟，而 Facebook 和威客則繼之而起，創造了互聯網服務平台的新模式。大量的創意設計、動漫、網遊、互聯網經濟、現代會展業、現代廣告業、電子（數位）商務、網路電視臺，以及移動新媒體產業、手機增值業務等，以數位化高新科技為代表的創意產業新業態，正推動傳統的常態的文化產業向創意高端變革。美國抓住版權和高科技不放，歐洲大力推動原創，日本成為動漫大國，韓國搶先發展網遊產業，都是在搶占文化創意的制高點，都是在推動產業走向高端形態。[3] 可見科技與文化的融合，助推文化產業的振興與發展，助推新的文化品牌的形成。世界文化產業形態不斷創新與跨越，文化產業競爭力與科技含量不斷提升，已經突破傳統的資源消耗與粗放增長模式，走向科技創新、融合發展的高端產業。

4.1.5 低碳轉型階段：全球氣候變暖促使文化產業積極應對

全球氣候變暖催生低碳經濟時代的到來，對於本身具有節能減排的文化產業而言既是機遇也是挑戰。文化產業本身具有低消耗、低排放、低汙染、高就業率等特徵，備受各國關注和重視，文化產業也一度成為先進國家和新興國家經濟騰飛的支柱產業。發展文化產業本身有利於國家經濟結構優化升級，促進發展方式轉變，減少能源消耗和碳排放，提高產業經濟效益和生態

效益，積極響應全球氣候變化，主動承擔減排責任。同時，文化產業發展應該積極響應低碳經濟轉型的時代要求，大力發展低碳型的文化產業，在文化產品生產、文化產業活動過程中注重採用低碳技術，提高能源利用效率，減少產業鏈活動過程中的各種能源消耗和碳排放，減少環境汙染和破壞行為。西方先進國家也重視低碳經濟和低碳產業發展，重視低碳轉型對文化產業發展的基本要求。大力發展低碳型的文化旅遊活動、低碳文化活動成為西方先進國家的重要潮流和趨勢。

低碳轉型是 21 世紀的重要任務，也是新時期經濟社會持續發展、經濟結構轉型升級的基本要求。共同應對全球氣候變化，文化產業發展迎來轉型的契機。文化產業與科技創新的融合，不是一般性的技術融合，更要考慮環境變量和生態約束條件，促使文化產業不僅減少對環境的危害，更重要的是在保護環境、生態修復、環境淨化等方面發揮積極貢獻與作用，如鼓勵人們追求高端的精神文化生活需求，減少對物質的索取和浪費，減少對環境的壓力和破壞，多參與有利於環境改善和生態修復的低碳型文化產業活動。因此，西方各國越來越重視低碳轉型，重視低碳發展，重視低碳型的文化產業發展。

▌4.2 美國發展文化產業的經驗與措施

美國高度重視文化產業發展，具有許多世界級文化品牌，號稱「世界文化產業帝國」。美國通過走文化品牌化發展、文化品牌與文化產業高度融合的高端發展道路，實現經濟強國策略目標，在世界上具有領先地位、核心競爭力和全球控制力。

美國文化產業占 GDP 的比重已達 10% 以上，已經成為國家的三大支柱產業之一，其中，文化娛樂業年出口總額 900 億美元，占國際市場份額的 42.6%，在影視、圖書和音樂唱片等多個領域引領著世界文化產業的發展潮流。早在 20 世紀 60 年代，美國以高科技文化產業作為產業優化升級和經濟發展的重要方向，從政策保障、投融資、市場機制等多方面採取有效措施，助推文化產業的繁榮發展。美國文化產業的規模大、總量大，2009 年美國文化產業實現了 5716.21 億美元的總產值，超過電腦和電子產品、汽車、食品、

紡織、化工等製造業及航天航空業，成為推動美國經濟發展的主要力量。在全美最富有的 400 家企業中有 72 家是文化企業。美國電影在世界 150 多個國家和地區放映。2004 年，美國電影在全球市場上的票房總額為 252.4 億美元。[4] 美國文化產業發展經驗與措施主要表現在以下幾個方面：

4.2.1 加強法律政策支持，營造文化產業氛圍

美國加強文化產業的法律政策支持，為文化產業發展提供制度保障。通過聯邦稅法等對文化產業進行政策扶持，有效營造了文化產業發展穩定的法制環境和社區氛圍。1917 年，美國聯邦稅法規定對非營利性團體和機構免征所得稅，減免資助者的稅額，鼓勵和吸引私人企業、基金會和個人等進行文化藝術事業和產業發展。1965 年美國通過了《國家藝術及人文事業基金法》，成立促進藝術與人文事業發展的機構，即國家藝術基金會與國家人文基金會，該立法確保美國每年拿出相當比例的資金投入文化藝術業。美國政府還制定文娛版權法、合同法和勞工法等，有效推動文化產業的發展。

美國政府通過放鬆管制，營造競爭環境，提供科學的法律制度促進了文化組織結構、經營策略、行銷網路的提升。美國政府在 1984 年放鬆了對文化產業所有權的限制，特別是放鬆了對媒體所有權的限制，這直接導致 20 世紀七八十年代美國一次較大的媒體兼並浪潮。20 世紀 90 年代，柯林頓政府頒布的《1996 年聯邦電信法》放寬了對廣播電視、電視所有權的限制，鼓勵互聯網等進入傳統的文化產業，促使企業巨頭打造完整產業鏈，建立全方位的跨媒體行銷網路，為美國文化產業的發展作出了突出貢獻。[5] 美國各級政府制定有效的文化扶持政策，創新體制機制，加大文化產業資金投入、技術投入、人力投入，促進文化產業資源整合。聯邦政府主要通過國家藝術基金會、國家人文基金會和博物館學會對文化藝術及其產業發展給予大量的資助，文化產業發展包括中小文化企業的貸款暢通，資金支撐充足，為美國各類文化企業的發展構建暢通的投融資環境和市場空間，在國際上擁有足夠的話語權和競爭力。

4.2.2 完善市場運作機制，構建多元化的投融資渠道

美國作為市場經濟體制比較完善的國家，建立了完善的文化產業市場機制。

美國對於文化產業發展實行的是按市場機制運行、商業化運作、以企業特別是私人投資為主導，促進文化產業的創新發展和長盛不衰的發展道路。美國影視業、圖書出版業、音樂唱片業已建成龐大的全球銷售網路，控制了世界許多國家的銷售網和眾多電影院、出版機構和連鎖店。按照市場規律運行，倡導寬鬆自由的文化產業發展市場環境，包括個人、私營企業和政府等三個方面，加大資金和科技投入。1997 年，美國藝術業的資金注入高達175.83 億美元。《鐵達尼克號》的總投資近 2 億美元，但它的全球票房卻高達 18 億美元。由於來自私人、社會組織和政府多種投融資渠道，使美國文化產業發展具有比較充足和靈活的資金來源和金融支持體系，使文化產業更具活力和競爭力。在市場化機製作用下，文化產業、文化企業和文化產品按市場規律運行，形成了完善的文化產業市場運作模式，形成了文化產業組織、研發機構、生產企業、行銷、策劃、廣告、銷售服務等完善的產業服務鏈條，促進了美國文化品牌提升與文化產業發展。

4.2.3 運用現代化管理手段，提高產業運行績效

美國文化產業和企業的快速發展，離不開其現代化的管理手段、管理技術、科學管理機制的運用。美國對文化市場的管理能綜合運用經濟、訊息技術、行業協會、法律、行政等多方面的管理手段和技術，對於文化企業行為強調採用法律的約束，進行合規性監管，促進企業按照市場規律進行規範運行，構建良好的市場秩序，提升文化產業的運行績效和市場競爭力。政府對文化產業的行政管理，主要是為文化企業和文化產業提供良好的公共服務，重視公共文化的相關基礎設施建設，建立規範的、有序的、高效的、服務性的管理制度，為企業投融資提供便利條件。同時對公共文化服務與文化場館設施建設給予足夠的經費資助，經費額度由政府核定，議會審查批准，對非法運用經費的，政府有權取締。美國完善的版權保護法律體系為文化產業的

發展提供了有力的保障。1979 年，美國將知識產權保護策略作為國家策略進行發展。[6]《國家藝術及人文事業基金法》、《專利法》、《商標法》、《版權法》、《反不正當競爭法》為美國文化產業的崛起和發展奠定了重要基礎。[7] 美國重視知識產權保護，幫助和支持本國文化企業及其產品進入國際市場，積極推動包括文化產品在內的所有貿易和投資領域自由化，為本國文化企業和文化產品走出去提供政策保障和法律服務。

4.2.4 重視文化產業人才培養，提高產業人才素質

美國重視對文化產業人才的培養和吸引，重視產業技術人才素質的提升和隊伍的建設。一方面，美國通過本土培養，全美有 30 多所大學設有文化產業、藝術管理領域的專業教育，貫穿到本科、碩士、博士等學歷階段，為美國文化產業專業人才培養提供基礎，文化管理已經成為一門重要的學科，文化管理人才培養與專業教育體系完善。另一方面，採取具有吸引力的留學生政策和人才政策，從全球吸引優秀藝術人才進入美國學習和工作。這些人才對於美國文化產業發展發揮了重要作用，大大提升了美國文化產業技術人才素質和隊伍建設質量，為美國貢獻了智慧和創意，提高了美國文化產業的全球競爭力。

4.2.5 重視文化產業出口和對外傳播，提高文化軟實力

美國重視文化產業的出口和跨國經營，加強文化產業的對外傳播和滲透力度，不斷提高本國文化產業規模、競爭力和文化軟實力。美國政府為文化企業走出去提供了政策支持和法制保障。美國私人對外直接投資的資金來源雖然主要靠公司自有資金的積累和銀行借貸，但政府提供的優惠貸款起著重要的補充作用。美國進出口銀行與海外私人投資公司扮演重要角色。利用對外援推動私人資本輸出也是美國政府的一貫方針。[8] 美國商務部為文化產業提供指導和訊息諮詢，建立了專門的國際貿易數據庫，為文化企業提供了近230 個國家和地區的 120 個行業訊息資料。及時的豐富的貿易訊息為文化企業掌握國際動態和市場需求提供重要支撐，使文化企業更具有國際視野和全球經營策略。美國商務部為文化企業設立有專門的出口熱線，由專家向企業

提供專業解答，解決文化企業在國際貿易中的各種技術、法律、訊息方面的問題。美國還成立國際交流培訓管理小組，協調政府部門進行文化交流項目；美國廣播理事會負責數個電臺機構，用多種語言向世界各地傳送文化節目，提高文化影響力，加大文化貿易規模，提高美國文化企業的國際競爭力，也促進了美國文化軟實力的提升。

4.2.6 重視低碳型文化產業發展，綠色科技創新提升文化產業質量

美國重視低碳經濟發展，重視低碳型的文化產業活動，依托綠色低碳科技創新，不斷提升本國文化產業產品質量和技術含量，走高端、技術型、創新型、低碳型的文化產業振興道路。憑著低碳、綠色、科技等元素的融合，提升了美國文化產品和文化服務的競爭力，綠色產品也備受人們所青睞，低碳型的文化市場不斷繁榮壯大，綠色科技創新提升了文化產業質量和效益。美國通過各種基金會對文化企業科技創新進行投入支持，各類風險公司鼓勵文化企業的科技創新，面向綠色低碳科技的創新更是有足夠的支持，而且科技投入在文化產業中的比重也越來越高。

▋4.3 日本發展文化產業的經驗與措施

日本文化產業被稱為娛樂觀光業，涵蓋範圍廣泛，產業鏈體系完善，產業制度健全，政府高度重視，文化產品技術含量高，文化服務發達，市場競爭力強，在全球具有重要的影響力。日本文化產業發展的主要經驗措施包括以下幾個方面：

4.3.1 政府高度重視，制定激勵政策

日本文化產業的快速發展離不開政府的政策引導和高度重視。日本政府在發展文化產業中發揮著重要的作用，但並不直接或很少直接干預文化產業的具體工作，而主要是為文化產業發展立法，制定政策、法規以及通過其他方式加以引導，創造條件，營造環境，提供配套服務等。[9] 1995 年，日本政府確立了 21 世紀的文化立國方略，這從國家策略層面確立了文化發展的國

家意義。2001 年，日本制定知識產權立國策略，明確提出 10 年內把日本建成世界第一知識產權國。2003 年，日本制定觀光立國策略。[10] 這些策略和相關政策支持，大大提高了社會各界對文化產業的重視程度，激發了文化產業發展的市場活力和創造性。日本政府還出臺明確規定，要求各級政府要支援地區文化活動和文化企業發展，包括重新挖掘、振興具有地方特色的文化遺產、民間藝術、傳統工藝和祭祀活動等，這些政策措施大大促進了地方文化和傳統文化產業的振興與繁榮。

日本政府建立了比較完善的文化產業法律法規。1970 年，頒布《著作權法》，確保文化產業的知識產權保護。後來該法經過 20 多次修改於 2001 年更名為《著作權管理法》並開始實施。近年來，根據文化產業發展的新形勢，日本又制定了多部新法律，如 IT 基本法、知識產權法、文化藝術振興基本法等。通過文化產業相關法規制度的建設與實施，加強政府對文化產業的引導、扶持和保障，促進良好文化市場秩序建立和市場體系建設，並充分運用市場機制，促進文化企業的自身管理，提升了日本文化產業的競爭力和國際影響力。

4.3.2 發揮市場機制的作用，加強官產學研合作

日本作為比較成熟的市場經濟體制國家，重視文化產業發展的市場機製作用。日本文化企業作為文化產業和文化市場發展的主體，大型文化活動包括一些重大的公共文化活動，主要是靠企業和社會資本的參與、投資和贊助。演出界、電影界、出版界、廣告界等擁有一支成熟的文化企業隊伍，為日本文化產業發展提供了包括資金、訊息、技術、組織、社會關係等多方面的服務和支持。依靠市場機制和市場操作，大大提高了日本文化產業和文化企業的運行活力和動力，政府主要發揮引導和扶持作用，不過度干預和政府「包辦」。同時，日本文化產業發展，構建了官產學研合作的良好運行模式和機制，企業、政府、高校、科研院所之間的合作與互動比較頻繁，政府加強政策支持和稅收減免，高校和科研機構培養人才與提供技術創新、市場預測等相關服務，企業則整合各方面的訊息和資源，進行文化產品生產或提供文化服務，相互之間進行合作。官產學研機制靈活，運行通暢，分工到位，合作

得力。科研院所和企業合作創新，提高文化產業的技術創新能力，促進文化產業與市場需求的高度對接和深入結合。

4.3.3 重視中介組織培育，積極開拓國際文化市場

　　日本重視各種中介組織的培育與建設，文化行業協會眾多，對文化產業體系建設形成了自律性的中介組織體系，為文化產業提供比較完善的中介服務。中介組織或行業協會是社團法人，負責制定行業規則，維護會員的合法權益，加強行業監管、行業統計，為文化產業發展提供技術、訊息、政策、標準等多方面的服務，規範市場秩序，大大提升了日本文化產業的行業競爭力和行業聲譽。日本文化產業堅持市場導向，重視市場機制的作用。依托行業協會進行管理，是政府職能的延伸和輔助，在某些方面如文化產品審查等，一定程度上是依照文化行業協會替代和幫助政府進行文化行業監管。日本政府和中介機構重視日本文化產業和文化企業走出去，開拓國際市場，如日本產經省與文部省聯手促成建立民間的「文化產品海外流通促進機構」，撥專款支持該機構在海外市場開展文化貿易與維權活動，大大促進和提升了文化產業發展競爭力。[11]

4.3.4 重視低碳社會和低碳文化建設，促進城市低碳轉型

　　日本最先提出建設低碳社會。城市轉型發展依靠低碳發展和文化產業的力量。日本是典型的島國，本身資源短缺，生態環境承載力相對其他國家更弱。受其地理環境條件的制約，氣候變化對日本的影響遠遠大於其他先進國家。面對氣候變暖可能給日本農業、漁業、環境和國民健康帶來的不良影響，日本各屆政府一直重視低碳發展，促進城市低碳轉型，推廣節能減排計劃，主導建設低碳社會。2004 年 4 月，日本環境省設立的全球環境研究基金就成立了「面向 2050 年的日本低碳社會情景」研究計劃，來自大學、研究機構、公司等部門的約 60 名研究人員組成的項目組共同研究日本 2050 年低碳社會發展的情景和路線圖，提出在技術創新、制度變革和生活方式轉變方面的具體對策。2007 年 2 月，日本環境省全球環境研究基金項目組發表了題為《日本低碳社會情景：2050 年的二氧化碳排放在 1990 年水平上減少 70% 的可行

性研究》的研究報告,指出在滿足到 2050 年日本社會經濟發展所需能源需求的同時實現比 1990 年二氧化碳排放水平減排 70% 的目標是可行的,日本具有相應的技術潛力,即對低碳社會構想的可行性加以肯定。日本環境省提出的低碳規劃,提倡物盡其用的節儉精神,通過更簡單的生活方式達到高質量的生活,從高消費社會向高質量社會轉變。2008 年 5 月 19 日,日本內閣「綜合科學技術會議」公布了「低碳技術計劃」,提出了實現低碳社會的技術策略以及環境和能源技術創新的促進措施,內容涉及超燃燒系統技術、超時空能源利用技術、節能型訊息生活空間創生技術、低碳型交通社會構建技術和新一代節能半導體元器件技術等五大重點技術領域的創新。日本政府還制定了「技術策略圖」,動員政府、產業界、學術界構成的國家創新系統調動國家和民間的資源,全方位立體地開展低碳技術的創新攻關。該計劃實際上是日本實現低碳社會的技術策略。低碳社會的建立,依賴於以城市為單位的生活方式的轉變以及改善城市功能和交通系統的配套改革。在政府的倡導下,日本建設低碳社會已深入人心。

日本北九州以低碳社會和低碳文化發展為動力,促進煤炭產區轉換成高新技術區和旅遊中心,通過發展低碳型的文化產業加快城市的低碳轉型。北九州市是 1963 年 2 月由各有悠久歷史的門司、小倉、若松、八幡和戶煙 5 市合併而成,同年 4 月成為行政都市。九州是日本著名的煤礦產區,為推動經濟轉型,日本政府用了 10 年左右的時間,採取了一系列重要政策和相關配套措施,對九州地區煤礦實行全面退出的關閉政策,將該區域轉換成高新技術產業區,將關閉的煤炭生產礦井,改造成旅遊景點、科普教育場地,通過發展文化產業,促進低碳轉型,使之繼續發揮作用。廢棄的礦區復墾改造為良田。礦山舊址(遺址)同周邊旅遊資源密切結合,發展旅遊業。引進一批高新技術企業,使九州地區成功地實現了經濟結構轉型,由傳統的產煤地區轉換成為日本新的重要高新技術產業區。

「煤炭之都」的北海道夕張市走出一條與北九州完全不同的城市轉型道路。

1963 年，日本政府決定削減煤炭生產，夕張市以煤炭為支柱產業，被迫進行產業轉型。夕張市於 1990 年 3 月關閉了最後一個煤礦，為了促進經濟復蘇，加快以低碳產業為主導實現城市低碳轉型。夕張並不具有天然旅遊資源，但基於「煤炭之都」

的歷史背景，策劃低碳文化旅遊景點，修建了集教育、娛樂功能於一身的煤炭歷史文化村，發展多元產業。通過照片、幻燈片、錄音、錄影等方式，進行包括煤礦的形成、分布、利用、開採、技術改良等 12 個主題展示，建立反映當年夕張生活情景的「煤礦生活館」以及可現場操作采煤機械的「煤礦機械館」、「煤礦動作館」和「煤礦歷史館」。近年來還增設了機器人科學館、動物博物館、冒險家游樂場等文化設施，修建了滑雪場，促進該地區的文化旅遊業發展。不管男女老幼，偏好各異的遊客都能在此度過愉快的時光。據統計，前往夕張觀光的旅客每年達 160 萬至 230 萬人。[12] 通過發展低碳型的文化旅遊產業實現了城市的低碳轉型。

4.4 韓國發展文化產業的經驗與措施

韓國各級政府和社會各界高度重視文化產業和文化品牌發展。當前打造成功的「韓流」已經成為世界知名文化品牌。大力發展文化產業和文化品牌成為韓國在亞洲金融危機之後經濟增長的主要產業。韓國在危機後時代明確將文化產業確定為 21 世紀國家經濟的支柱產業。在韓國經濟恢復過程中，文化產業最活躍、成長最快，品牌地位不斷得到提升。韓國政府的高度重視和政策措施到位，文化產業發展的市場機制完善，使得其文化產業得到跨越發展，展現出後來者居上之態勢，成為文化產業強國的後起之秀，引世人注目。韓國文化品牌與文化產業發展的主要經驗措施包括以下幾個方面：

4.4.1 制定文化立國策略，建立有效的文化產業管理機構和機制

韓國從文化立國的策略高度，確定了文化產業在國家經濟社會發展中的突出地位。1998 年，金大中擔任韓國總統後，正式提出「文化立國」的策略方針，將文化產業確定為 21 世紀發展國家經濟的策略性支柱產業。韓國政

府制定《文化產業發展五年計劃》、《文化產業發展推進計劃》，建立完善文化產業管理體制機制，為文化產業發展提供財政支持並增加文化產業發展的專門預算，促進韓國文化品牌提升和文化產業發展。1994 年，文化觀光部設立文化產業局，成為文化產業的主管部門。2000 年，成立韓國文化產業振興委員會，負責制定國家文化產業發展規劃、政策、計劃，實施產業振興基金運行方案，加強文化產業政策的執行情況監督。

2001 年成立文化產業振興院，全面負責文化產業的具體扶持與服務、促進工作。

明確的發展策略、有效的管理機構、科學的管理機制促進了韓國文化品牌的提升和文化產業的發展。在有效的策略和體制機制的共同作用下，韓國文化產業在國際上的知名度不斷得到提升，國際影響力不斷拓展。

4.4.2 多渠道籌集產業發展資金，實行文化產業優惠政策

文化產業發展離不開充足的資金支持，韓國建立了多元化、多渠道的文化產業資金投融資渠道，制定和實施資金支持計劃。一方面，通過優惠政策鼓勵發展文化產業，通過利用稅收、信貸等經濟槓桿，實行多種優惠政策，為重點發展的遊戲、動畫等風險性的文化企業提供信貸支持，對進駐文化產業園區的單位提供用地、用水、用電等優惠政策，政府加大對文化產業的財政轉移支出和財政投入力度；另一方面，設立多種專項基金來扶持相關產業的發展，通過文化產業專門投資組合，鼓勵社會資本參與，實現政府與市場多渠道、多主體、多元化的融資模式，促進了韓國文化產業發展。2000 年文化事業財政預算首次突破國家總預算的 1%，2001 年上調至 9.1%，進入「1兆韓元時代」。2002 年通過國家預算撥款、投資組合、專項基金共融資文化產業事業費 5000 億韓元。2007 年投資 4000 多億韓元到音樂文化產業。[13]

4.4.3 建立集約化的經營機制，積極進軍國際文化市場

2001—2010 年的 10 年期間，韓國規劃建成 10 多個文化產業園區、10個傳統文化產業園區，若干個綜合文化產業園區，形成完整的國家文化產業鏈，實現資源優化配置和高效組合，走集約化、規模化、集群化的經營道路，

極大地提升了文化產業的研發水平、生產能力和整體市場競爭力。[14] 韓國通過中國市場的整合與集約化管理促進了資源整合、能力提升和市場拓展，同時也積極開拓國際市場，實施文化走出去策略，建立國際文化品牌，把中國、日本等東亞國家作為走向世界的重要臺階。鼓勵企業重視市場需求變化，加強對文化市場的調研，針對地區特點開發適銷對路的名牌文化產品，鼓勵企業走出去，打造文化企業和文化產品的海外行銷平台和服務網路體系。韓國政府對影視、網路遊戲等文化產品的輸出提供了大量的支持，積極利用網路、外國代理商，開發直銷、合作經銷等多種手段，輸出韓國文化品牌和文化產品，占領國際市場。韓劇等已經在全球站穩腳跟，形成世界影響力，形成國際知名的文化品牌。以韓劇進軍中國市場為例，20 世紀 90 年代末，韓國影視劇、韓國流行音樂、韓國明星登陸中國大陸，吸引著眾人的眼球。從 1993 年中國首次引進韓劇《嫉妒》，到 1997 年央視播出家庭倫理劇《愛情是什麼》，1999 年的《星夢奇緣》，以及後來推出的《澡堂老闆家的男人們》、《看了又看》、《人魚小姐》、《黃手帕》、《大長今》和《加油，金順》，再到 2008 年的《新進職員》、《愛情需要奇蹟》、《百萬新娘》等，韓劇占領了中國市場。

4.4.4 增強文化的科技含量，重視文化產業人才培養

韓國高度重視全球經濟一體化、科技創新、知識全球化帶來的文化人才發展機遇。文化產業發展中重視科技創新的投入與人才機制創新，提升和增強韓國文化產業與產品的科技含量，提升文化的科技競爭力，進而形成韓國文化品牌。科技創新與文化產業發展離不開人才，人才資源是發展文化科技的主體，韓國高度重視文化產業人才培養和專業技術教育。韓國政府建立文化創意人才培養機制，通過人才支撐實現文化藝術和文化產業雙贏，包括完善文化產業發展的人才管理系統、加強院校培養，鼓勵高等院校設立文化產業類專業，利用網路及其他教育機構進行培養，鼓勵創新，加強與國外文化產業人才交流。

▌4.5 中國若干城市文化產業經驗比較

4.5.1 上海的文化產業發展經驗

上海處於長三角經濟區的核心位置，臨海靠江，長江入海口，交通便利，區位優勢明顯。長三角經濟區地域廣大，區域經濟發展相對平衡，文化底蘊深厚，文化產業發達。上海在近代經濟發展中的特殊地位，使上海經濟發展具有很強的國際性特徵，推動上海市文化產業發展，文化品牌享譽海內外。上海市各級政府基於自身的區位優勢和國際環境，重視文化策略規劃，組建大型文化企業集團，採取有效措施助推上海文化品牌提升和文化產業發展。

第一，將文化產業列入城市文化建設的重要內容，制定具有前瞻性、指導性、鼓勵性的文化發展策略和產業規劃。上海市早在制定「九五」計劃時就將文化產業列為文化建設的重要內容，將上海定位為 21 世紀的國際文化中心城市，文化產業得到政府的高度重視。上海在「八五」、「九五」期間加大公共文化基礎設施投入和公共文化服務體系建設，相關資金投入達到 145億元，上海雄厚的經濟實力和資金投入確保了上海文化產業發展的經濟基礎。在「十一五」規劃中，上海市明確提出將文化產業作為支柱產業重點培植，還提出重點發展休閒娛樂業、文化訊息業和文化創意等三大文化產業，實施了文化產業空間布局規劃，建立了為文化創意產業提供擔保的文化創意基金。這些發展策略和產業規劃的制定確保上海文化產業走在全國的前列，擴大了文化產業規模，提升了競爭力，促進文化品牌發展。

第二，組建文化產業集團，加強地方文化企業整合，提高文化產業整體實力和競爭力。上海市政府進行有效協調和強力推動，加強地方文化企業整合，組建有較強競爭力的文化產業集團，加強文化創新資源的整合，實現抱團發展。如組建上海「大傳播業」與現代出版產業集團就是成功案例。1998年，在上海市政府有關部門的推動下，組建起「文匯新民聯合報業集團」，這個大型聯合報業集團由兩家人型報社、20 多個經濟實體組成，形成強大的產業競爭優勢。1999 年，在上海市新聞出版局的推動下，上海市的五家出版社，實行「優勢互補，資源共享」，組建成上海世紀出版集團。2005 年 11

月 26 日，上海世紀出版集團正式改制為上海世紀出版股份有限公司。政府強力推動、集中優勢資源、走集約化、規模化、品牌化發展的道路，引導文化產業單位的轉制，進行資源的有效組合，推動上海文化產業整合與跨越發展。

第三，設立文化產業扶持基金，促進文化產業做大做強。2013 年度上海市文化創意產業扶持資金共扶持項目 245 個，資金總額 3.9 億元。其中，市級扶持資金 2.87 億元，區縣配套資金 1.03 億元，撬動企業資金投入 62.6 億元。在支持產業公共服務平台的基礎上，圍繞文創產業發展中創意設計、文化藝術、訊息技術和現代服務四個方面的薄弱環節、關鍵領域和新興行業，加大對中小企業原創設計等方面的扶持力度。[15] 2013 年上海市文化創意產業保持兩位數增長，全年實現增加值 2500 億元，同比增長 10.1%，占全市 GDP 比重約為 11.5%。其中，軟體和訊息服務業快速增長，移動互聯網服務消費規模擴張。

4.5.2 深圳的文化產業發展經驗

深圳市作為一個新興的移民城市，在文化產業發展上，實施文化產業策略，充分發揮政府的「第一推動力」，以制度創新來保障文化產業的可持續發展，注重發揮民營經濟力量的活力。[16] 主要經驗包括以下幾個方面：

第一，政府發揮「第一推動力」的引導作用，建設文化設施，挖掘文化產業的內在潛力。深圳市政府意識到文化產業發展的巨大潛力，從 20 世紀 80 年代以來，大力推動文化產業的發展，大規模建設公共文化基礎設施，完善公共文化服務體系，為文化產業發展營造良好的外部環境和產業基礎。深圳市文化基礎設施和公共文化服務體系的建設一定程度上降低了文化產業發展的成本，創造了良好環境和發展氛圍。20 世紀 80 年代，深圳市興建的具有代表性的文化設施中，政府直接投資達 7 億元；深圳市現有各類文化設施中，由政府投資興建的超過 100 個，占全市文化設施的 50% 左右。目前深圳市中心區正在興建的文化設施中，政府投資總額高達 30 億元。由政府投資建設的具有國際先進水準的深圳音樂廳、中心圖書館、電視中心等大型文

化設施已成為深圳市的代表性建築。深圳市政府在文化設施上的巨資投入，為深圳文化產業的發展搭好了硬體資源平台。

第二，堅持市場機制在文化產業資源配置中的決定性作用，鼓勵民營文化企業發展。深圳市政府重視市場機制的有效作用，建立現代企業制度，按照市場規律來發展文化產業，鼓勵民營資本進入文化產業。深圳有線電視臺通過資本運營方式，組建起深圳天威視訊股份有限公司，開創了全國有線電視經營管理的新模式。

2001 年，深圳市大概有 5000 餘家文化經營單位，國有經濟成分所占比例不到 10%，大部分由民間資本投資運營。2006 年，深圳民營企業預計完成增加值 1534.68 億元，同比增長 16%，占深圳全市 GDP 比重的 27.0%。民營經濟已經成為深圳文化產業的重要領頭羊和創新排頭兵。深圳市的印刷業以港資為主，大芬村油畫產業基本上是依靠市場力量實現了規模化發展，由政府主辦的深圳「文博會」，也是由文化企業承辦，完全按市場模式運作。

第三，充分利用現代科技與文化產業融合，促進文化產業提質增效。深圳文化產業發展，重視科技創新的作用，將高科技運用文化產業發展中，提高文化產品和文化服務的科技含量和技術水平，增加文化產品的附加值，進而提高文化產業和產品的競爭力，促進深圳文化品牌提升。至 2002 年，深圳市高新技術產品的產值就已達 1650 億元，占工業總產值的 46.4%，到 2008 年，深圳高新技術產值已達 8700 億元。深圳高新技術發達，自主創新能力強，為深圳文化創新與科技創新的高度融合和雙輪驅動夯實基礎，深圳文化產業的高科技產品提升了競爭力，吸引了市場，提升了文化產業創新活力。[17] 2013 年，深圳市文化產業升級態勢明顯，預計文化創意產業增加值達 1357 億元，增長 18%，占全市 GDP 比重超過 9%[18]。

4.6 國內外文化創意產業集聚區管理模式比較

隨著全球經濟的後工業化進程加快，文化創意產業逐漸成為許多先進國家和地區的支柱型產業，引起各級政府部門的密切關注，文化創意產業由自

發進入到了自覺發展階段。[19] 發展演化模式各有區別，但總結起來，主要表現在以下幾個方面：

4.6.1 文化創意產業集聚區的基本類型

文化創意產業集聚區大量湧現，但集聚區的形成機制和管理主體一般只有三種：自發集聚，企業主導和政府主導。[20] 依據集聚主體的不同，可分為自發集聚、依市相生、劃圈而聚、舊城改造等多種類型。不過，自發集聚的過程中，會離不開企業、政府的互動作用，特別是結合中國的國情，政府在文化產業的培育、引導和扶持方面的作用不可忽視，不可替代。

（1）自發集聚：原生態型的產業模式

自發集聚體現為原生態型的產業演化模式，因為產業組織自身發展需求，形成的眾多文化元素、文化企業的集聚，自發集聚具有自發性、自由性、開放性等演化特徵。創意氛圍濃郁，匯集了大量的文化創意人才，擁有許多以文化創意工作室為代表的中小型文化創意企業。自發集聚具有市場自發和自發組織的特點。這類集聚區的產業效益一般並不顯著，它的特色和價值主要在於自發形成的創業企業帶來的區域品牌，形成特殊的文化創意區域，帶動和輻射周邊區域文化創意產業的發展。這方面的例子很多，比較著名的如美國紐約的蘇荷區（SOHO）、北京的大山子（798）藝術區等。這些區域自發集聚形成新的文化產業區，並通過市場自身發展的特點形成影響力。

（2）依市相生：產業集聚效應的演化模式

文化企業根據市場的需求而誕生和發展，依市相生形成較大規模的企業群。

文化企業加強文化產品生產與服務供給，實現供求對接，實現市場擴張和占領市場空間，形成具有一定影響力的文化創意產業集聚區。若干大的文化企業或龍頭企業組成一定特色的專業性的文化產業集聚區，產業關聯度高，形成利益共享、優勢互補、訊息共享等發展機制。美國洛杉磯的好萊塢圍繞電影業的市場建立了多層次的產業結構和集聚規模，眾多的影視類企業根據市場需求，建立了具有特色的產業鏈條，共享人才、訊息、技術等資源，市

場空間不斷拓展，為電視業、廣告業、新媒體等多個相關領域的發展創造了很好的市場環境。

（3）劃圍而聚：產業規劃的演化模式

地方政府因為產業發展和經濟振興的需求，根據地方文化特色和區域優勢劃定一定區域建立文化產業集聚區，通過政府力量打造文化產業園區，形成政府主導或強力扶持的文化產業演化模式。劃圍而聚充分表現為政府的主導作用、專門規劃、政府治理的文化創意產業園區。政府通過有目標、有步驟、有政策扶持的相關產業規劃，建立相對集中、政策清晰、文化要素整合的創意產業發展模式，具有相當的可複製性、可規劃性、可推廣性。

以韓國為例，坡州出版產業園區於 2003 年 12 月成立，其設立宗旨是推動出版文化的發展、促進流通結構的優化和實現現代化，通過當地政府力量，把圖書文化融入居民的日常生活文化園區，把生態哲學、人性化理念反映在建築綠色園區上，打造以出版為主題的產業園區。HEYRI 藝術村近 380 名的畫家、音樂家、作家、建築家共同參與建造工作室、美術館、博物館、畫廊、公演場所，從而組成文化藝術園區。HEYRI 藝術村是國內外藝術作品展示的空間，也是各種藝術節日的活動空間，還是促進國內外藝術交流的場所。HEYRI 藝術村並非單純的藝術園區，還是一個藝術產業中心，文化藝術產品得到生產、加工、展示和傳播，並得到交易和銷售，實現了從生產到銷售的一體化。此外，生態哲學的精神在建築能源系統等各個領域都得到了體現，HEYRI 藝術村還是一所生態藝術園區。韓國民俗村是一所觀光旅遊園區，占地 30 萬餘平方米。韓國民俗村成為了解、體驗韓國傳統文化的重要場所，也是娛樂休閒的空間，是一所具有休閒、娛樂、消遣、觀光功能的旅遊園區。

此外，還有韓流世界，是地方投資建造的觀光旅遊園區，建造各類文化設備為韓流產業的開發和生產提供資源、技術上的支撐。韓國文化產業園區的發展模式重視居民參與，重視政府整體規劃和管理，重視用節日和慶典來樹立和強化品牌。此外，還重視生態環境和建築的藝術性。政府設立文化產業園區的管理機構，對其發展進行統一的規劃和管理，並對其發展狀況進行評估和診斷，文化產業園區的發展更為規範和合理。[21] 基於以上案例的考

察，韓國文化產業發展充分體現了劃園而聚、政府主導、生態理念、低碳發展、旅遊融合等特點。

（4）舊城改造：傳統產業的低碳轉型模式

舊城改造或者傳統工業衰落區的文化改造，是充分利用現有文化資源形成的低碳轉型模式。區別傳統高能耗產業，舊城改造則是強調生態修復、工業景觀遺址的保留和提升，通過發展文化產業實現傳統產業改造和升級，走更加低碳、綠色、生態的城市產業轉型道路。這種模式符合國家節能減排和低碳發展的策略要求，也為文化產業發展提供重要的契機。這也是國際上的同行做法。隨著城市礦產資源耗竭，城市主導型產業不斷衰退，工業部門搬遷或倒閉留下大量的工業廠房、工地等及周邊居民隨著失業和外出工作調動，形成典型的舊城區或舊工業區，政府部門為了促進產業轉型和城市轉型，走低碳化、綠色化、生態化的演化道路，將留下來的工業廠房、舊機器設備、製造車間等進行重新的文化包裝，有序的規劃、建設、改造、提升，引進部分文化創意企業，形成新的文化創意產業區。通過低碳轉型、文化企業引導，形成對傳統產業的改造和升級。

對於舊城改造，打造低碳型的文化創意產業集聚區，是西方先進國家的典型經驗，這些國家還通過制定法律法規、建立行政管理體系、劃定保護對象區域等來確保改造行為的合法性和可規劃性。法國早在 1840 年就頒布了《歷史性建築法案》，法國是世界上第一個對歷史建築和舊城保護制定相關法律的國家。1887 年又頒布了《紀念物保護法》，1962 年頒布《歷史街區保護法》。通過立法對文物建築和歷史街區進行法律保護，制定保護和利用規劃，納入城市規劃的嚴格管理。英國也是較早就開始制定相關立法的國家，最早的立法是 1882 年的《古跡保護法》，規定無人居住的房屋及相關生活場所遺址可由國家收購或由國家監督，並指定了 21 項受國家管理的古跡。1969 年的《住宅法》中確定巴斯等 4 個歷史古城為重點保護城市，授權地方政府提供 50% 的費用資助，對不合標準的需要維修和整治的老住宅進行結構維修及衛生設備更新，確保歷史古城保持歷史風貌的同時，功能得到提升，古城建築得到更新和修護。美國 1916 年頒布了《文物法》，1933 年開始建

立歷史建築登錄制度。1966 年頒布了《國家歷史保護法》，開始對歷史文化遺產進行登記，由國家公園管理局負責。日本採用國家與地方立法相結合的方式，國家立法保護的對象一般只是確定由中央政府負責的全國歷史文化遺產的最重要的部分，而更廣大的地區由地方政府通過地方立法進行保護。通過立法形式對舊城進行改造和文化遺跡的保護，發展文化產業，促進舊城區的持續發展和低碳轉型，這種低碳轉型是以保護環境、保護生態、保護文物原生態為基本前提和重要目標，立法的高度能確保這種舊城改造和文化發展得以健康、持續發展。

4.6.2 文化創意產業集聚區的管理模式比較

從管理主體的角度看，自發集聚、依市相生、劃園而聚、舊城改造等四種類型體現不同的主體作用。但最為主要的是企業力量和政府力量的較量。即企業主導和政府主導兩種模式的存在，因其資源主體、配置模式、分配機制等差異而表現出不同的特徵。因此難以絕對地說哪種模式最好，關鍵是能結合义化創意產業集聚區自身的文化元素特色和資源，選擇有效的管理模式，進而實現文化品牌的提升和文化產業突破發展。

（1）自發集聚的運營管理模式

對於自發集聚型的產業演化模式，西方先進國家則根據產業自身的自發組織進行自治管理。由於許多的產業集聚區源於某些偶然的誘因和天然的業務聯繫，通過市場力量和自發組織機制形成強大的自我強化和吸引機制，促進區域文化產業發展。文化產業的自發集聚源於文化元素、文化資源的某種天然聯繫和具有創新意識的人才的自發組織，形成文化特色區域。中國許多地方由有商業意識和創新頭腦的文化人才自發組織對傳統文化元素與文化資源進行開發，形成了地方特色的自發集聚的文化創意產業集聚區，如北京的798 文化藝術區。隨著中國改革開放的推進和市場經濟體制不斷完善，市場活力和創新性的激活，一定程度上促使自發集聚的文化產業區形成，對這些區域的運用管理應該更加體現和尊重自發集聚特點，以無為、鼓勵、扶持和適度監管為基本原則，確保這種文化集聚區的繁榮發展。政府對自發集聚區

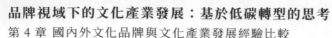

的監管和鼓勵應注意對市場機制的保護和完善，而不是亂作為和過分干預導致人為破壞，促進自發集聚區的持續發展。

（2）企業帶動的集聚區運營管理模式

文化創意產業的集聚發展離不開有實力的龍頭企業的帶動和主導作用。大型文化企業主導文化產業集聚區的發展與管理，關聯性的服務性企業和公司加入到文化產業集聚中，企業主導、市場運作、區域管理、產權清晰、職責明確，促進了文化創意產業集聚區的持續發展。這些產業集聚區主要表現在發展中國家或新興國家，通過龍頭企業帶動形成一定的文化產業集群規模，發展迅猛，日益壯大，品牌提升。

（3）政府扶持型的產業集聚區管理模式

城市文化事業和文化產業的快速集聚發展離不開城市政府機構的高度重視和政府職能的轉變。西方先進國家高度認識到文化產業集聚區在提高區域綜合競爭力方面發揮著越來越重要的作用，通過完善產業引導、提升公共服務、強化市場監管，促進文化產業集聚區的形成。政府主導、政策扶持型的文化產業集聚區的發展，主要是發揮政府集中資源和整合資源的優勢，確保城市經濟振興和文化復興發展。政府扶持型的文化產業集聚區的管理也是以政府為主導力量，通過政策支持、行政適度干預，確保文化產業發展。通過政策扶持、財政補貼等方式提高文化企業的積極性，對處於成長期的產業和企業予以重點扶持。城市的建築、工業遺跡等歷史文化遺產與文化創意產業的發展互滲互補，通過可持續的城市文化經濟發展實現城市文化遺產的傳承與保護，通過設立管委會的形式加強政府政策引導和宏觀調控，促進舊城改造和文化產業的協同發展。[22] 政府扶持型的文化產業集群一般處於初級階段，文化企業不多，規模不夠大，產業競爭力不強。需要政府營造良好的發展環境和扶持政策，吸引更多的文化企業入駐，降低交易成本，提高文化企業的生存率，為文化企業發展「扶一把、送一程、開一站」。在文化創意產業集聚區發展過程中，政府起著不可或缺的引導與扶持作用。對於處在轉型發展期的中國來說，強化政府有效監管和必要的公共服務是創造文化產業優勢的重要因素。

4.7 國內外經驗對北京丰台區的借鑑與啟示意義

從以上國內外發展文化產業與提升文化品牌的經驗分析中可以看出，文化品牌提升與文化產業發展必須根據地方實際情況和文化特色，結合自身經濟實力、不同歷史時期、社會環境採取有效的發展策略和對策。文化品牌依托文化產業得以持續發展，文化產業需要走品牌化發展道路才能具有核心競爭力，以科技投入、文化創新、市場運作為重要動力，促進文化品牌與文化產業的互動融合與跨越發展。國內外文化產業發展的經驗為北京丰台區提供了重要的經驗借鑑和政策啟示。

4.7.1 樹立文化品牌意識，加強政府重視，創新文化管理體制，建立政府主導型園區發展模式

品牌是一種寶貴的資源，是一種強大的市場競爭力。美、日、韓等國家在發展經濟的過程中逐步認識到發展文化品牌、文化產業對國民經濟社會發展的策略意義，經歷了一個觀念轉變階段，樹立文化品牌意識，政府部門要高度重視文化產業發展。轉變觀念、確立文化品牌和文化產業意識，從策略高度上重新認識和重視文化產業的突出作用已成當務之急。文化產業的發展程度是經濟與文化融合的具體反映，也是衡量一個國家和地區經濟發展水平的重要代表。政府部門對文化品牌、文化產業高度重視，才能積極發揮對文化產業發展的政策支持、財政投入、策略引領的作用，形成文化產業發展的良好環境和氛圍。由於政府的特殊地位，城市經濟的發展方向往往與當地政府的決策與舉措有著直接的聯繫。北京丰台區近年文化產業的長足發展在相當程度上就得益於北京市、北京丰台區等各級政府在觀念層面的不斷重視和政策層面上的連續推動。

進一步提升北京丰台區文化品牌與文化產業發展，要樹立文化品牌意識，提高對文化產業發展的重視程度，發揮好「政府之手」在指導、引領、促進文化產業發展中的突出地位和積極作用。政府重視能為文化產業帶來好的優惠政策、策略規劃、財政扶持和利益預期，成為文化品牌提升與文化產業突破的重要推動力。

在模式選擇上，綜合考慮自發集聚、依市相生、劃圍而聚、舊城改造等四種類型的優劣勢和基本特徵，完全依靠自發和依市相生難以形成文化產業的突破發展，因此要結合企業主導和政府主導兩種模式的特點，選擇政府主導型、園區引進的發展模式，即從管理層面，要加強政府的調控和監管，從園區和企業發展角度，要依托園區模式加強資源配置和市場力量的吸引，單純走政府路線和市場路線都不適合北京豐台區文化品牌提升和文化產業突破發展要求。北京豐台區擁有豐富的文化元素和文化資源，文化企業發展粗具規模和基礎，因此要進一步加大政府的政策引導和財政支持力度，加大政府在文化管理體制層面的創新，提高資源整合力度，掃清發展障礙，提高文化創意產業的集聚效應和規模效應。

要避免單純套用傳統工業園區或科技園區的模式，不能簡單按照科技園區的管理模式和高科技企業吸引政策來管理文化企業，不能以文化創意產業集聚區的名義進行房地產開發，高度警惕文化產業集聚區變成房地產開發項目圈地建樓大興土木的堂皇藉口。此外文化創意產業集聚區的公司化運營模式要進一步創新，在加強統一管理和提供必要的公共服務的基礎上，要加強文化元素和文化資源的深度開發，加強文化企業集聚效益的深度開發，盡可能降低物業租金，實行物業租金的減免政策，避免將文化創意人才擠出集聚區。

4.7.2 完善文化發展政策制度，促進文化產業持續發展

政府重視是文化產業發展的重要前提，而完善的科學的文化發展政策和制度措施，是促進文化產業持續發展的重要保障。借鑑美、日、韓等國家的文化產業發展經驗，北京豐台區要結合區情和地方特色，制定和完善適合本地區的文化產業政策和制度體系，為北京豐台區文化品牌提升和文化產業發展提供良好的政策環境。結合北京豐台區文化產業發展的現狀，積極推進文化體制創新，加強政策優惠，設立專項資金，建立多元化文化產業資金投融資渠道，大力支持那些符合北京豐台區文化產業發展要求的企業和項目，在推進文化資源整合與文化品牌提升領域，要實行低息或貼息貸款。動員全社會力量，實施多種所有製成分共同參與文化產業的發展政策，實行從辦文

到管文化，從行政管理為主到法制管理為主轉型，以政策為引導促進文化產業的市場體系建立和發展，促進文化產業持續發展。

4.7.3 整合區域文化資源，調整產業布局，促進文化品牌提升

發展文化產業是實現「經濟文化一體化」發展策略的重要組成部分，必須遵循文化自身發展規律和市場經濟規律，要整合區域文化資源，統籌謀劃，全面布局，優化文化產業結構，促進文化品牌提升。文化具有較強的地域性，不同地區具有各自獨特的文化風格。文化產業發展要重視區域文化元素、文化資源的挖掘和整合，依托現有資源要求進行科學的培育、配置，也可以借助現有條件包括經濟、政治、社會等多方面的資源吸引文化產業要素的集聚，形成文化產業集聚區。西方先進國家重視對傳統文化的保留、保護、挖掘和整合，實現地方文化產業和區域經濟發展。

不像中國部分地方以打造文化產業為名，進行大拆大建，將傳統寶貴的文化遺產和文化遺跡通過運動式的拆遷，破壞完畢，結果搞成千城一面，人為地修建所謂的大廣場、大公園、大樓等，與區域文化資源、文化元素的本質內涵相差勝遠、破壞太多。

北京丰台區具有豐富的文化元素和文化資源，借鑑西方國家的保護加上開發的發展模式，完全可以將這些資源進行整合、提升、優化、創新，應以「總體謀劃、夯實基礎、品牌推進、重點突破」的基本思路，確定北京丰台區文化資源整合與產業布局規劃，因地制宜，充分發揮區域文化資源優勢，搞好文化資源普查、整理、歸類，擇優扶強，形成獨具地方魅力的特色文化品牌，以文化品牌為重點加強文化產業的培育和發展。

4.7.4 加大科技和資金投入，促進文化創新與科技創新的雙輪驅動

借鑑美國、日本、韓國等國家經驗，文化品牌提升與文化產業發展離不開自身科技含量的提升和創新能力的提高。未來文化產業發展的一個突破口應在於與高新技術的結合，大力發展科技含量高、附加值高的文化產品，從而形成北京丰台區文化產業的現代特色。文化與高科技的有機結合，將大大

提高北京丰台區文化產業的技術創新能力和市場競爭力。北京丰台區文化產業發展要高度重視科技創新的重要作用，要重視科技攻關，提高文化產業科技含量和文化產品競爭力，依托科技創新與文化創新的融合與雙輪驅動，賦予文化產品和文化服務的科技魅力，增強產品吸引力和競爭力，培育新型的高科技的文化產品類型，增強市場份額和品牌地位。

科技創新離不開充足的資金投入，政府的投入是種子資金和引導資金，關鍵在於通過種子資金作用引導和吸引更多的社會資金投入，因此，要充分利用經濟槓桿，吸引多元投資，建立文化產業專項發展資金或擔保基金。以科技創新為動力和契機，加強文化創新，充分重視保護和開發文化產品內容的獨創性和丰臺本土特性，對北京丰台區文化元素和文化資源進行充分挖掘，順應當今社會訊息化、網路化的發展潮流對文化生產、傳播及消費方式帶來的新情況、新變化，不斷開發符合當代市場需求的新型文化產品，大力弘揚中華民族傳統文化之魅力，打造北京丰台區特色文化品牌。

4.7.5 實行文化資產市場化運作，組建文化集團，實施文化走出去策略

借鑑韓國、日本、美國等經驗，建立文化產業發展促進委員會，包括與文化產業相關的各個政府部門和民間機構，積極合作，協調功能，整合資源，建立標準化的文化訊息系統和文化產業統計評價體系，建立統一高效的文化訊息交流中心和區域文化發展監控與評估系統，形成跨產業、跨部門、跨地區的文化產業發展合力，組建文化集團，為文化產業發展提供良好的市場環境。通過文化資產經營公司對國有文化企業國有資產營運進行有效監督和管理，整合本地區文化資源，依托市場化手段，組建文化集團，培育北京丰台區龍頭企業，有計劃和有步驟地培育、開發適銷對路的名牌文化產品，增強文化產品的市場競爭力。同時，要大力開拓國際市場，擴大文化產品的出口，實施文化走出去策略，培育世界級的文化大企業，提高北京丰台區文化品牌的國際影響力，打造北京丰台區國際文化品牌。

4.7.6 重視文化創意人才培養，實施文化產業人才強區策略

創意與人才是文化產業騰飛的核心元素。文化產業發展的靈魂是「創意」，文化產業必須走創意創新之路，才能實現持續發展和品牌提升。文化人才是文化產業發展的支柱，是創意的主體。

西方先進國家重視文化產業人才隊伍建設，重視文化產業高級人才的培養與引進，對高技術人才和高級管理人才紛紛放寬移民、定居等限制，以優厚的條件在全球範圍內加緊吸引人才，搶占人才制高點。全球性文化產業的大發展，加劇了國際文化人才市場的競爭，先進國家憑藉強大的經濟和科技實力，進一步加強全球人才包括文化領域高級人才的掠奪性吸引。先進國家許多的優秀人才來自中國、印度等發展中國家，這對中國文化產業發展形成一定的衝擊和挑戰。中國要進一步大力發展文化產業，提高文化產業的質量離不開對高級人才的吸引。加快文化產業發展，打造文化品牌、推進文化體制改革、培育文化市場等均離不開人才，均需要加強人才隊伍建設。

結合國內外經驗，要加強北京丰台區文化產業的自主創新、高科技人才、文化發展等三者的結合，重視文化創意人才的培養，實施文化產業人才強區策略，最終提高北京丰台區文化產業的科技創新能力、人才競爭力和文化產業的區域競爭力。文化產業又稱為創意產業，其發展有著獨特的成長特性，政府應在吸引人才、培養人才等方面加大力度，提高北京丰台區文化產業的人才隊伍素質和人才強區實力。北京丰台區文化資源豐富，但文化創意人才匱乏，特別是對高端人才的引進等方面，無論在人才儲備、高級人才總量，還是在高級人才引進政策等方面均在北京市處於比較落後的階段，因此，促進北京丰台區文化品牌提升與文化產業發展，應該制定高級人才引進計劃和政策，重視文化創意人才培養，以人才強區、人才興業為基本理念，促進北京丰台區文化產業的人才建設。

4.7.7 以低碳轉型為契機重視文化品牌發展，建立低碳型文化產業體系

借鑑國際經驗，積極應對全球氣候變化、環境惡化、資源能源耗竭等瓶頸性制約，中國應該以低碳轉型為重要契機，大力發展文化產業，特別是低碳型的文化產業體系，加快文化品牌提升，促進資源節約型、環境友好型社會建設，大力推進生態文明建設。西方國家通過發展文化產業，實現城市的低碳轉型，對傳統文化進行品牌化提升。大力發展低碳文化產業實現舊城改造，實現文化產業的規模化、質量化、低碳化發展，進而提升了文化產業的競爭力和國際影響力，打造成國家經濟社會發展的支柱產業。

借鑑西方國家經驗，應該大力發展文化產業，不斷提高文化產業占 GDP 的比重，建立低碳文化產業體系。

一是要以低碳技術創新為動力，提高文化產業的產品技術含量和產品質量，提高文化服務效益和水平。

二是要建立低碳的文化產業體系，進行低碳發展的規劃和策略布局，圍繞文化品牌化發展，發展知識密集型、低碳創新型的關聯產業，提高整個文化產業價值鏈的經濟質量和生態效益，減少能源消耗和環境汙染，實現集約化、低碳化、持續化發展。

三是要重視以文化產業、低碳文化發展為重要突破口加強資源型城市和舊城區的改造升級，大力發展文化產業集群，以自發集聚、企業帶動、政府扶持等多元化機制實現文化產業集群的自我發展和持續發展。

4.8 本章小結

本章主要對國內外文化品牌與文化產業發展的經驗進行比較研究。西方國家和城市較早重視文化品牌與文化產業發展，文化產業成為國民經濟的重要支柱。

中國許多城市如上海、深圳等高度重視文化品牌與文化產業發展，取得了一定的成功經驗。上海市將文化產業列入城市文化建設的重要內容，制定

比較強大的文化發展策略和產業規劃；組建文化產業集團，加強地方文化企業整合。深圳市在文化產業發展上，實施文化產業策略，充分發揮政府的「第一推動力」，以制度創新來保障文化產業的可持續發展，注重發揮民營經濟力量的活力，充分利用現代科技與文化產業融合，促進文化產業提質增效。基於國內外經驗比較，提出經驗啟示。

註釋

[1] 劉明華 . 美、日、林發展文化產業的經驗及啟示 [J]. 肇慶學院學報，2007（6）：65-69.

[2] 花建 .2013 年文化產業的四大亮點 [N]. 中國文化報，2013-02-02（1）.

[3] 金元浦 . 培育新業態是北京文化產業轉型升級重要途徑 [J/OL].（2012 -08-03）[2012-12-11] http://www.myulife.cn.

[4] 張慧娟 . 美國文化產業的特點和優勢 [N]. 學習時報，2013-08-26（04）.

[5] 張毅 . 美國文化產業發展的經驗及啟示 [J]. 商業時代，2011（24）：121-122.

[6] 張毅 . 美國文化產業發展的經驗及啟示 [J]. 商業時代，2011（24）：121-122.

[7] 喻翠玲 . 英美創意產業發展對中國的啟示 [J/OL].（2010-08-18）[2010-08-30]ht-tp：//www.cfen.com.cn.

[8] 美國促進本國企業走出去的財政支持 [J/OL].（2012-12-17）[2013-09-04]ht-tp：//www.culturetrade.com.cn.

[9] 李海霞 . 日本文化產業的主要特點探析 [J]. 天府新論，2010（6）：114-119.

[10] 齊衛平 . 文化功能及其在國家發展和民族進步中的意義 [J/OL].（2010-03-02）[2010-03-20] http://www.cnsaes.org.

[11] 日本的文化產業政策及運作 [J/OL].（2006-03-31）[2006-04-10]http://www.southcn.com.

[12] 世界先進城市轉型的四種模式 [J/OL].（2011-10-13）[2012-02-02]http://www.kk-j.net/mode.html.

[13] 張永文，李谷蘭 . 韓國發展文化產業的策略和措施 [J/OL].（2006-06-01）[2006-06-10] http://www.southcn.com.

[14] 張寅 . 韓國文化創意產業的發展模式 [J/OL].（2011-06-28）[2006-07-05]http://www.zj.xinhuanet.com.

[15] 黃啟哲，王磊 .2013 年上海文化創意產業貢獻 11.5%GDP[N]. 文匯報，2014-04-10（1）.

[16] 李安，趙燕 . 中國文化產業發展研究：京滬深三地文化產業發展的經驗與啟示 [J]. 中國特色社會主義研究，2009（2）：86-92.

[17] 王曉晴 . 深圳經濟實現高質量跨越 [J/0L]. （2003-02-20）[2003-02-28]http://www. southcn.com，2003-2-20.

[18] 2013 年深圳文化創意產業增加值達 1357 億 [J/0L]. （2014-02-14）[2014-02-28]http:// www.askci.com，2014-2-14.

[19] 魏鵬舉，楊青山 . 文化創意產業集聚區的管理模式分析 [J]. 中國行政管理，2010（1）： 81-83.

[20] 魏鵬舉，楊青山 . 文化創意產業集聚區的管理模式分析 [J]. 中國行政管理，2010（1）： 81-83.

[21] 李永求 . 林國文化創意產業園區現狀與展望 [J/OL]. （2010-01-10）[2010-01-29]http:// www.sina.com.cn.

[22] 魏鵬舉，楊青山 . 文化創意產業集聚區的管理模式分析 [J]. 中國行政管理，2010（1）： 81-83.

第5章 文化品牌與文化產業發展的 SWOT 分析：以北京丰台區為例

　　SWOT 分析是指對一個地區或一個系統的優勢（Strength）、劣勢
（Weakness）、機遇（Opportunity）和威脅（Threats）進行分析，實際
上也是對某個地區的外部條件的各方面內容進行歸納和概括。優劣勢的分析
主要是著眼於地區自身的實力及其存在的主要問題，而機遇和威脅分析主要
是分析外部環境變化對地區的可能影響和競爭對手的主要特點及其威脅。本
章以半臺區為例，對文化品牌與文化產業發展通過「SWOT 分析」，全面系
統地分析和認識研究對象的處境，進而採取有效的對策措施。對於處於文化
創意產業發展進程中的北京丰台區而言，有必要對文化產業發展進程中的優
勢、劣勢進行深入的分析，並對外在的策略環境進行考察，從而可以及時地
調整發展策略。

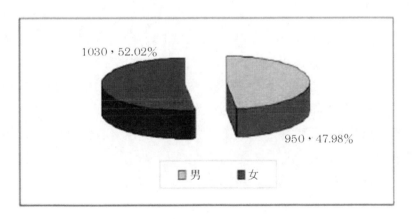

圖 5 1 北京丰台區課題問卷性別結構

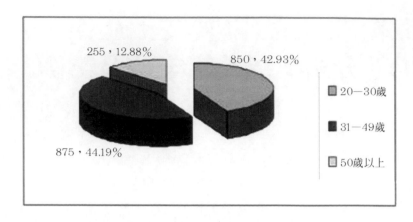

圖 5-2 北京丰台區課題問卷年齡結構

　　課題組通過現場發放問卷表、發送電子郵件等多種形式進行問卷調查，發放問卷表 2100 份，收回 2080 份，有效的為 1980 份，占總收回數的 95.19%。如圖 5-1 所示，其中，男性為 950 人，占總數的 47.98%。女性為 1030 人，占總數的 52.02%。

　　如圖 5-2 所示，從年齡結構看，20—30 歲的 850 人，占總數的 42.93%，31—49 歲的 875 人，占總數的 44.19%，50 歲以上的 255 人，占總數的 12.88%，可見本課題問卷表以中青年人為主。從學歷結構看，如圖 5-3 所示，高中及以下的 104 人，占總數的 5.25%，大專及本科的 1170 人，占總數的 59.09%，碩士學歷的 510 人，占總數的 25.76%，博士學歷的 196 人，占總數的 9.90%。可見本課題問卷表以大專及本科學歷層次的為主，這也符合北京丰台區現有的人才學歷狀況。如圖 5-4 所示，從職業身分看，屬於國企職工的 301 人，占總數的 15.20%，屬於私企職工的 543 人，占總數的 27.42%，屬於事業單位職工的 380 人，占總數的 19.19%，屬於公務員的 389 人，占總數的 19.65%，屬於個體戶的 110 人，占總數的 5.56%，其他人員 257 人，占總數的 12.98%。從調查群體分布看，如圖 5-5 所示，屬於北京丰台區人（包括在丰臺出生或戶口在丰臺）的有 1200 人（其中在北京丰台區工作過的有 979 人，沒有在北京丰台區工作過的有 221 人），不屬於北京丰台區人的有 780 人（其中在北京丰台區工作過的 250 人，沒有在北京

丰台區工作過的 530 人）；在北京生活兩年以上的京內人為 1850 人，沒有在北京生活過的京外人為 130 人。

從基本的幾個問題調查看，針對「一提到丰臺，您最先想到的是什麼」的問題調研，如圖 5-6 所示，選擇「盧溝橋抗戰紅色文化」的有 1189 人，占總數的 60.05%，選擇「盧溝曉月中秋文化」的有 1097 人，占總人數的 55.40%，選擇「戲曲之鄉」的占總人數的 24.70%，選擇「花卉之鄉」的占總人數的 37.32%，選擇「大紅門服裝城」的占總人數的 25.96%，選擇「北京汽車博物館」的占總人數的 15.66%。

可見盧溝橋抗戰紅色文化的影響力最大，其次是盧溝曉月中秋文化。

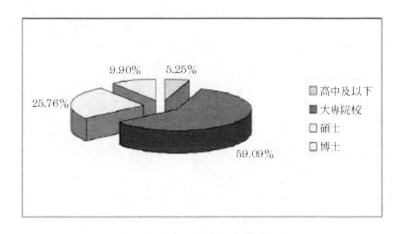

圖 5-3 北京丰台區課題問卷學歷結構

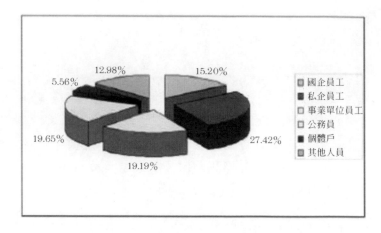

圖 5-4 北京丰台區課題問卷的職業結構

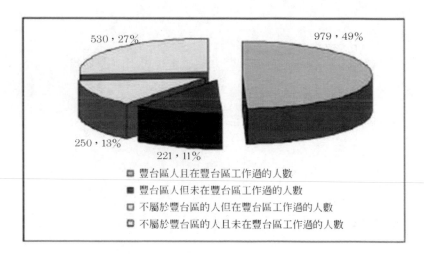

圖 5-5 北京丰台區課題問卷的調查群體分布

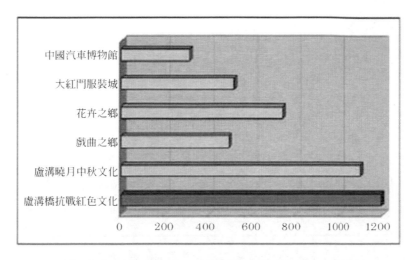

圖 5-6「一提到丰臺,您最先想到的是什麼」的問卷統計

針對「如果您在丰臺工作,原因是什麼」的問卷統計來看,如圖 5-7
所示,認為是「本地人,離家近」的有 979 人,占總人數的 49.44%,認
為是「因為公司工作關係,本人無所謂在哪裡」的有 636 人,占總人數的
32.12%,認為是「房價相對較低,租金不高,吃住比較便宜」的有 827 人,
占總人數的 41.77%,認為是「交通便利,不擁堵」的有 787 人,占總人數
的 39.75%,認為是「工資較高」的有 89 人,占總人數的 4.49%,認為是「公
司成長性好,個人發展有前途」的有 663 人,占總人數 33.48%,認為是「北
京丰台區文化氛圍好」的有 611 人,占總人數的 30.86%。

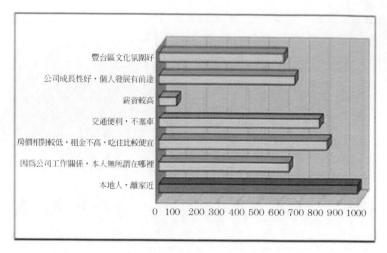

圖 5-7「如果您在丰臺工作，原因是什麼」的問卷統計

　　針對「您認為丰臺比較有名氣的文化景區文化企業或機構有哪些」的問卷統計來看，如圖 5-8 所示，選擇「盧溝橋文化景區」的有 1589 人，占總數的 80.25%，選擇「花鄉世界花卉大觀園」的有 1311 人，占總人數的 66.21%，選擇「北京汽車博物館」的占總人數的 45.00%，選擇「戲曲之鄉」的占總人數的 34.24%，選擇「大紅門服裝城」的占總人數的 66.57%，選擇「依文集團」的占總人數的 17.22%，選擇「正邦設計」的占總人數的 10.56%，選擇「俏佳人」的占總人數的 12.47%，選擇「凡客誠品」的占總人數的 31.11%。可見盧溝橋文化景區、花鄉世界花卉大觀園、大紅門服裝城等名氣更大一些。

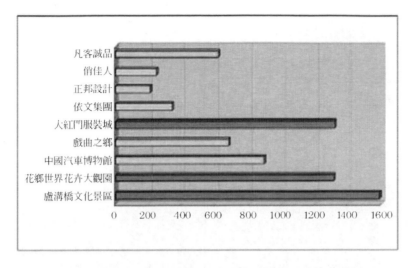

圖 5-8「丰臺有名氣的文化景區、企業或機構」的問卷統計

　　本課題從理論與實踐相結合的角度，結合北京丰台區區情特點和區域差異，通過實證調研，構建北京丰台區文化品牌提升和文化產業突破的 SWOT 模型，如圖 5-9 所示，深入考察北京丰台區在文化產業發展方面的機遇、威脅、優勢、劣勢等，分析其問題存在的主要原因，進而提出有針對性的政策建議，為指導實踐服務。

發展優勢（Strength）：
●具有良好的區位優勢，屬於首都功能拓展區
●擁有資源優勢，土地可開發空間較大
●擁有生態優勢，森林公園較多
●擁有文化優勢，文化元素豐富和文化底蘊深厚
●擁有市場優勢，擁有全中國文化消費需求市場

發展劣勢（Weakness）：
●缺乏主導性的文化品牌，國際影響力不夠，品牌貢獻率較低
●缺乏龍頭產業，沒有形成真正意義上的文化產業群集
●存在體制障礙，缺乏產業發展氛圍和環境
●文化產業專項資金不足，配套設施不夠完善
●專業人才缺失

發展機遇（Opportunity）：
●國家文化大發展大繁榮機遇
●北京建設世界都市和中國文化中心
●豐台區落實新城南行動計畫和文化崛起的重要機遇
●「一軸兩帶四區」發展戰略與永定河綠色生態發展帶的重要機遇

發展威脅（Threats）：
●東城、西城文化品牌與產業發展基礎扎實
●海淀、朝陽文化產業聚集區已形成氣候，石景山首鋼搬遷後文化產業發展態勢強勁
●門頭溝生態治理形成品牌，通州國際新城已粗具規模
●順義打造機場經濟區，平谷、延慶等打造生態旅遊文化品牌

圖 5-9 北京丰台區文化品牌與文化產業發展的 SWOT 模型

▌5.1 發展優勢（Strength）

　　課題組對「您認為丰臺發展文化品牌與文化產業具有哪些優勢」的問卷調查顯示，如圖 5-10 所示：認為「具有區位優勢，首都城市功能拓展區」的有 1128 人，占總人數的 56.97%；認為「交通便利，西客站、丰臺火車站、北京三四環」的有 1276 人，占總人數的 64.44%；認為「土地優勢，具有較大的土地開發空間」的 1247 人，占總人數的 62.98%；認為「生態良好，森林公園較多」的 1377 人，占總人數的 69.55%；認為「文化元素豐富，文化底蘊深厚」的有 1268 人，占總人數的 64.04%。

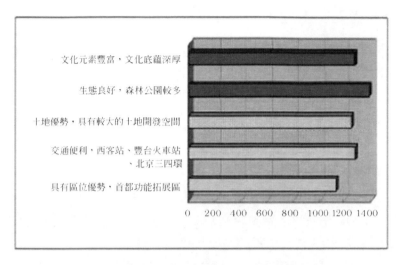

圖 5-10 丰臺發展文化品牌與文化產業優勢問卷統計

5.1.1 區位優勢：首都城市功能拓展區

　　北京丰台區的區位優勢明顯，橫跨北京市中心直至近郊，是首都北京的西南門戶和交通咽喉。北京丰台區分別鄰接東城、西城、海淀、石景山、房山、門頭溝、大興、朝陽等區，是北京市十六個區縣中與周邊區縣連接最多的區，位於北京三四環線，可見其區位的獨特性。北京丰台區成為聯結核心區與遠郊區縣的城市功能拓展區域，也是京津冀經濟圈的核心樞紐。北京西站、北京南站和正在建設中的丰臺火車站都坐落在丰臺，京滬高鐵、京港高鐵等客運專線均以北京丰台區為始發站；而第二機場儘管位於相鄰的大興區，丰臺也將大大受益。北京二、三、四、五、六環路與城鐵 4、5、9、10、14 號線貫穿丰臺，亦莊、房山、大興等新城與中心城區的過境聯絡線均與北京丰台區相聯結，這些交通干道和交通設施直接為丰臺文化品牌提升和文化產業突破提供了良好的交通優勢和區位優勢，全方位的交通網路為北京丰台區文化產業發展提供了重要的人流、物流、訊息流的高效快捷流通和資源訊息共享的條件與基礎。

5.1.2 資源優勢：土地可開發空間較大

　　北京丰台區與核心區相比較，土地可開發空間較大，廣泛的城鄉結合部和低密度的人口集聚能夠為土地整理提供良好的可開發潛力，為北京丰台區文化產業發展提供充足的空間資源優勢。土地資源是北京丰台區的一大優勢，北京丰台區的區位優勢和後發優勢都與土地資源密切相關，只有實現土地供應才能真正體現出優勢。根據北京市統計年鑒（2012）顯示（土地面積和利用狀況數據沒有更新，仍使用的是 2008 年的數據），如表 5-1、圖 5-11 所示，北京丰台區土地面積為 305.80 平方千米，農業用地為 78.75 平方千米，建築用地為 203.26 平方千米，未利用地為 23.80 平方千米，核心功能區的東城區和西城區已無未利用地，在屬於城市拓展功能區的朝陽、丰臺、海淀、石景山四區，從未利用土地面積比較，北京丰台區排在第一位。

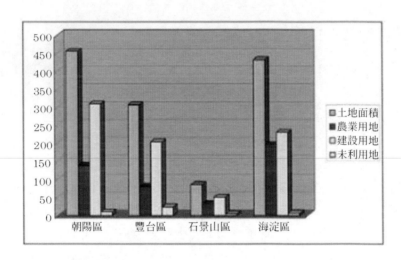

圖 5-11 北京城市功能拓展區土地面積比較

地 區	土地				
	面積	農業		建設用地	未利用地
		用地	耕地		
全　市	16410.54	10959.81	2316.88	3377.15	2073.58
東城區	25.34			25.34	
西城區	31.62			31.62	
崇文區	16.52			16.52	
宣武區	18.91			18.91	
朝陽區	455.08	137.25	47.26	308.93	8.89
豐台區	305.80	78.75	31.61	203.26	23.80
石景山區	84.32	31.79	2.14	49.44	3.10
海淀區	430.73	194.89	26.90	229.24	6.60
門頭溝區	1450.70	1091.28	18.17	95.35	264.07
房山區	1989.54	1159.06	282.78	350.55	479.94
通州區	906.28	561.87	350.35	309.02	35.39
順義區	1019.89	603.97	310.31	328.24	87.69
昌平區	1343.54	921.67	117.76	365.20	56.68
大興區	1036.32	667.75	381.17	311.94	56.63
懷柔區	2122.62	1568.02	97.51	133.37	421.23
平谷區	950.13	713.84	123.67	126.98	109.31
密雲縣	2229.45	1540.66	229.33	329.52	359.27
延慶縣	1993.75	1689.03	297.92	143.73	160.99

表 5-1 土地面積及利用狀況（2008 年）單位：平方千米

　　根據 2009 年 12 月 24 日在《丰臺政協》上發布的《北京丰台區土地資源現狀及利用情況的調研報告》顯示，北京丰台區總面積 305.65 平方千米，河東地區（三鄉一地區）面積 180.28 平方千米，河西地區（兩鎮）面積 125.37 平方千米。按土地使用性質分為，農用地 8459 公頃，占全區總面積的 27.68%。建設用地 21161 公頃，占全區總面積的 69.23%。未利用地（農用地和建設用地以外的土地，包括荒草地、沼澤地、裸巖、河流、湖泊等）945 公頃，占全區總面積的 3.09%。在目前北京丰台區的建設用地中，城市用地相對比較少、城市用地與農村居民點用地、獨立工礦用地的比值為 24：20：56。河西地區 50 多平方千米的淺山、丘陵區，為發展園藝花卉、文化旅遊、設計服務等文化產業提供了土地開發基礎和拓展空間。由於城市轉型與產業結構調整，傳統產業進行了搬遷和轉型，大量的閒置工業廠房為北京丰台區發展文化創意產業提供了原生態的空間和資源基礎，如二七機車廠、二七車輛廠、二七通信工廠、北方車輛製造廠、北方車輛研究所等單位的大

量閒置工業廠房，為工業遺存博物館、創意工坊等文化創意產業項目提供了優質的物理空間。[1] 對這些閒置工業廠房進行改造和再利用，為北京丰台區文化產業發展和文化品牌打造提供了前提條件。

具有相對充足的土地開發資源和空間優勢，為北京丰台區文化產業發揮後發優勢提供了基礎。抓住機遇，揚長避短，高起點規劃，高水準布局，減少成本和代價，變競爭壓力為發展動力，為推動丰臺文化品牌提升和文化產業突破提供了可能性和潛力。

5.1.3 生態優勢：森林公園較多

北京丰台區擁有大量的森林公園，具有良好的生態發展優勢，是建設綠色北京、宜居城市、先進文化之都的重要區域。根據北京區縣統計年鑑顯示，2011 年北京丰台區森林覆蓋率為 39.0%，空氣質量二級及好於二級的天數為 263 天。北京丰台區生態資源多，空氣質量較好，擁有永定河、涼水河、曉月湖、宛平湖、青龍湖等河流湖泊和南宮、北宮、鷹山、千靈山、世界公園、世界花卉大觀園等 80 多處景區，為水岸文化產業帶和生態休閒文化旅遊提供了生態基礎。城區、平原、山區三道綠色生態屏障不斷完善，建成綠地、林地共 2027 公頃。為迎接 2013 年第九屆中國國際園林博覽會和 2014 年世界種子大會，園博園的開發和建設增加了丰臺的生態資源和文化旅遊資源。以北宮森林公園、千靈山、鷹山公園、青龍湖旅遊度假區為主要代表的園博園生態休閒旅遊區為北京丰台區文化產業發展提供了重要的發展基礎和資源優勢。

2014 年 3 月，北京丰台區長辛店生態城獲得了住房和城鄉建設部批復，成為了北京市首批綠色生態示范區。長辛店生態城位於永定河西岸，由園博園、中關村丰臺園西區、長辛店北部生態居住區構成，規劃總面積為 5 平方千米。作為北京丰台區生態文明建設的最新實踐，長辛店生態城遵循生態學原理和生態經濟規律，以生態環境建設和社會經濟發展為核心，突出民生福祉，注重生態環境、生態產業、生態文化和生態家園的有機融合，著力培育天藍、水清、地綠、景美的生態景觀，培育更多的經濟高效、環境和諧、社會適用的生態產業，引導整體、協同、開放的生態文明，建設人與自然和諧

共處的殷實、健康和文明向上的生態社區，努力將自然之美與人文之美相結合、產業園區與商務氛圍相結合、科技創新與低碳生活相結合、區域提升與輻射帶動相結合，從而實現區域經濟效益、社會效益、生態效益的可持續發展和高度統一。[2] 北京丰台區文化產業的發展應該立足和保護這些生態資源，打造生態文化品牌，大力發展生態的文化產業，促進北京丰台區低碳轉型與低碳發展，大力推進生態文明建設，在整個北京市形成綠色示范效應，率先構建首善之區。

5.1.4 文化優勢：文化元素豐富和文化底蘊深厚

北京丰台區有深厚的文化資源優勢，擁有漢唐以來的歷史文物遺存 400 餘處，其中盧溝橋、宛平城、蓮花池、金中都遺址、大葆臺西漢墓、長辛店古鎮等文化元素豐富，文化底蘊深厚。北京丰台區具有深厚的文化積澱，包括 3000 多年的蓮花池，800 多年的盧溝橋，700 多年花卉栽培史，300 多年的宛平城，進一步發展文化產業的潛力巨大。在北京紅色文化資源中，除了天安門的影響力之外，盧溝橋紅色文化影響力應該處其次。北京丰台區「七七事變」戰場遺址、盧溝橋、宛平城等多處紅色戰爭遺跡保存較為完整。盧溝橋中國人民抗日戰爭紀念館、「二七」紀念館、長辛店留法勤工儉學舊址等紅色資源為北京丰台區打造紅色文化品牌提供了豐富的文化元素。

在丰臺花卉文化中，花鄉是北京最大的花卉生產基地，有近 700 年的養花歷史，擁有國家林業局授予的「中國花木之鄉」、「全國花卉生產示范基地」和「全國重點花卉市場」等稱號。花鄉世界花卉大觀園、世界公園等以其優越的地理位置、獨特的都市鄉村景觀和便利的交通環境，吸引著各地遊客觀光、旅遊、項目洽談。

北京丰台區戲曲文化資源豐富，中國戲曲學院、中國評劇院、北京京劇院等專業院團坐落其中。北京丰台區民俗文化豐富多彩，如王佐的太平鼓、高蹺，花鄉的少林旱船，南苑的花跋挎鼓、雙石老會，盧溝橋、長辛店的舞龍、剪紙，為文化旅遊業發展提供了優質文化元素。北京丰台區駐有八一電影製片廠、八一軍體大隊、解放軍裝甲兵工程學院等多家軍事單位，為開展軍事主題的旅遊觀光、影視製作、文化娛樂等產業提供了獨特條件。

近年來，丰臺全區文化事業和文化產業得到快速發展，全區共建成文化廣場 23 個，社區文化室覆蓋率達到 99.3%，農村文化大院覆蓋率達到 100%。共有各類文化團體 973 支，文藝核心約 3 萬人，每年演出 3000 多場，全年各類活動累計受眾人數達百萬人次。2009 年，北京丰台區共有規模以上文化創意產業企業 333 家，總資產 310 億元，同比增長 31.48%；從業人員約 3 萬人，增加 3600 餘人。2006—2010 年，北京丰台區文化創意產業實現增加值占全區地區生產總值的比重從 7.6% 上升至 9.9%，年均增長 23.2%。以服裝設計展示為主要內容的大紅門時尚創意產業集聚區和以歷史文化為核心的盧溝橋文化創意產業集聚區獲批市級文化創意產業集聚區。北京「盧溝曉月」中秋文化節、北宮彩葉節、南宮溫泉養生節等活動初具品牌影響力。截止 2012 年，北京丰台區建立了包括 184 個項目在內的文化創意產業項目庫，在庫企業 12000 多家，湧現出依文集團、俏佳人傳媒、正邦設計、時代華語、華流風上等知名企業，引進央廣傳媒、新華 08 金融訊息平台、國家數位出版基地、南方文化創意產業園和南方投資大廈等多個大型文化創意產業項目，建成歡樂水魔方、汽車露營公園等多個重大文化創意產業項目。

基於以上分析，北京丰台區文化元素與資源的分類如表 5-2 所示：

表 5-2 北京丰台區文化元素與資源分類

文化元素與資源	核心元素與社會影響	文化產業或景區	文化品牌
盧溝橋、曉月島、曉月湖、岱王廟等。盧溝橋中秋廟會、盧溝曉月中秋晚會、豐台中秋文化旅遊節等	盧溝曉月、盧溝橋中秋廟會、盧溝橋曉月中秋晚會等已經形成品牌，政府重視，社會影響大	盧溝橋文化創意產業聚集區	中秋文化
盧溝橋、宛平城、抗戰紀念館（3A）、抗戰雕塑園（3A）、長辛店留法勤工儉學舊址、二七烈士墓、二七紀念館、二七機車廠	盧溝橋和宛平城為第一批中國重點文物保護單位。盧溝橋與宛平城、中國人民抗日戰爭紀念館是北京市命名的第一批紅色旅遊景區。七七事變和「二七」大罷工歷史事件的社會影響大。抗日戰爭紀念館為全中國唯一全面反映中國人民抗日戰爭歷史的大型綜合性專題紀念館，愛國主義教育基地。	盧溝橋文化創意產業聚集區、長辛店街道	紅色文化
中國戲曲學院、北京京劇院、中國評劇院、北京戲曲職業技術學院、長虹京劇團等	展現中國傳統戲曲文化最為集中的區域之一。每年主辦戲曲文化節活動。	中國戲曲學院、北京京劇院、中國評劇院等	戲曲文化
花鄉 700 多年花卉栽培史、花神娘娘廟、世界花卉大觀園、世界公園、蓮花池公園、園博園等	花鄉是北京最大的花卉生產基地，擁有中國林業局授予的「中國花木之鄉」、「全中國花卉生產示範基地」和「全中國重點花卉市場」等稱號。花鄉 700 多年的花卉栽培史，擁有花神、娘娘廟等潛在可開發資源。	世界花卉大觀園、世界公園、蓮花池公園、園博園等	花卉文化

文化元素與資源	核心元素與社會影響	文化產業或景區	文化品牌
大紅門時尚創意文化聚集區、大紅門服裝商貿城、天雅、京溫、新世紀等31家大型專業市場、莊子製衣、鑫港製衣、方仕製衣、威銘製衣、鑫福海、依文等服裝企業	大紅門時尚創意產業聚集區為北京市級文化產業聚集區。北京地區服裝特色商業圈和新興商業中心，是中國長江以北地區最大的服裝紡織品批發集散地。	大紅門時尚創意文化聚集區	服裝時尚文化
北京汽車博物館、汽車露營公園、汽車文化消費節、科技體育節、豐台區體育中心、科技體育館等	北京汽車博物館是大型國有公益專題性博物館，是目前中國規模最大、館藏最豐富、科技含量最高、展示手段最先進的汽車專題博物館。露營公園是目前北京市最大量體、也是距離中心市區最近的汽車公園。	北京汽車博物館、汽車露營公園等	汽車文化

5.1.5 市場優勢：全國性文化消費需求

從國際經驗看，一個國家、地區人均 GDP 達到 3000 美元時，居民文化消費支出在個人消費支出中應占 20% 以上的比重。隨著都市人口消費結構的優化升級，旅遊等文化性消費成為中國老百姓新的占重要地位的消費形態。2013 年 11 月 9 日，中國人民大學和文化部文化產業司聯合主辦「文化中國：中國文化產業指數發布會」，向社會發布了「中國文化消費指數」（2013）。中國文化消費指數不但描繪了中國各省市的文化消費版圖，還從總體情況、城鄉差異、區域差異、消費結構、消費偏好和影響因素等方面系統勾勒了中國文化消費的現狀。從總體情況來看，當前中國居民文化消費水平整體偏低，近一半受訪者的年文化消費支出低於 2000 元，文化消費支出占可支配收入的比重低於 12%。據調研數據測算，中國文化消費潛在規模為 47026.1 億元，占居民消費總支出 30.0%，而當前實際文化消費規模為 10388.0 億元，僅占居民消費總支出 6.6%，存在 36638.1 億元的文化消費缺口。潛在文化需求未得到有效滿足，中國文化消費存在著巨大的市場空間。[3] 如表 5-12 所示，2013 年文化消費綜合指數來看，上海最高達到 86.0，其次是北京 84.5，再次是天津和廣東，分別達到 80.5 和 80.3。

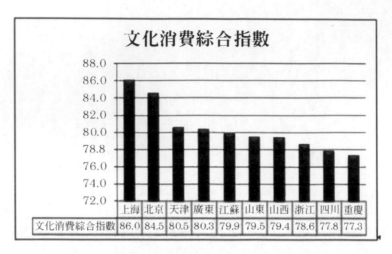

圖 5-12 文化消費綜合指數

從文化消費環境分指數看，如圖 5-13 所示，排在前三位的分別是北京、上海、浙江，分別達到 93.7，85.6，74.8，可見北京的文化消費環境最好。

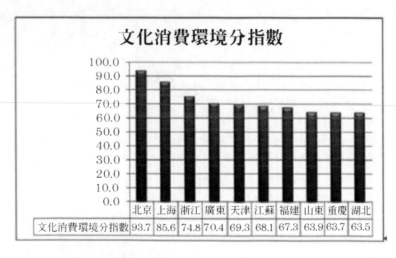

圖 5-13 文化消費環境分指數

從文化消費意願來看，排在前三位的分別是重慶、福建、湖南，分別為 80.2，80.1，78.3。如圖 5-14 所示。

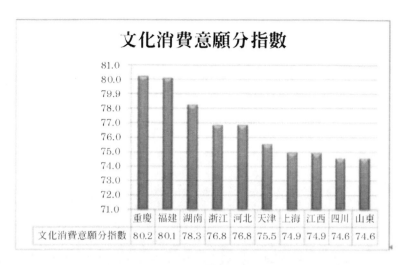

圖 5-14 文化消資意願分指數

　　從文化消費能力看，排在前三位的分別是上海、江蘇、北京，分別達到
99.3，85.4，82.2。如表 5-15 所示。

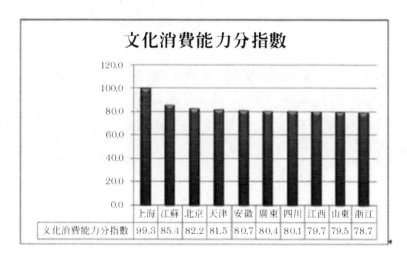

圖 5-15 文化消費能力分指數

　　從文化消費水平分指數看，如圖 5-16 所示，排在前三位的分別是廣東、
山東、四川，分別達到 93.2，90.5，85.6；北京排在第四位，為 84.6。

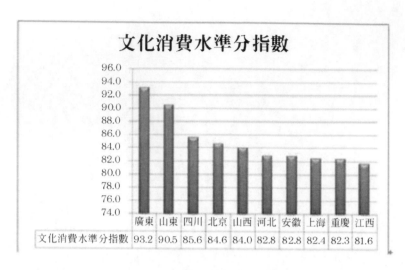

圖 5-16 文化消費水平分指數

　　從以上中國人民大學研究發布的「中國文化消費指數」（2013）可以看出，北京的文化消費環境、文化消費能力、文化消費水平及文化消費總指數均位於全國前列，這充分說明北京具有良好的文化消費市場和文化消費發展空間。

　　現在，北京作為國家首都全國文化中心和國際活動中心，是一個巨大的文化消費市場。位於北京三四環、城市功能拓展、文化資源豐富、交通便利的北京豐台區發展文化產業，全國性的文化消費需求為北京豐台區文化產業發展提供了廣闊的消費市場。

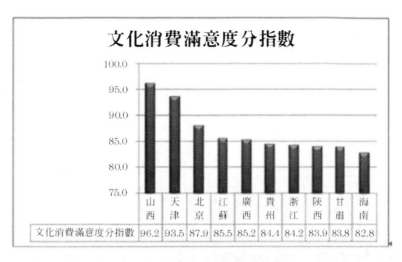

	山西	天津	北京	江蘇	廣西	貴州	浙江	陝西	甘肅	海南
文化消費滿意度分指數	96.2	93.5	87.9	85.5	85.2	84.4	84.2	83.9	83.8	82.8

圖 5-17 文化消費滿意度分指數

如圖 5-17 所示，從文化消費滿意度分指數看，山西、天津、北京等省市最高，分別達到 96.2，93.5，87.9；海南省則最低，僅為 82.8。

從國內外產品消費偏好看，在電影、動漫、遊戲、演藝四類文化產品中，中國居民更喜歡國外電影和動漫產品，且喜歡國外電影和動漫的人數比例比喜歡中國同類產品的高出 10%；而中國遊戲、演藝產品比國外的更受歡迎，特別是演藝產品，喜歡中國演藝產品的人數遠高於喜歡國外同類產品的人數，超出比例接近 20%。

中國人民大學牛維麟教授指出，在消費對經濟增長貢獻率持續增長、經濟增長從依靠出口和投資為主向依靠消費為主的內生式增長轉型的趨勢下，中國人民大學文化產業研究院發布「中國文化消費指數」，旨在搭建一套測度文化消費發展水平的評價體系，為各級政府出臺促進文化消費的政策、更有針對性地制定文化產業發展規劃、更好地促進經濟社會可持續發展提供支撐。此次對外發布的「中國文化消費指數」將成為繼「中國宏觀經濟預測」、「中國發展指數」、「中國創新指數」、「中國省市文化產業發展指數」等指數之後中國人民大學發布的又一大指數，充分體現了中國人民大學「立學為民、治學報國」的辦學宗旨。

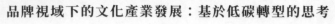
「中國文化消費指數」以社會心理學的「消費行為模式理論」、市場行銷學的「行銷刺激與消費者反應」理論、消費者行為學的「消費者購買意願與消費能力理論」、「消費者滿意度理論」為理論基礎，以專項調查數據為支撐，從文化消費環境、文化消費意願、文化消費能力、文化消費水平、文化消費滿意度五個方面全面測度中國文化消費水平。指數體系的構建借鑑了國際的成功經驗，結合了中國文化消費的實際情況，突出了全面性和可比性，是目前中國首個反映全國總況和省市情況的文化消費指數。通過參考以上「中國文化消費指數」（2013）的研究成果，可以發現北京作為首都擁有全國範圍的文化消費需求的良好機遇和優勢。

5.2 發展劣勢（Weakness）

課題組對「您認為丰臺發展文化品牌與文化產業存在哪些劣勢」的問卷調查顯示，如圖 5-18 所示。認為「品牌太多，缺乏主導性的文化品牌，國際影響力不夠」的有 1297 人，占總人數的 65.51%；認為「沒有在全國或國際上具有影響力的龍頭企業或產業」的有 1311 人，占總人數的 66.21%；認為「有文化資源，但缺乏創意，沒有形成真正意義上產業集群」的有 1594 人，占總人數的 80.51%；認為「文化創意產業人才缺乏，高端人才引進政策缺失」的有 1587 人，占總人數的 80.15%；認為「體制障礙，存在多頭管理等問題」的有 938 人，占總人數的 47.37%；認為「與朝陽、石景山等區縣比較，缺乏文化產業專項資金」的有 890 人，占總人數的 44.95%；認為「缺乏文化產業發展氛圍和環境」的有 977 人，占總人數的 49.34%；認為「企業之間缺乏溝通互動平台」的有 1009 人，占總人數的 50.96%；認為「配套設施不完善，相關服務缺乏」的有 1194 人，占總人數的 60.30%。基於以上問題的問卷調查，可以看出，沒有在全國或國際上具有影響力的龍頭企業或產業、沒有形成真正意義上的文化產業集群、文化創意產業人才缺乏等問題是最主要的問題。

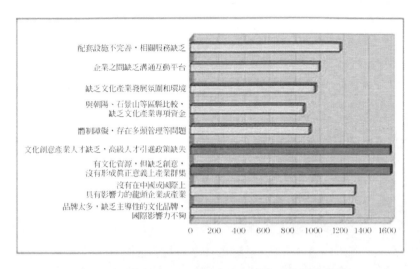

圖 5-18 丰臺發展文化品牌與文化產業劣勢問卷統計

5.2.1 缺乏主導性的文化品牌，國際影響力不夠，品牌貢獻率較低

　　北京丰台區具有紅色文化、中秋文化、花卉文化、服裝時尚文化、戲曲文化、汽車文化等六大品牌，這些品牌的提出契合北京丰台區自身的文化資源優勢和產業基礎，但是品牌太多，能夠彰顯丰臺特色和產業實際的主導性品牌沒有真正形成。這六大品牌具有一定的產業基礎，但在國家層面和國際層面的影響力不夠。有品牌，但實力不強，規模不大，市場化程度不高，缺乏對國內外資源的影響力和控制力，沒有形成自主的具有國際地位的文化品牌。依靠傳統的歷史文化資源為老本，市場開拓不夠，文化品牌的創新意識不強，在中國、國際上響當當的品牌幾乎沒有。北京丰台區文化產業缺少具有自主知識產權、文化附加值高、牽動力強、輻射力廣的原創性產品，資源挖掘不夠，資源整合和企業國際品牌建設滯後，缺少具有國際影響力的知名品牌，品牌貢獻率較低。

　　面對新一輪城市或區域競爭，北京丰台區的城市品牌意識還不夠強。在城市文化品牌打造、城市形象塑造和城市文化展示等方面還沒有形成合力，投入力度也不夠大；與中國知名城市或區域相比，因缺乏主導性的文化品牌，

宣傳不夠，影響力不夠，北京豐台區文化品牌的知名度、美譽度還不夠高；國內外對北京豐台區的了解不夠，甚至於對盧溝橋的認知度要遠高於對北京豐台區的認知度，與北京豐台區城市地位和城市品質還不相稱。此外，課題組調研發現，區域內缺乏對「北京豐台區」代表性建築和大型北京豐台區文化品牌宣傳代表。

5.2.2 缺乏龍頭企業，沒有形成真正意義上的文化產業集群

北京豐台區在區委、區政府的高度重視下，文化產業從無到有，從弱到強，推動和發展了一批文化產業項目，文化企業發展勢頭良好。但從國家和國際層面看，北京豐台區的文化企業和文化產業影響力、控制力和領導力還不夠強大，沒有形成在中國乃至國際上有影響力的龍頭企業，也沒有形成真正意義上的文化產業集群和集群規模效應。由於文化產業從自主發展的角度來說，產業水平是相當粗放和原始的，不僅沒有反映出文化產業強大的創意和想像力，體現「內容為王」的特點，而且文化產業的附加值很低，文化企業靠內容、創意發展的能力低，產業鏈經營能力十分薄弱，眾多中小文化企業的扎堆和產業品牌競爭力提升還沒有形成。北京豐台區文化企業分布較為分散，整體結構欠佳，缺少核心文化產業集群，集群化、融合化、品牌化程度不高。文化創意產業項目多為獨立作戰，聯動性不足，難以形成產業鏈，文化附加值偏低，集聚效應較弱，核心競爭力不足，文化輻射力需進一步提升。

課題組對北京豐台區六大文化品牌和文化產業的調研發現，如北京汽車博物館、汽車露宿公園等作為北京豐台區的公共文化服務設施，可以說是比較完善和超前的，文化設施比較發達，但作為以較多汽車企業扎堆、汽車文化產業鏈構建為特徵的汽車文化產業卻還相差甚遠。北京豐台區擁有較多的汽車相關聯的企業和組織，這些汽車企業、公司和組織機構並沒有形成體現汽車文化價值鏈的集群效應，所以也難以形成真正意義上的汽車文化品牌。

又如北京市批准建設大紅門服裝服飾文化創意產業集聚區。大紅門服裝商業形成於 20 世紀 80 年代。經過 30 多年的發展，大紅門服裝商貿區實現了從大棚經濟到現代化市場的跨越，發展成為北京服裝流通領域的重要交易

市場，成為依托華北、面向全國、輻射亞歐的服裝輕紡產品集散地。商貿區現有服裝、紡織交易市場 39 家，營業面積 100 餘萬平方米，商戶從業人員超過 10 萬人，年交易額占全北京市紡織品、服裝、鞋帽市場年交易額的半數以上。大紅門服裝城，主要是服裝銷售市場，服裝時尚文化創意不夠，相關文化企業不多，服裝時尚創意產業鏈沒有真正形成和建立。

再如盧溝橋文化景區，主要是作為紅色文化、中秋文化旅遊基地，文化元素豐富，文化資源底蘊深厚。但文化景區或文化主體主要屬於政府部門的事業單位和政府投資的國有企業，還不能算作具有真正市場意義的一般性的文化企業，而且文化創意不夠，動力不足，缺乏發展空間，產業集聚效應受約體制限制和空間限制，難以真正形成紅色文化產業和中秋文化產業，文化品牌提升空間也就受到極大的限制。

根據國際經驗，國家或區域文化產業競爭力主要表現為若干文化企業集團的競爭力，大的文化企業集團以雄厚的資本、技術和人才實力參與國際和中國市場競爭，具有較強的競爭能力。現在世界上最大的文化產業集團當中，都是通過幾十次、上百次兼並發展起來的，先通過專業化、品牌化經營，做大做強，達到一定規模後，特別是融資渠道暢通後，進行收購兼並，最後形成規模化，這是做大做強文化產業的基本規律。文化品牌依托這些文化產業集團不斷提升，文化品牌的國際影響力、領導力也得到持續發展。北京豐台區文化資源豐富，但文化產業起步晚，文化企業雖然有一定數量，但仍處於行業、區域資源與市場分割的狀態，沒有成為自主經營、自負盈虧、自擔風險、自主創新的市場主體。大量低水平、重複的文化產品充斥文化市場，能承擔龍頭地位的大型文化企業較少，規模偏小，產業集約化程度低，生產要素配置過於分散，資金不足，專業化水平不高，市場運作能力較差，自我發展能力薄弱，缺乏足夠的市場競爭力。

5.2.3 存在體制障礙和多頭管理困境，缺乏更好的文化產業發展氛圍和環境

北京豐台區文化產業發展存在體制性障礙，文化企事業單位存在產權不清、規模較小、市場經驗不豐富等問題，部分文化景區存在多頭管理困境，

缺乏更好的文化產業發展氛圍和環境。課題組通過對盧溝橋文化景區調研發現，盧溝橋文化景區涉及 5 家正處級單位，包括盧溝橋文化旅遊辦事處、宛平城地區辦事處（管理城鎮居民）、盧溝橋鄉政府（管理農民）、北京豐台區水務局（管理盧溝橋下水面）、北京豐台區園林綠化局（管理盧溝橋景區園林綠化），這些部門均可能對盧溝橋文化景區的管理產生影響，而多個部門的管理難以發揮文化景區的自我管理的主動權，許多項目的推進涉及很多部門利益，難以形成市場化的運作格局。文化景區和文化產業的多頭管理容易形成「多龍治水」局面，從而影響了文化產業自身的持續發展，對文化品牌的打造和提升也就形成很大的制度障礙。

課題組還對正邦設計、依文、俏佳人等企業集團進行調研發現，這些文化企業因為多方面的原因在豐臺落腳和駐地，普遍認為缺乏文化產業發展氛圍和環境，沒有形成文化產業發展的集群吸引力，基本都是單槍匹馬式發展，產業之間的關聯度不高，企業之間缺乏溝通互動平台，訊息難以形成共享，業務和功能上難以形成互補和雙贏效應，扎堆效應沒有顯現，在產業分布上沒有體現塊狀經濟或「專業鎮」的集群效應和文化氛圍，在整體上也難以形成具有豐臺文化特色的外部環境和發展氛圍，難以形成進一步吸引其他文化企業入駐的動力，文化品牌提升也就非常困難。

儘管戲曲文化在豐臺很有特色，也具有集群發展的潛力，但是戲曲文化主要是民間的文化愛好，需要進一步挖掘和提升戲曲文化產業價值和企業運作的市場潛力。目前北京豐台區戲曲文化企業不多，戲曲文化產業發展氛圍和環境還沒有形成，戲曲文化與其他產業的融合與互動效應沒有形成，因此，提升戲曲文化品牌和實現戲曲文化產業突破也存在許多的困難。

5.2.4 文化產業專項資金不足，配套設施不夠完善，專業人才缺失

從政府層面考察，文化產業專項基金作為種子基金，能成為吸引文化企業入駐，降低新進企業成本，發揮產業孵化培育的關鍵性作用，是促進文化企業扎根和打造文化產業品牌的重要動力。國內外許多城市在發展文化產業方面，建立了充足的文化產業專項基金，為文化企業提供了土地、稅收、用

地等多方面的優惠政策和資金投入，降低文化企業發展成本，營造了吸引更多文化企業進入的社會環境和發展氛圍。與北京丰台區毗鄰的朝陽區、石景山區等都建立了文化產業專項基金，投入很大，吸引力很強，對搶占文化市場資源提供了強大的競爭力。北京丰台區儘管建立文化產業專項基金，出臺《產業發展引導基金管理辦法》，規定每年將撥付 5000 萬元專項資金，對轄區文化創意產業、高新技術產業以及特色街區在新產品開發、技術改造以及科技成果轉化等方面進行扶持，其中文化創意企業類的扶持資金約占 50%。但與朝陽區比較，截止 2012 年，朝陽區 5 年來先後向 220 家文化創意產業重點企業投入了 6.5 億元，扶持文化創意產業的發展壯大。扶持重點項目的同時，北京朝陽區還通過出臺《朝陽區知識產權質押貸款貼息暫行辦法》，通過政策貼息等方式，先後共幫助 78 家中小企業獲得金融機構貸款 25.6 億元。該區還將與銀行和專業機構合作，設立「朝陽區文化創意產業發展投資基金」，以政府參股的方式幫助文創企業發展，參股資本預計將達 50 億元。與朝陽區比較，北京丰台區的文化產業扶持基金對文化企業發展的貢獻比較低，吸引力比較弱。

配套設施特別是相關政策扶持還不夠完善，難以吸引更多的文化企業和產業入駐和抱團發展。北京丰台區基礎設施建設速度近年不斷加快，但總體上仍然十分薄弱。轄區內道路設施尚未形成良好的旅遊交通網路，文化設施檔次偏低，大型的電影院、劇院、音樂廳等文化消費場所數量不多。從北京情況看，北京的小劇場快速發展，已達到 100 多家，而紐約、巴黎這樣的世界城市卻有 1000 多家小劇場，北京丰台區的小劇場更是不多。文化產業服務功能較弱，公共文化服務體系尚待完善。文化旅遊景區功能單一，吃、住、行、娛、購、游等沒有形成完善的服務體系，景區之間的擺渡和旅遊交通沒有形成互動，配套設施不足直接制約了北京丰台區文化旅遊產業的發展。

限於經濟實力和城市進程慢等制約，北京丰台區對高端人才的吸引力不強，文化創意產業的專業人才比較缺乏。與海淀區、朝陽區等城市功能拓展區比較，北京丰台區的高學歷、高級技術人才數量均處於落後地位。從整個北京市來看，北京的創意人才只占從業人員的 1‰，而紐約的創意人才占從業人員的 12%，倫敦是 14%，北京丰台區的文化創意人才占從業人員比重更

低。北京豐台區文化品牌提升和文化產業突破，需要有一支高素質的人才隊伍，但文化產業人才嚴重不足，文化產業的創新、科技、人才三個要素均沒有得到很好的整合與體現。一方面，缺乏文化產業高級管理創新人才：能夠從事文化產品開發和文化產業運作的人很少，較多企業家缺乏文化策略眼光，缺乏文化創新意識，缺乏將文化資源轉化為經濟優勢的風險意識。另一方面，缺乏文化產業高級經營人才：文化產業的發展需要一大批既懂經濟又懂文化的高素質經營者，尤其需要整合產業資本、金融資本和文化資源的企業家，需要文化產品和服務的策劃、包裝、行銷人才以及對文化產品的宣傳、廣告推廣等方面的人才。北京豐台區在市場上從事文化經營的人才素質較低，不擅長產業經營，缺乏適應訊息時代文化產業發展的技術人才。

5.2.5 傳統文化產業發展模式制約低碳轉型和文化品牌提升

文化產業總體上屬於低碳經濟範疇，具有節能減排、低碳轉型的重要特徵。但文化產業本身也有能源消耗和文化產品的生產與消費，文化服務過程中也有一定的資源能源消耗和碳排放，特別是傳統的高碳的、粗放型的文化發展模式和文化產業發展與低碳轉型的要求相差較遠。主要表現為以下幾個方面：

一是部分文化產業過分依賴有形文化資源，文化產業附加值較低，靠文化資源和文化產品的消費來實現經濟發展，文化產業的技術含量不高，質量和效益較差，有文化無技術，有文化無品牌。北京豐台區擁有豐富的自然歷史文化資源和大量的物質文化遺產，這些有形的文化資源往往成為豐臺發展文化產業的首選。但過分依賴有形文化資源，忽視管理創新和文化創意，造成不合理的開發和低水平建設，文化產業附加值較低，不利於文化產業的低碳發展。沒有很好地整合現有文化元素和文化資源，沒有形成低碳的、綠色的、生態的文化產業發展模式。

二是文化企業總體上規模普遍偏小，集約化程度不高，「軟、小、散、濫」問題比較突出，造成文化產業不低碳。從北京豐台區文化產業和文化企業發展的總體格局考察，文化企業知名度不高，缺乏自身的在國際上響噹噹的品牌，有的也是借助於歷史文化資源打造出來的，但文化產業內在活力不夠，

創新不夠，層次不夠，粗放式的發展模式不低碳，也不利於文化產業的品牌化發展與競爭力提升。有部分文化企業以製造業、代加工的思維從事文化產品的生產，把文化產業等同於文化產品的生產。如大紅門有許多服裝文化型企業，但主要是批發、代加工、銷售式的發展，沒有自己的品牌，創新不夠，技術較差，主要靠廉價、低成本來占領市場。許多文化企業的規模較小，大多數還處於「工作室」、「小作坊」式的生產方式階段，這種粗放型的發展模式不利於北京豐台區文化產業的低碳發展和品牌化發展。

三是靠拼資源消耗、同質化競爭、盲目擴張來實現文化產業的規模增長，制約了文化產業的低碳轉型。文化產業是滿足人民群眾精神層面需求的具有較高層次的產業類型，市場消費需求要求高，消費者比較挑剔。但有的文化企業靠自身的歷史文化資源、靠消耗傳統資源、同質化競爭和盲目擴張來實現規模增長，很難體現文化產業的低碳特點，文化產業發展的質量和效益不高，制約低碳轉型和低碳發展。

▌5.3 發展機遇（Opportunity）

課題組對「您認為豐臺發展文化品牌與文化產業具有哪些機遇」的問卷調查顯示，如圖 5-19 所示，認為「國家提出文化大發展大繁榮」機遇的有1267 人，占總人數的 63.99%，認為「北京建設世界城市」機遇的有 980 人，占總人數的 49.49%，認為「北京建設全國文化中心」機遇的有 1117 人，占總人數的 56.41%，認為「豐臺落實新城南行動計劃」機遇的有 1390 人，占總人數的 70.20%，認為「豐臺科學發展、文化崛起」機遇的有 1301 人，占總人數的 65.71%，認為「一軸兩帶四區」發展策略和永定河綠色生態發展帶」機遇的有 1499 人，占總人數的 75.71%。

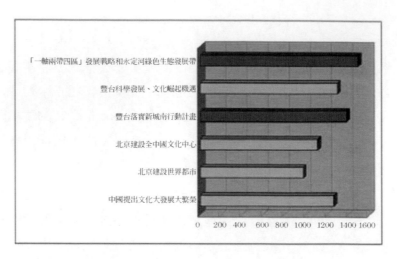

圖 5-19 丰臺發展文化品牌與文化產業發展機遇問卷統計

5.3.1 國家文化大發展大繁榮機遇

近年來，黨中央、國務院高度重視文化建設，明確提出文化大發展大繁榮，大力發展文化產業。黨的十七大明確提出在新世紀新階段對文化發展的新思路和新部署。2009 年，國務院正式頒布《文化產業振興規劃》，代表著文化產業上升為國家策略產業。該規劃明確指出，振興文化產業，必須堅持把社會效益放在首位，努力實現社會效益與經濟效益的統一；堅持以體制改革和科技進步為動力，增強文化產業發展活力，提升文化創新能力；堅持推動中華民族文化發展與吸收世界優秀文化相結合，走中國特色文化產業發展道路；堅持以結構調整為主線，加快推進重大工程項目，擴大產業規模，增強文化產業整體實力和競爭力。為此，要做好八項重點工作：一是加快發展文化創意、影視製作、出版發行、印刷複製、廣告、演藝娛樂、文化會展、數位內容和動漫等重點文化產業。二是充分調動社會各方面力量，加快推進具有重大示範效應和產業拉動作用的重大項目。三是推動跨地區、跨行業聯合或重組，培育核心文化企業。四是統籌規劃，加快建設一批產業示範基地，發展具有地域和民族特色的文化產業群。五是不斷適應城鄉居民消費結構新變化和審美新需求，創新文化產品和服務，擴大文化消費。六是發展文藝演出院線，推進有線電視網路、電影院線、數位電影院線和出版物發行的跨地

區整合，繁榮城鄉文化市場。七是積極發展移動多媒體廣播電視、網路廣播影視、手機廣播電視等新興文化業態，推動文化產業升級。八是落實鼓勵和支持文化產品與服務出口的政策，擴大對外文化貿易。

2010 年 10 月，中共中央提出要進一步推進文化產業發展，實現文化大發展、大繁榮。中國共產黨第十七屆中央委員會第五次全體會議通過《中共中央關於制定國民經濟和社會發展第十二個五年規劃的建議》，正式提出「推動文化產業成為國民經濟支柱性產業」。

2011 年 10 月 18 日，中國共產黨第十七屆中央委員會第六次全體會議通過了《中共中央關於深化文化體制改革、推動社會主義文化大發展大繁榮若干重大問題的決定》，提出要「發掘城市文化資源，發展特色文化產業，建設特色文化城市」。

2012 年 7 月 23 日，胡錦濤同志在中共中央黨校省部級主要領導干部研討班上再次強調，建設社會主義文化強國，是我們黨把握時代和形勢發展變化、積極回應各族人民精神文化需求作出的重大策略決策。與此同時，相關部門也出臺了一系列相關政策和意見，如九部委《關於金融支持文化產業振興和發展繁榮的指導意見》。2012 年 11 月 8 日，文化產業作為國民經濟支柱性產業被正式列入十八大報告，文化創意產業這一軟實力產業和裝備製造等諸多實體產業一樣，成為國家經濟發展格局中的重要一軸。

2012 年，《國家「十二五」時期文化改革發展規劃綱要》、《文化部「十二五」時期文化產業倍增計劃》、《關於加快出版傳媒集團改革發展的指導意見》、《文化部「十二五」時期文化改革發展規劃》、《文化部「十二五」文化科技發展規劃》、《國家文化科技創新工程綱要》、《中國雜技藝術振興規劃》、《文化部關於鼓勵和引導民間資本進入文化領域的實施意見》等諸多文化創意產業政策密集出臺，使文化創意產業有了發展的源動力。

根據市場經濟體制動作規律，發揮市場機制在文化企業發展中的重要作用，國家加強國有經營性文化單位的轉企改制工作。2012 年，作為文化體制改革「硬骨頭」的國有經營性文化單位轉企改革取得突破。截止到 2012 年底，全國承擔改革任務的 580 多家出版社、3000 多家新華書店、850 家電影製作

發行放映單位、57 家廣電系統所屬電視劇製作機構、38 家黨報黨刊發行單位等已全部完成轉企改制；各省（區、市）已基本完成有線電視網路整合。全國共注銷經營性文化事業單位法人 6900 多家、核銷事業編制 29 萬多個。通過文化體制改革，使得具有中國特色的、充滿活力、市場主導的文化產業生產經營機制粗具雛形，為中國文化創意產業持續發展打下基礎。

伴隨文化體制改革，各地加強文化產業園區建設。2012 年 9 月，文化部頒布了第四批 2 家國家級文化產業示范園區、4 家國家級文化產業試驗園區、69 家國家文化產業示范基地名單，至此，由文化部批准的各類園區、基地個數達到 284 家。同時，再加上新聞出版總署批准的數位出版、動漫基地等 27 家、國家版權局批准的版權示范、貿易基地等 14 家、國家廣電總局批准的動畫等基地 37 家，國家工商總局批准的廣告產業園區 9 家和各地政府建設的文化產業園區，文化產業園區總數達到 7500 家左右，文化產業園區建設在全國呈燎原之勢，已成為中國各地文化創意產業發展的主要載體。

金融資本與文化產業對接發展迅速。2012 年文化企業上市融資高潮持續，截至 2012 年 10 月底，文化企業上市數量已達到 18 家，遠高於 2011 年全年的 10 家。其中人民網在上交所成功上市，成為中國第一家在 A 股上市的新聞網站。新華網、華聲在線、央視網等 50 家中央、地方新聞網站也加入了改制上市大潮。股權投資基金持續給力文化產業，僅 2012 上半年就共設立了 15 支文化產業基金，18 項藝術品信托計劃，下半年設立的中誠騰龍旅遊文化產業投資基金、西部文化旅遊產業基金和西安曲江影視投資基金的基金目標總規模更是高達 202 億元。銀行業信貸資金殺入文化產業熱情不減，截至 2012 年 6 月，中國文化產業本外幣貸款餘額已經達到 980 億元，全年有望突破千億元。其中作為中國最早涉足文化創意產業的金融機構，北京銀行率先將文化創意產業列為最優先支持項目，截至 11 月末，累計審批通過「創意貸」近 500 億元、3000 筆，占北京市場份額達到 50%。[4]

文化與科技融合成為文化產業發展的主角。2012 年 5 月，科技部等五部門聯合發布了首批包括北京中關村國家自主創新示范區、上海張江高科技園區在內的 16 家國家級文化和科技融合示范基地。8 月，《國家文化科技創

新工程綱要》的頒布意味著國家文化科技創新工程的正式啟動。目前，文化科技融合產生的動漫、網路文化、雲報紙等新興經濟業態已經成為北京、上海等東部沿海地區推動文化產業升級換代的重要途徑；陝西、河南等中西部欠發達地區充分利用文化科技融合，拓展傳統文化產業的價值空間，使傳統文化業態數位化、高科技化，以期把文化資源優勢變為產業優勢，實現從文化資源大省向文化強省轉變。同時文化科技融合產生的微博、微信、LBS、IPTV、手機電視等新產品正在改變人民的消費習慣，使得文化產品潛在消費成為可能，大大滿足了人們的精神文化需求。

文化企業「走出去」步伐進一步加大，對外文化貿易額大幅提高。2012年，萬達集團以 26 億美元收購美國第二大院線 AMC 影院公司，躍升為國際第一大院線，佔有全球近 10% 的市場份額，成為中國文化企業「走出去」的里程碑。水晶石作為數位圖像服務供應商在倫敦奧運會上大放異彩，完美世界市場已拓展到全世界 100 多個國家，中國文化企業「走出去」步伐進一步加大。2012 年，中國對外文化貿易將保持 20% 的年增長率，對外貿易額預計達到 17.4 億美元。[5] 當前正是國家推動文化大發展大繁榮的難得機遇期，文化產業成為國家和地方經濟發展的新增長點，北京丰台區牢牢把握社會主義文化建設大發展大繁榮的重要機遇，是實現丰臺文化品牌提升和文化產業突破的重要保障。

5.3.2 北京建設世界城市和全國文化中心的重要機遇

在國家大力扶持文化產業的背景下，北京市進一步強化了對文化創意產業的支持力度，北京建設中國特色世界城市和全國文化中心，核心是加強文化建設和文化產業發展。北京有著 3000 多年建城史的文化底蘊，提出建設世界城市目標，有著文化之都、品牌之都的深刻內涵。

北京建設全國文化中心，在文化大發展大繁榮的全國格局中，提出實施思想道德引領策略，實施文化創新、科技創新「雙輪驅動」策略，在文化領域推動實施九大工程，打造中國特色社會主義先進文化之都，建設具有世界影響力的文化中心城市。北京擁有雄厚的經濟、技術基礎和廣闊的消費市場，文化產業的發展起步早、發展快，文化產業增加值已占同期 GDP 比重的 5%

以上，文化產業已成為北京的支柱性產業。2003 年北京被列入文化體制改革試點，主要任務是發展文化企業，培育文化市場，成立了市文化創意產業領導小組，建立委辦局協同作用、市區協調推進的工作機制。「十一五」時期，北京市文化創意產業占 GDP 的比重從 9.7% 提高到 12%。目前，北京市文化創意企業數量超過 30 萬家，30 個市級文化創意產業集聚區，形成了產業集聚態勢。[6]

北京市作為全國文化中心，文化元素豐富，擁有優勢文化資源，文化產業具有堅實的基礎。早在 2005 年明確提出文化創意產業作為首都經濟未來發展的重要支柱。北京制定了一系列文化產業促進政策，採用專項資金的形式重點扶持文化創意產業，並成立了北京市文化創意產業促進中心。文化創意產業將成為北京建設世界城市和實現經濟社會持續發展的重要增長點。北京市提出建設全國的文藝演出中心、出版發行和版權貿易中心、影視節目製作和交易中心、動漫和互聯網遊戲研發製作中心、文化會展中心和古玩藝術品交易中心等，將文化產業打造為首都經濟的支柱產業。為實現這一目標，北京市先後成立了文化創意產業領導小組，設立了文化創意產業發展專項基金，一批文化創意產業聚集區正在形成。北京文化創意產業規模呈現加速發展的態勢，逐步成為北京經濟發展的重要支柱，成為最活躍、最具增長潛質的產業。[7]

2010 年 10 月，北京市委常委會提出要通過加快發展文化創意產業、舉辦文化會展等國際性活動，進一步鞏固和強化北京的全國文化中心地位，提升北京文化的國際影響力和競爭力，積極推動文化與科技、旅遊、體育等產業的融合發展，加強優秀文化創意人才的引進和培養。這為北京文化產業發展指明了方向，提供了政策支持。

2010 年 12 月，北京市委常委會通過了《北京市國民經濟和社會發展「十二五」規劃建議》，進一步明確了大力發展文化創意產業的總體思路。「十二五」期間，北京市將推動重大文化產業項目的建設，重點打造綜合收入超千億的文化創意產業集聚區，打造跨行業、銷售收入百億元的文化創意企業，增強有中國氣派的自主文化品牌在國際上的競爭力和影響力。北京建

設世界城市和全國文化中心，加快產業結構優化升級，大力發展文化創意產業，為北京丰台區加快文化品牌提升和文化產業突破提供了良好的發展機遇。

2012 年 6 月 18 日，成立了國有文化資產監督管理辦公室。主要工作職責為文化建設和文化產業發展建章立制，理順國有文化資產監管體制機制，履行政府出資人監管職能，確保國有文化資產保值增值，推進所監管文化企事業單位改革重組，建立現代企業制度，打造「文化航母」等。該機構的成立有利於整合北京各類文化資源，促進文化資本保值增值，為提升北京文化產業質量與效益服務。

5.3.3 北京丰台區落實新城南行動計劃和文化崛起的重要機遇

北京市啟動促進城市南部地區加快發展行動計劃，2010—2012 年總投資額達 2900 億元。而新城南行動計劃將進一步加大投入力度，加快城市南部地區基礎設施建設，包括建設一批重大交通設施、一批環境精品工程和能源項目建設，為加快城市南部地區文化產業發展提供強有力的支撐條件。在產業發展上，該地區以吸引高端要素聚集和創新發展業態為目標，大力提升和培育重點產業功能區，包括構建「一軸一帶多園區」[8] 的產業發展格局，加快推進南中軸建設發展，啟動永定河水岸經濟帶重點區域建設。北京市委、市政府將通過發揮規劃對城市南部地區發展的引導作用，加快推進南中軸建設，促進經濟文化融合發展。依托城市南部歷史文化基礎，實現各類文化創意產業功能區互相聯動。落實新城南行動計劃為北京丰台區文化品牌提升和文化產業突破提供了重要機遇。

丰臺作為城南行動計劃中重要的城市功能拓展區，承擔了城南行動計劃的重要建設任務，為丰臺大力發展文化產業，實現文化崛起提供了良好的政策環境和發展機遇。北京丰台區「十二五」發展規劃和區黨代會提出，北京丰台區作為首都城市功能拓展區，貫徹落實首都建設中國特色世界城市的目標任務，就是要加快繁榮、文明、幸福新丰臺建設，全力建設成為加速崛起的首都經濟強區、充滿活力的首都文化強區和宜居宜業的首都生態強區，實現北京丰台區強勢崛起。北京丰台區全力踐行「北京精神」，加強「丰臺文化、丰臺精神、丰臺品牌、丰臺形象」建設，以完善公共文化服務體系建設

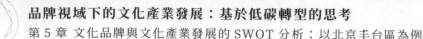
為根本，打造紅色文化、中秋文化、戲曲文化、園林花卉文化、汽車文化、服裝時尚文化等特色文化品牌，著力提升區域文化發展活力，使「豐臺文化」成為北京建設中國特色社會主義先進文化之都的新元素。北京豐台區提出在「十二五」期間將豐臺打造為文化創意產業大區的發展目標，成立了文化創意產業領導小組，並成立專門科室負責開展相關工作，專門制定了《北京豐台區促進文化創意產業發展的若干政策》。城南行動計劃、西部發展政策、中關村科技園區「1+6」先行先試政策、加快麗澤金融商務區發展的意見等系列政策出臺，2013 年園博會已經召開，2014 年世界種子大會將在豐臺舉辦，這些均為北京豐台區文化品牌提升和文化產業突破提供了良好的發展機遇和政策保障。

2013 年，北京豐台區全面啟動中國戲曲文化中心、北京國家數位出版基地等重點項目的落地和建設，推動盧溝橋文化創意產業集聚區的開發建設，引進北鬥文化、南方報業等一批龍頭項目，研究出臺《北京豐台區文化創意產業專項資金實施細則》等辦法，設立文化創意產業專項引導基金，完善北京豐台區文化創意產業企業孵化器，快速推進北京豐台區文化產業建設。

5.3.4 一軸兩帶四區策略和永定河綠色生態發展帶的重要機遇

北京豐台區作為城市功能拓展區，明確提出了「一軸兩帶四區」發展策略，著力打造南中軸高端商務中心區、三四環都市型產業發展帶、永定河綠色生態發展帶和麗澤金融商務區、中關村豐臺科技園區、大紅門時尚創意產業集聚區、青龍湖—長辛店會展旅遊、生態休閒區，拓展首都高端產業新的發展空間。

北京豐台區的六大文化品牌和文化產業主要布局在南中軸高端商務中心區、三四環都市型產業發展帶，文化產業屬於高端的創意型的服務產業，能與北京豐台區高端商務中心區的產業布局相吻合，也可以與相關產業形成融合集聚發展態勢，麗澤金融商務區可以直接服務於北京豐台區服裝時尚文化、戲曲文化、中秋文化、花卉文化、汽車文化等產業的投融資發展。

中關村豐臺科技園區為北京豐台區文化創意產業發展提供科技創新動力，實現北京豐台區科技創新與文化創新的雙輪驅動，而大紅門時尚創意產業集聚區、青龍湖—長辛店會展旅遊、生態休閒區直接服務於北京豐台區服裝時尚文化、園藝花卉文化、中秋文化、紅色文化等品牌與產業發展，對戲曲文化、汽車文化也形成強大的發展潛力和吸引力，通過產業融合為北京豐台區文化產業和文化品牌發展提供良好的市場前景和市場機遇。

　　北京城市總體規劃將永定河定位為「京西綠色生態走廊與城市西南屏障」，防洪、供水、生態是永定河的三個重要功能。永定河綠色生態發展帶的建設，可以改善永定河水環境，改變永定河及其周邊環境破壞嚴重、生態功能退化的現狀，為永定河流域的生態保護與建設以及北京豐台區文化旅遊業提供發展契機。永定河文化包括水文化、名山文化、古道文化、古村文化、軍事文化、宗教文化、煤業文化、民俗文化、革命鬥爭文化、地質文化、古人類遺址文化和燒造文化等。在國家對文化產業發展十分重視的背景下，永定河綠色生態發展帶建設為永定河文化恢復和北京豐台區文化產業發展提供了重要機遇。

　　永定河綠色生態發展帶構建北京豐台區文化生態休閒產業的新名片。在城南行動計劃的推動下，2010 年 2 月 28 日，永定河綠色生態發展帶建設啟動。隨著宛平湖、曉月湖的對外開放、園博湖的蓄水完成，永定河豐臺段 7.4 千米河道恢復通流，三湖成一線，形成 3000 畝連續水面。2013 年在豐臺舉辦的第九屆中國（北京）國際園林博覽會，園博園占地面積 184 公頃，總體布局為「一谷、二區、三帶、六園」。園博園的建設將通過新材料、新技術以及再生能源、低碳技術的運用，在垃圾填埋場上建成一座綠色生態、景色優美的園博園區。永定河生態文化新區將成為節能環保、生態宜居、濱水休閒的首都文化旅遊休閒新高地，為進一步提升北京豐台區文化品牌和文化產業突破提供了空前契機。

5.4 發展威脅（Threats）

課題組對「您認為丰臺發展文化品牌與文化產業存在哪些威脅」的問卷調查顯示，如圖 5-20 所示，認為「東城、西城文化品牌與產業發展基礎扎實」的有 1246 人，占總人數的 62.93%，認為「海淀、朝陽文化產業集聚區已形成氣候」的有 1732 人，占總人數的 87.47%，認為「石景山首鋼搬遷後文化產業發展態勢強勁」的有 1453 人，占總人數的 73.38%，認為「大興打造影視文化產業園」的有 987 人，占總人數的 49.85%，認為「房山打造高教科技園區」的有 994 人，占總人數的 50.20%，認為「門頭溝生態治理形成品牌和良好的社會影響」的有 893 人，占總人數的 45.10%，認為「通州國際新城已初具規模」的有 671 人，占總人數的 33.89%，認為「順義打造空港經濟區和汽車文化產業基地」的有 663 人，占總人數的 33.48%，認為「平谷、延慶等區縣打造生態涵養、生態文化旅遊品牌」的有 775 人，占總人數的 39.14%。其中認為「海淀、朝陽文化產業集聚區形成氣候」的威脅最大。

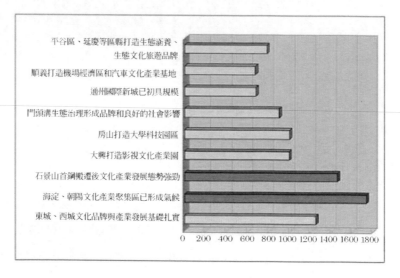

圖 5-20 丰臺發展文化品牌與文化產業發展威脅問卷統計

5.4.1 東城、西城文化品牌與產業發展基礎扎實

　　北京市東城區大力發展文化品牌和文化產業，深厚的文化底蘊、豐富的文化資源成為東城區文化產業發展最獨特、最突出的資源優勢。按照《東城區總體發展策略規劃（2011—2030 年）》，東城區在產業發展上，堅持「高端化、低碳化、集約化」發展方向，構建以服務經濟為主導，以文化經濟為特色，以總部經濟為支撐的經濟高端發展格局。[9] 東城區融合奧運文化、演藝博覽文化、出版文化、商業文化、體育文化等近現代文化，打造一批特色文化產業街區，成為東城文化經濟發展的重要空間載體。挖掘國子監、孔廟等歷史文化資源價值，建設國學文化交流中心，打造國子監國學文化產業特色街區；推動鐘鼓樓時間文化廣場建設，打造時間文化產業特色街區；加快南鑼鼓巷業態優化提升，形成集創意設計、文化演藝、休閒體驗於一體的文化休閒街區；充分挖掘前門歷史文化展示區的建築文化、商賈文化、梨園文化、會館文化等傳統歷史文化，打造集中展示老北京居住、飲食、娛樂於一體的民俗文化展示區等。東城區積極促進文化與其他產業融合，加快文化與旅遊融合發展，打造國學、國醫、國粹等一批具有文化內涵的主題旅遊活動，做大做強「皇城文化國際旅遊節」品牌，以旅遊推動文化的傳播與交流，以文化提升旅遊的發展質量。推動文化與商業融合發展，打造「王府井國際品牌節」、「前門歷史文化節」等一批具有國際影響力的商業文化活動，開發一批具有東城文化元素的特色旅遊商品，形成「以文興商、以商養文」的發展格局。積極促進文化與創意設計、商務服務、中醫藥、體育、教育培訓等其他領域融合發展，打造「國學文化節」、「戲劇文化節」、「中醫藥文化節」等一批特色文化品牌，發展新型文化產業業態，增強文化經濟發展活力。東城區大力發展文化品牌和文化產業，設立文化創意產業專項基金鼓勵文化產業發展。自 2008 年至今共發放文化創意產業專項資金 5600 萬元，用於扶持文化創意企業的創新和發展，拉動區內文化創意企業投資近 20 億元。東雍創業谷、東方文化大廈、紅橋市場被授予東城區文化創意產業示范基地。目前，東城區共有 7 家文化創意產業示范基地，其餘四家分別是方家胡同 46 號、天海創意園、東方燕都創業基地、後街美術與設計園。東城區有眾多的文化創意產業集聚區，還有一批舊廠房正在進行改造、文化提升與文化資源、

整合之中。這些集聚區被稱之為「胡同裡的創意工廠」，成為東城區文化創意集聚發展特有的「符號」。[10] 胡同文化成為東城區文化產業發展的重要特色與文化資源。

西城區明確提出「服務立區、金融強區、文化興區」策略，制定了《「十二五」時期文化創意產業發展規劃》。西城區的文化創意產業在「十一五」期間，得到了穩步發展，產業發展格局基本形成，產業服務體系逐步完善。西城區歷史文化資源豐富，傳統文化底蘊深厚。轄區內皇家宮苑、王府私邸、故居會館、寺觀壇廟、民俗市井星羅棋布，是皇城文化、民俗文化、宗教文化、會館文化、商業文化等各種文化高度融合的區域。擁有歷史文化保護區 18 片，非物質文化遺產項目 194 個，文物保護單位 179 處，有遺跡可考的會館 101 處。截止 2010 年末，西城區共有文化創意產業法人單位 7921 家；資產總計達到 1029.5 億元。[11] 西城區文化創意產業增加值由 2006 年的 104.7 億元增長到 2010 年的 177.1 億元，年均增長速度為 14.2%。

西城區構建了「以重點產業為龍頭，功能街區為依托，服務平台為支撐」的文化創意產業發展框架，並積極整合區域內各類文化資源，形成了涵蓋新聞出版、藝術品交易、文藝演出、文化旅遊、設計服務、軟體網路及電腦服務和廣播、電視、電影等在內的文化創意產業體系。北京 DRC 工業設計創意產業基地和琉璃廠藝術品交易中心區成為市級文化創意產業集聚區。此外，西城區也在不斷推進中國北京出版創意產業園區、什刹海歷史文化保護區、天橋演藝區等特色產業集聚區的發展，各個集聚區的特色定位與集群發展為全區文化創意產業的較快發展起到了重要的引領作用。同時，該區大力推進德勝科技園和廣安產業園的空間拓展和業態提升，優化了全區文化創意產業空間布局，進一步改善了文化創意產業的整體發展環境。[12]

5.4.2 海淀、朝陽文化產業集聚區已形成氣候

海淀區作為文化資源相對豐富的區域，高度重視文化產業集聚區發展。海淀區利用自身的區位優勢和文化資源，通過加快文化產業集聚區建設、完善產業鏈、建設各類平台和加快人才培養工程等工作，大力促進文化創意產業集聚區發展。

海淀是文化大區，通過發展文化創意產業，釋放文化活力，實現由教育和科技「比翼齊飛」向文化、教育和科技「三足鼎立」的轉變。海淀文化創意產業發展的典型特徵是行業密集度高，主要集中於軟體網路及電腦服務業、廣播電影電視業、設計服務業和新聞出版業等四大行業。根據 2007 年的數據，上述四個行業集中了全區 85.6% 的文化產業單位，實現的收入和上繳的稅金分別占全區文化創意產業的 90.5% 和 93.5%，對全區文化創意產業增長的貢獻率達到 95.2%。分行業發展指標如表 5-3 所示。[13]

表 5-3 海淀區文化創意產業分行業發展指標

	規模以上單位數量（個）	規模以上單位實現收入（億元）	上繳稅金（億元）	從業人員（人）	（對全區文化創意產業收入成長的）貢獻率
軟體、網路及電腦服務	1678	1169.5	66.8	153687	76.17%
廣播、電影、電視	70	209.6	13.5	19335	6.35%
設計服務	483	195.0	9.4	24713	10.46%
新聞出版	179	102.5	7.0	18856	2.20%
文化藝術	36	12.2	0.2	4561	0.48%
廣告會展	123	55.1	3.5	5530	1.32%
藝術品交易	29	5.1	0.1	260	0.07%
旅遊休閒娛樂	73	35.5	0.8	10699	1.52%
其他輔助服務	143	68.1	2.1	8479	1.43%
總計	2814	1852.6	103.4	246120	100%

海淀區文化創意產業發展研究 [J/OL].（2009-12-16）[2009-12-30]http://www.hd-drc.gov.cn，2009-12-16. 數據均為 2007 年數據。

　　海淀區作為文化大區，有著豐富的文化元素和資源。在海淀的文化資源中，歌廳娛樂業、網吧和遊戲廳、出版發行、有線電視具有較大的規模。電影院、營業性演出場所、藝術品交易市場等具有較大發展潛力，如下表 5-4 所示。海淀擁有解放軍總政、空政、海政等國家級藝術機構，藝術團體林立，文化名人匯聚；擁有出版社 62 家，占全國出版社總數的 1/10，擁有中央新聞機構和 300 多家其他新聞媒體，報社 26 家，期刊社 179 家；擁有電影資源館、影視資料庫，北京電影學院等館臺和教育資源，以及中國電影集團、北影廠等影視機構；擁有海淀劇院、華星影院、星美影院、金逸影院等中國知名的影院，擁有包括亞洲最大的國家圖書館在內的各類圖書館 222 個，19

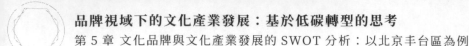

個博物館以及中國劇院等演出場所。這些文化服務機構、設施、場地資源為海淀區文化產業發展提供保護和重要基礎。

表 5-4 海淀區文化資源情況

	數量
歌廳	245
網咖和遊戲廳	288，11
影音製品經營單位	525
出版物發行	1800
有線電視	92
電影院	17
演出場所	10
藝術品市場	32
文化館	1
博物館	19
圖書館	222

海淀區文化創意產業發展研究 [J/OL]. （2009-12-16）[2009-12-30]http://www.hd-drc.gov.cn，2009-12-16. 數據均為 2007 年數據。

海淀區的文化品牌主要有，以「文化之海，藝術之淀」為主題的海淀文化節，吸引了眾多國內外優秀文藝團體、各類演出和展覽 500 餘場。海淀區形成了中華世紀壇新春文化廟會、中關村科技廟會、海淀公園「迷笛音樂節」、摩登天空音樂節、爵士音樂節等特色文化品牌。體育賽事文化品牌主要有：海淀曾連續三年承辦汽車拉力賽，舉辦過全國摩托車場地越野賽，最早承辦電子競技活動。旅遊節慶品牌主要有：海淀舉辦過北京國際旅遊文化節等大型旅遊節慶項目，除此之外，每年舉辦系列節慶活動，例如春天的桃花節、秋天的紅葉節、采摘節等。[14] 海淀區的中關村創意產業先導基地是北京市首批確定的文化創意產業集聚區之一，以互聯網、軟體、遊戲、創意設計、動漫畫、數位內容、出版傳媒等為主導行業。

中關村軟體園成立於 2000 年 8 月，於 2001 年 7 月和 2004 年 8 月被確定為「國家軟體產業基地」和「國家軟體出口基地」，也是北京市首批確定

的文化創意產業集聚區之一。清華科技園是北京第二批「北京市創意產業集聚區」，園內文化創意類企業有 400 多家，其中核心企業 150 餘家，2007 年產值達到 70 億元，約占整個園區產值的 1/3。園區文化創意產業主要包括軟體網路及電腦服務、建築設計、出版發行和新媒體等。北太平莊地區集聚了中國電影集團、北京電影製片廠等一批影視策劃、製作、出版、發行等單位，具有形成文化產業集聚的良好條件。北太平莊周邊逐漸聚集起一定規模的原創動漫產業群。學院路及周邊沿線的動漫遊戲設計產業帶擁有北京電影學院、北京航空航天大學、北京科技大學、北京郵電大學等一大批科研機構。這些院校在動畫設計、虛擬和仿真技術開發和應用等方面在全國領先。

該地區還聚集了龍馬世紀、昆侖兄弟、中影動畫、金山軟體等動漫遊戲及動畫設計企業和以中信投資為核心的世紀英雄影視投資集團、天地琢玉影視投資公司、唐德國際影視投資公司等一批影視專業投資機構和投融資中介服務機構。此外，還有甘家口地區的工業與城市設計產業帶、成府路沿線的創意時尚生活帶、以中華世紀壇為中心的媒體內容製作產業帶、魏公村和白石橋地區的創意人才培訓與表演藝術產業帶等。

海淀區加大對文化產業項目的扶持，除直接提供補貼資金外，還有貸款貼息、配套支持、評優獎勵等多種形式的優惠政策。2011 年，海淀區已經累計支持了 219 個項目，支持資金 1.9 億元，資金帶動和放大效應達到 10 倍左右。海淀區在創意人才引進、文化產業融資等方面，還出臺一系列配套政策措施。海淀區積極推進文化創新資源平台建設，採取政府扶持、市場化運營的有效模式，重點搭建投融資、高端創新人才集聚、數位版權國際交易、中介服務、展覽展示等五大服務平台，向各類文化創意機構和企業提供便捷、高效、專業的服務。截止到 2010 年底，全區年收入百億元的文化創意企業有兩家，過十億元的有 41 家，過億元的有 386 家，在國內外上市（含掛牌）的文化創意領域企業達到 109 家。[15] 2013 年 1-11 月，海淀全區規模以上文化創意產業單位有 2734 家，收入合計 3426.2 億元，占全市比重的 40.2%，同比增長 9.0%，預計全年收入增幅在 8%—10% 之間，海淀全區總收入達到 4200—4300 億元，繼續保持占全市比重的 40%。

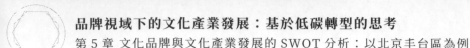
2014 年北京市文化專項資金，海淀區入圍 80 個項目，支持資金超過 1.5 億元，在 16 個區縣中最多。西山文化創意大道的「益園」產業園、中間藝術園區以及中國藝交所等多個項目完工或投入使用，總面積超過 45 萬平方米。文化創意產業總體運行平穩。[16] 朝陽區文化創意產業根據功能定位，形成產業集聚、國際特色、充滿活力、獲取高端的良好發展態勢。形成 12 個特色文化產業集聚區、5 個版權交易基地、5 個展示體驗區、5 條產業發展帶，文化創意產業增加值預期年均增長 15%，占 GDP 的比重達到 6% 以上，就業人口達到 15 萬。吸引一批有國際影響的企業、人才聚集朝陽，培育 2—3 個有國際影響的主題活動。近年來，朝陽區文化創意產業已呈現出蓬勃發展的態勢。朝陽區重點發展傳媒產業、古玩藝術、演出展示、時尚消費、設計與諮詢和知識產權服務等六大產業。六大產業重點發展項目包括：「傳媒產業帶」

在沿朝陽路和建國路的區域，推進 CBD 傳媒文化園、高井影視傳媒文化園和惠通時代廣場傳媒園建設，積極發展文化傳媒產業；「通惠河文化產業帶」推進文化與旅遊、科技結合，重點發展旅遊文化產業、數位娛樂、中醫藥文化展示、文物書畫鑒賞收藏展示等產業；「會展產業帶」依托東三環沿線的中國國際展覽中心、國貿中心、農業展覽館的展覽設施以及長城飯店、昆侖飯店、中國大飯店等商務設施，大力發展會展產業；「綠色生態文化產業帶」依托溫榆河綠色生態走廊的天然生態環境，重點發展旅遊觀光、文化休閒、都市農業、綠色產業；「科技創意產業帶」依托電子城科技園區的電子訊息技術資源，加大望京地區的高新技術企業研發總部的聚集，鼓勵科技創意、自主創新，為文化創意產品提供技術支撐，在望京至酒仙橋地區形成科技創意產業帶。[17] 朝陽文化創意產業堅持組團式規劃，闊塊式發展，確定建設三大中心和重點發展的六大產業，就是要獲取高端分工，避免低水平重複和低水平競爭。朝陽區還制定了《朝陽區文化創意產業聚集區（基地）認定管理辦法》和《文化創意產業發展重點指南》，明確了今後朝陽將重點發展的 57 類文化創意產業。[18]

5.4.3 石景山首鋼搬遷後文化產業發展態勢強勁

　　石景山區作為北京西部地處長安街西端的重要區域，以首鋼搬遷為契機，大力發展文化產業，促進區域低碳轉型。在首都新一輪的發展過程中，首鋼在 2010 年底搬遷，為石景山區文化發展與區域轉型提供重要的歷史機遇。通過規劃，首鋼主廠區的一部分和首鋼二通廠重點打造高端文化創意產業和數位文化產業。以文化創意產業為龍頭的一批新興產業填補首鋼搬遷後給北京造成的空間和經濟上的空白得到發展。2006—2009 年，石景山區的財政收入年均增長在 20% 以上。其中 2009 年第三產業占經濟總量比重超過 50%，而文化創意產業產值占主導地位，已成為該地區重點的支柱產業。石景山區文化創意產業堅持走科技與文化融合發展的創新驅動道路，重點打造以網路遊戲、影視動漫、數位媒體為特色的數位娛樂產業，品牌影響力和集聚效應進一步凸顯，在全國已經具有一定的領先優勢。該區的文化創意產業已由先導產業發展成為支柱產業和策略轉型的重點產業，帶動了相關產業的持續發展。截至目前，石景山區文化創意企業已經超過 3000 家，比 2005 年增長了 10 倍；規模以上文化創意企業實現收入 184 億元，比 2005 年增長 3 倍；實現利潤總額 26 億元，是 2005 年的 50 餘倍。石景山區的文化創意產業增加值占地區 GDP 的比重超過 12%，帶動該區第三產業占 GDP 比重從 2006 年的 32.7% 上升到 2010 年的 56%。同時，石景山服務產業得到快速發展，2011 年前三季度，石景山區第三產業實現增加值達到 136 億元，比 2010 年增長 18.6%。其中該區生產性服務業主導作用進一步加強，前三季度電子訊息產業實現總收入 242 億元，比重占高新技術產業總量 50% 以上，漫游谷等一批網遊企業占據中國超過 30% 網頁遊戲市場，同時金融要素聚集加快。

　　石景山區著力打造「一園、一城、一軸、一帶」的文化創意產業布局。以中關村石景山園為依托，利用首鋼二通廠的廠房和土地，以「中國動漫遊戲城」為品牌，輻射引領首鋼核心區文化創意產業發展。以永定河綠色生態發展帶聯合天泰旅遊休閒區、新首鋼高端產業綜合服務區，培育商務服務、現代金融、高新技術產業，帶動石景山區乃至京西地區持續較快發展。「十二五」期間，石景山大力發展資源節約型和環境友好型服務業，形成以

都市商貿、主題娛樂、公共文化為先導，以文化創意、科技服務、商務服務、現代金融、旅遊休閒為主導，房地產、酒店服務、教育培訓、生活服務為支撐的現代服務業發展集群體系。[19] 目前，石景山區的綠色低碳文化品牌已經形成。以首鋼搬遷為重要轉型機遇，大力發展綠色低碳的文化產業，實現了綠色低碳轉型。首鋼搬遷後對原廠址的文化改造和綠色元素打造，已經形成較大的社會影響力和文化品牌競爭力。有報導指出，首鋼老廠區將打造成為獨具特色的工業旅遊基地，並推出一系列獨家旅遊項目，其中包括建設 10 萬平方米鋼鐵大道展示百年煉鋼歷史，推出大型史詩實景劇《鐵色記憶》等，使老廠房成為旅遊的「鋼鐵夢工廠」。2012 年，首鋼工業文化旅遊區建設了首鋼群明湖國際燈光藝術廣場，巨型水幕電影、大型激光秀等高科技表演項目。2013 年在群明湖建設了固定舞臺，為水上舞臺引入大型演藝活動，還在 5 號高爐前建設了露天文化廣場。2014 年，該區將以多項重點項目推進首鋼工業文化旅遊區的建設。其中的鋼鐵大道占地面積約 10 萬平方米，計劃投入 4500 萬元，將陳設大型雕塑、大型鋼雕、停產紀念簽字長卷和焦爐、管線、鐵路及各類大型冶金設備設施，使之成為集科普、休閒娛樂、文化活動場所於一體的大型工業文化旅遊休閒景觀。大型鋼鐵史詩實景劇《鐵色記憶》項目占地面積約 5 萬平方米，計劃投資 2.32 億元，在 1 高爐及其廣場演出，將神話傳說與首鋼歷史相融合，以實現鋼鐵救國、鋼鐵興國、鋼鐵強國夢想為主題，打造一部反映鋼鐵文明、中華文明的實景劇。

此外，石景山還計劃投入 500 萬元營造健身步道，圍繞石景山、群明湖等景觀以及文化產業核心區分別建設 3 千米、5 千米的塑膠步行道，為健身愛好者提供別樣的休閒觀光路線。作為老廠區代表性設施的小火車也將升級，未來的小火車環線游總長度 5.5 千米，計劃投資 1500 萬元，利用原有生產運輸線 4.8 千米，建設成為觀光火車環線，將工業遺產項目、歷史文化古跡、人文景觀等串聯起來，形成工業旅遊觀光線。還將投入 900 萬元進行基礎設施改造，完善配套服務設施，包括公共洗手間、旅遊代表牌、遊客休閒座椅、殘疾人通道、停車場、遊客服務中心等的改造建設。[20]

5.4.4 門頭溝生態治理形成品牌和良好的社會影響

　　門頭溝區將旅遊文化休閒產業確立為主導產業，著力建設首都西部綜合服務區。門頭溝區作為北京曾經的能源基地，為加快產業結構調整，先後關閉了所有砂石企業、石灰土窯、水泥廠和鄉鎮煤礦，結束了該地區上千年的小煤窯開採史。壓縮和減少了高碳產業規模加強區域生態治理，重點發展依托首都、面向世界、服務市民的旅遊文化休閒產業，確定了「一帶、兩線、四點」的空間發展布局。「一帶」即打造永定河綠色生態發展帶；「兩線」是 108、109 國道兩線旅遊文化休閒品牌；「四點」是指潭拓寺鎮、齋堂鎮、將軍莊鎮、王平鎮四個山區特色小城鎮。另外，門頭溝區還設立了旅遊發展專項基金，引進華誼兄弟傳媒及影視文化基地、北京國際健康城等大型旅遊休閒文化項目 21 個。為加快推進旅遊產業發展，門頭溝區成立全區旅遊事業管理委員會，進一步擴大旅遊業的內涵，多元化開發旅遊文化休閒項目，精心打造六大精品旅遊文化休閒闆塊，加快建成一批綠色生態、產業融合、高端高效、特色鮮明的溝域產業經濟帶，使溝域經濟成為山區未來主要的經濟增長點。[21] 門頭溝區全力打造「一城山色半城湖」的城市文化景觀。2011年，門頭溝區以創建「國家旅遊綜合改革試驗區」為契機，加快構筑以休閒旅遊文化產業為主導的產業體系，全年實現旅遊收入 14.6 億元，同比增幅達41%。門頭溝區委明確提出，將休閒旅遊文化產業作為地區的主導產業，這為全區文化旅遊產業帶來了更為廣闊的發展空間。門頭溝區擁有豐富的民俗文化、古村落文化資源，也是北京市工業發展的啟蒙之地，包括古村落·古道文化、古人類遺址文化、宗教文化、煤業文化、民俗文化等蔚為壯觀的文化資源。門頭溝歷史文化資源的內容還有很多，妙峰山、百花山、靈山和永定河構成了具有京西特色的山水文化；琉璃渠琉璃製作技藝、潭拓紫石硯製作技藝等是門頭溝特有的文化技藝；齋堂杜家莊鄧、宋會師舊址，馬欄、塔河挺進軍司令部駐地舊址留下了抗戰的遺跡，是絕好的革命紅色教育基地。門頭溝已經形成了初具規模的文化市場，全區有網吧 17 家、印刷廠 13 家、娛樂場所（舞廳、KTV）16 家、音像店 53 家、書店 225 家。豐富的歷史文化資源和逐步成長的文化企業構成了門頭溝發展文化創意產業的重要資源。[22]

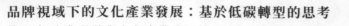

門頭溝區大力開發其豐富的民俗文化、古村落文化資源，大力發展文化創意產業，大力發展旅遊文化產業，提升文化產業品質。

5.4.5 通州國際新城已初具規模

通州區在「十二五」規劃中明確了通州北京發展新磁極、首都功能新載體的發展定位，把通州打造成中心城區功能疏解的重要承接地、世界城市新功能的核心承載區、首都經濟新的增長極和濱水低碳宜居新典范。明確了通州區的發展策略，即以建設北京現代化國際新城為目標，打造通州精神，創造通州速度，樹立通州形象，實施新城中心區引擎、高端要素集聚、城鄉一體化加速、國際化發展四大策略，實現區域經濟發展、城市建設管理、城鄉一體化發展三大跨越。產業發展定位是重點打造高端商務、高端製造、現代物流三大產業，著力培育文化創意、金融服務、醫療康體、旅遊休閒四大新興產業，形成現代服務業與高端製造業齊頭並進、相互促進、跨越發展的新格局。形成「一核五區三帶四組團」的城市發展格局。一核即新城中心區，五區主要包括：通州文化旅遊區將打造現代化國際新城聚集高端服務業的新載體、城市發展的新亮點；宋莊文化創意產業集聚區將打造國際原創藝術的創作區、展示區、交易區；環渤海高端總部基地將著力引進總部型高端服務業，形成與新城中心區「雙輪驅動」的發展格局；醫療康體功能區將打造以「醫、養、康、教、研」為一體的新型醫療、高教綜合園區；國際組織聚集區將打造國際文化交流與合作平台。三帶，即北運河水岸經濟帶、京哈高速產業帶、京滬高速產業帶。四組團，即以臺湖、西集、漷縣、永樂店 4 個重點鎮為中心形成的發展組團。[23] 近年來，通州區文化創意產業呈現快速增長態勢，初步形成了以藝術品創作交易、出版發行、動漫網遊、原創音樂等為主導的文化創意產業發展格局，相繼誕生了運河藝術節、宋莊藝術節、草莓音樂節、九棵樹數位音樂節等文化品牌。2010 年以來，先後有國家時尚創意中心、中國藝術品交易中心、三辰卡通集團總部基地、北京世貿中心等一批重大文化創意產業大項目簽約入駐宋莊集聚區，總投資額達到 400 多億元。目前，通州共有規模以上文化創意企業 112 家，總收入近 70 億元。通州區文化創意產業的從業人員達 2 萬人，僅宋莊文化創意產業集聚區就匯聚了

5000 餘名海內外藝術家、30 多家文化生產企業和 25 家相關服務企業。按照規劃，「十二五」期間，通州將集中力量抓好重點園區建設，引進和培育壯大一批知名度高、帶動力和競爭力強的文化企業，並在文化創意產業發展的政策、金融、國際文化交流與合作等方面實現新突破。力爭到「十二五」末，形成「一核二區、一線兩園」的文化創意產業空間布局，文化創意產業 GDP 占到總值的 12.5%。[24]

5.4.6 順義打造空港經濟區和汽車文化產業基地

順義區明確提出「把發展文化創意產業作為推進區域經濟發展的重要舉措」。順義區文化創意產業基礎日益壯大，產業集聚區不斷推進，呈現出特色鮮明、產業集聚、多點支撐、穩步發展的良好態勢。2011 年 1-8 月，順義區文化創意產業各類企業總計 3000 餘家，從業人員 3 萬餘人。其中規模以上企業 101 家，資產總計 342 億元，實現營業收入 66.7 億元，稅金總額 2.4 億元，利潤總額 5.4 億元，已成為區域經濟增長的新引擎。順義區初步形成了以廣告會展、出版印刷、設計服務、文體休閒為主導產業，品牌企業領軍，產業集聚、多點支撐的快速發展態勢。以順義國展產業園為代表的會展行業在北京市逐步取得龍頭地位，設計創意特別是以北京汽車研究總院、江河幕牆、長城華冠為代表的工業設計行業在北京市擁有領先優勢，以雅昌印刷公司、化學工業出版社、保利星光盤為代表的出版複製行業穩步成長，以奧林匹克水上公園、喬波滑雪館為代表的文化體育休閒行業潛力彰顯。[25] 國展產業園被確定為市級重點文化創意產業集聚區，是目前北京市唯一一家以會展產業為發展主題的文化創意產業集聚區。自 2008 年 3 月 28 日開館以來，該產業園已成功舉辦大型展會 50 餘場，促進了國際品牌展會集聚發展；空港經濟開發區依托已有產業優勢，集聚了雅昌、長城華冠等一批高端文化創意企業；北方印刷基地穩步發展，招商引資工作取得新進展；林河經濟開發區、臨空國際高新技術產業基地、闊橋創意天承基地加入中關村自主創新示范區，發展活力顯著增強；奧林匹克水上公園、國際鮮花港、國門商務區特色鮮明，影響日益擴大，效益逐步顯現；順義區工業設計促進中心掛牌，著力打造北京（順義）創意工業設計集聚區；中國出版集團文化創意產業基地啟動建設，

發展前景看好。這些集聚區的規劃建設，為文化創意產業集群發展提供了重要支撐，優勢產業集群初現端倪，發展潛力巨大。

順義區依托首都機場優勢，加快發展航空總部、航空服務、航空維修和航空培訓等航空產業，形成臨空經濟航空產業集群。順義臨空經濟區是北京「十二五」期間「兩城兩帶、六高四新」之一，是北京市重點建設的六大高端產業功能區，形成了以首都機場為依托，以北京天竺綜合保稅、天竺空港經濟開發區、林河經濟開發區、空港物流基地、北京汽車生產基地、國門商務區、順義國展產業園等功能組團和機場周邊重點鎮為平台，航空產業、高技術產業、現代製造業共同推動，物流、會展等生產性服務業快速發展，主導產業突出、產業集聚明顯、輻射帶動能力強的高端產業功能區。目前，臨空經濟區匯集了世界 500 強企業 30 餘家、跨國公司 100 餘家，航空及相關企業 300 餘家，外商投資企業約 660 家。汽車、航空兩大千億級產業集聚，成為順義區核心產業，增強了區域經濟發展的內在動力。北京汽車生產基地位於首都機場東側，遠期規劃面積 19 平方千米，核心區規劃面積 6.3 平方千米，市政基礎條件完善，是北京市重點發展的現代製造業基地。在做大做強汽車產業的同時，重點發展航空、電子訊息、金融、保險、工業設計、廣告會展、總部經濟等產業領域。

北京國際鮮花港是順義區重要的文化資源。北京國際鮮花港是北京市政府規劃的北京市唯一的專業花卉產業園區，是北京市主辦的 2009 年第七屆中國花卉博覽會的重要功能組團之一，是北京市花卉產業發展的窗口。目前，鮮花港已逐步成為北京市花卉的生產、研發、展示和交易中心，以及花卉的休閒觀光和文化交流中心。鮮花港的功能主要包括設施生產區、花卉新品種新技術展示區、都市農業觀光區、研發配套服務區等。設施生產區占地 700 畝，高檔智慧溫室面積 17 萬平方米，主要用於高檔盆花、種苗和觀葉植物等的生產、組培。花卉新品種新技術展示區占地 1200 畝，借鑑荷蘭庫肯霍夫公園經營模式，展示國內外花卉研發新品種，通過特色花卉、苗木的露地種植，營造規模化、差異化的展示效果，為中國國際大型花卉企業提供產品的宣傳、展示、推廣和銷售的平台，同時，著力打造春、秋兩季大型花展品牌。都市農業觀光區占地面積 300 餘畝，分為果品種植區、花卉生產區和垂釣休

閒區三個區塊，栽培種植草莓、火龍果、桑葚、高檔花卉，同時還為顧客提供了設施良好的休閒場所。是一個集觀光、采摘、垂釣、休閒為一體的新型都市農業園區。

研發配套服務區占地 300 畝，規劃建設 5 萬平方米科研辦公樓和 10 萬平方米溫泉酒店。主要用於建設研發、辦公、特色餐飲及住宿等配套服務設施。

北京國際鮮花港近些年開展了許多文化活動，提升了文化品牌影響力。第七屆中國花卉博覽會及「2009 北京菊花文化節」在鮮花港舉辦。2009 年 9 月 19 日，鮮花港正式開園，此次活動共吸引遊客 30 餘萬人次。「2010 北京郁金香文化節」在鮮花港召開，2010 年 4 月 24 日，鮮花港舉辦郁金香展，在室外露天展示巴塞羅那、羞色美人、唐吉訶德等 73 個品種 300 萬株郁金香，以及風信子、洋水仙、花毛茛等春季時令花卉，並輔以特色無土栽培技術、盆器苗技術展示，以及具有童話色彩的「拇指姑娘」、親近花卉的攀爬橋、蹺蹺闆等園林小品。在萬花館內同期舉辦中國首個大型百合展——「百合中國」秀。分為庫肯霍夫秀、藝術盆栽秀、新娘捧花秀、庭院生活秀、「百合中國」、企業風采秀等六大模組，展出百合品種 89 個，20 萬株。2010 年 9 月，鮮花港舉辦菊花文化節，千萬株菊花共同綻放美景。2011 年，分別舉辦了郁金香文化節、菊花文化節等。菊花文化節在 9 月 24 到 10 月 31 舉行。

2013 年 4 月至 5 月，鮮花港舉辦了第四屆郁金香文化節，期間室內的「浪漫歐洲」主題展和室外的布景相結合，打造出一種獨特新穎的花海景觀。2013 年 9 月 26 日至 2013 年 11 月 16 日，在北京國際鮮花港舉行第十一屆中國菊花展覽會。2014 年 4 月至 5 月，「2014 北京郁金香文化節」暨「第五屆郁金香文化節」在北京國際鮮花港舉行。展出郁金香品種 50 多個，400 餘萬株。目前，北京國際鮮花港充分整合園區建設及景觀資源，培育花卉會展品牌，打造新型花卉產業體系，打造花卉生產研發中心、籽種中心、休閒體驗中心，打造國際都會。

「十二五」期間，順義區緊抓順義「打造臨空經濟區，建設世界空港城」以及文化創意產業大發展大繁榮的歷史機遇，充分整合優質資源，培育多元

化文化市場主體，推動文化與現代農業、現代製造業、現代服務業的融合，大力發展廣告會展、設計服務、時尚文體休閒，高端出版印刷四大優勢產業，積極打造「全國會展服務中心」、「北京工業設計服務中心」、「北京時尚文體休閒中心」以及「全國出版印刷產業基地」。順義區規劃到「十二五」末，文化創意產業收入達到 300 億元以上，年均增長 15% 以上，成為地區經濟新的支柱產業。[26]

5.4.7 平谷、延慶等區縣打造生態涵養、生態文化旅遊品牌

作為首都的生態涵養發展區，平谷區提出「生態立區」的發展理念，加強生態建設和環境保護，堅持生態涵養與發展並重，用良好的生態環境和豐富的生態文化資源產業，實現生態建設、環境保護和經濟建設、社會發展的良性互動。平谷區文化創意產業以旅遊休閒娛樂為特色，在不斷推進產業結構調整、促進區域經濟發展的同時，其品牌影響力逐步增強。平谷區重點文化創意產業覆蓋旅遊休閒娛樂、廣告會展和其他輔助服務等領域。平谷區大力發展旅遊休閒娛樂產業，該產業發展勢頭良好，已經成為該區文化創意產業發展的重要支柱和品牌產品，旅遊休閒以其豐富的文化特色和低碳減排效應，成為平谷區打造「京東綠谷」的區域影響力和低碳競爭力的重要品牌。

2009 年，平谷旅遊產業實現旅遊接待人次 825.9 萬元，旅遊收入 6.62 億元，增速在十個遠郊區（縣）中排名第二。2010 年，平谷區旅遊局大力發展假日旅遊經濟，重點打造四大旅遊節慶活動，在節慶活動策劃、設計、舉辦上下大力量，使四個節慶活動成為「祈福納祥地—生態休閒谷」形象的最好載體。[27] 一是北京平谷國際桃花節。平谷區已成功舉辦了十一屆北京平谷國際桃花節，桃花節成為平谷區檔次最高、規模最大、活動內容最豐富的旅遊盛會。二是北京平谷金秋采摘觀光節。平谷是全國精品大桃基地，有世界最大的桃園，同時還是北京最大的果園。平谷金秋采摘觀光節已成為北京地區較為知名的品牌節慶活動，每年吸引 20 多萬人到平谷采摘觀光。三是北京平谷國際養生旅遊文化節。2010 年平谷區舉辦第四屆國際養生旅遊文化節。國際養生旅遊文化節的推出和打造，提升了平谷養生旅遊文化的知名度，促進養生旅遊文化的傳播，為形成平谷區養生旅遊文化產業氛圍和文化品牌打

下良好的基礎。四是北京平谷國際冰雪節。冰雪節以「體驗民俗、狂歡滑雪，為主題，讓遊客到這裡可體驗高空滑雪、雪地 CS 激戰等驚險刺激的冰雪娛樂項目。國際冰雪節的打造，為形成平谷區的冰雪文化品牌提供良好的文化產業發展契機，這不僅有利於平谷區冰雪文化產業和品牌的發展，還有利於相關聯文化產業和品牌的融合互動發展。2013 年 12 月 15 日，平谷第七屆國際冰雪節開幕，活動持續到 2014 年 2 月 25 日。為迎接冰雪節到來，平谷漁陽滑雪場在本雪季投資 1000 多萬元，全面更新軟硬體設施，呈現出京郊最優質的雪道和最好的滑雪體驗。北京市面積最大的可娛樂冰面——金海湖景區將首次舉辦冰上狂歡節，遊客可參與查干湖古老而傳統的捕魚活動，欣賞冰雕、品嘗民間特色小吃和「特色全魚宴」。漁陽滑雪場 2013 年投資 600萬元新購來自義大利的壓雪車、來自加拿大的雪地摩托車；與已有的進口雪道整理車結合，雪質得到更大提升。滑雪場中級道站臺拓寬 700 平方米，解決了站臺擁擠問題，也使纜車跟魔毯的輸送更加通暢。雪道安全防範設施升級，完善應急廣播、監控系統滑雪場全覆蓋，設立賽事活動指揮中心，為舉辦大型雪上活動及賽事提供必要的安全保障。[28]

平谷區政府加大對文化創意產業的扶持和獎勵政策，並將相關政策落到實處，有效促進了文化創意產業的跨越發展。2013 年 12 月 25 日，平谷區將390 萬元重獎文化創意企業，獎勵北京大唐輝煌傳媒股份有限公司 200 萬元，同時向全球征集的樂谷藝術中心建築及景觀設計方案 8 家勝出設計團隊，發放獎金 190 萬元。平谷區立足產業基礎優勢，提出打造文化創意產業大區的策略目標，出臺《平谷區扶持重點文化創意企業發展的若干政策》，並設立了平谷區重點文化創意企業發展專項資金，重點扶持重大文化創意產業項目和相關文化產品。專項資金對文化創意項目的扶持，綜合採取對文創項目給予三年貸款貼息，固定資產投資補貼，優秀作品獎勵，會展、演出等重點活動經費補貼及政府重點採購等方式，支持重大文化創意項目實施，培育一批具有自主知識產權的高技術文化創意產業群，搶占高端文化創意市場，帶動文化創意產業結構優化升級。[29]

延慶縣作為首都生態涵養發展區，不僅生態資源豐富，而且文化底蘊深厚，歷史悠久，文化資源集聚，區域比較優勢明顯。延慶縣提出全面建設綠

色北京示范區的策略任務，著力打造「縣景合一」的國際旅遊休閒名區，依托生態環境優勢，堅持走高端綠色產業發展之路，加快推進產業融合，大力發展以旅遊休閒產業為主導的第三產業，積極發展都市型現代生態農業。挖掘延慶深厚的歷史文化和豐富的旅遊資源，策劃包裝和積極引進一批重大產業項目，加快推進八達嶺長城文化旅遊產業集聚區建設，加快北京媯河建築創意區建設，帶動延慶文化創意產業全面發展。

依托延慶文化資源，開發多種文化產品，豐富繁榮文化市場。完善投融資機制和知識產權保護相關配套政策，營造良好的文化創意產業發展環境。以開展春季杏花節、夏季避暑節、秋季采摘節、冬季冰雪節為契機，融入媯川文化、文物、民間傳統藝術等內容，形成獨具特色的延慶文化產業鏈，以傳承優秀文化遺產，打造地區文化品牌為主題，組織了端午文化節等以傳統節日為慶祝內容的大型文化活動，推動延慶縣旅遊文化產業和綠色低碳經濟的發展。

延慶縣作為首都北京的重要生態涵養區，借助其豐富的生態資源和自然風光以及深厚的文化底蘊，打造休閒延慶的文化品牌已經形成特色和廣泛的影響力。「休閒延慶」的文化創意品牌主要包括打造「東西南北中」五大文化旅遊產業功能區，即東部溝域經濟休閒觀光產業帶，南部八達嶺長城文化旅遊產業帶，西部康西馬文化休閒旅遊產業帶，北部葡萄及葡萄酒文化產業帶，中部環媯河泛創意休閒產業帶。建設全國旅遊綜合改革示范縣、2013 年接受聯合國世界地質公園驗收、舉辦 2014 年世界葡萄大會、籌備 2019 年世界園藝博覽會等發展契機促進延慶縣提升文化創意產業發展水平。[30] 延慶還重點打造四大旅遊休閒產業帶，包括打造北山休閒度假產業帶、東部山區溝域經濟休閒觀光產業帶、八達嶺文化創意產業集聚區和環媯河創意產業及休閒度假區等，四大旅遊休閒產業帶將基本覆蓋延慶全縣域面積。實施「縣景合一」，以創建國家旅遊綜合改革試點縣、全國旅遊標準化示范縣和中國延慶世界地質公園為載體，通過大力發展以旅遊休閒產業為龍頭的優勢主導產業，促進產業融合，構建綠色產業體系。[31]

5.5 本章小結

　　本章主要結合問卷調研和實證考察的研究方法，對北京丰台區文化品牌與文化產業發展現狀進行 SWOT 掃描，分析其存在的優劣勢、機遇威脅等，全面考察北京丰台區文化品牌與文化產業發展基礎、問題與潛力。丰臺發展文化品牌與文化產業具有區位、土地、生態、文化底蘊等優勢。從發展劣勢看，主要包括品牌太多，缺乏主導性的文化品牌，國際影響力不夠；沒有在全國或國際上具有影響力的龍頭企業或產業；有文化資源，但缺乏創意，沒有形成真正意義上的產業集群；文化創意產業人才缺乏，高端人才引進政策缺失等。

　　從發展機遇看，主要包括國家提出文化大發展大繁榮、北京建設世界城市、北京建設全國文化中心、丰臺落實新城南行動計劃、丰臺科學發展、文化崛起、一軸兩帶四區發展策略和永定河綠色生態發展帶等所帶來的強大機遇。

　　從發展威脅看，主要包括東城、西城文化品牌與產業發展基礎扎實；海淀、朝陽文化產業集聚區已形成氣候；石景山首鋼搬遷後文化產業發展態勢強勁；大興打造影視文化產業園；房山打造高教科技園區；門頭溝生態治理形成品牌和良好的社會影響；通州國際新城已初具規模；順義打造空港經濟區和汽車文化產業基地；平谷、延慶等區縣打造生態涵養、生態文化旅遊品牌；海淀、朝陽文化產業集聚區形成氣候等。

註釋

[1] 盧溝橋文化創意產業集聚區 [DB/OL].（2013-04-08）[2013-04-18]http://www.whcy.org.

[2] 王素娟，趙智和 . 北京丰台區長辛店生態城獲批綠色生態示范區 [N]. 中國日報，2014-03-27（1）.

[3] 中國人民大學首次發布「中國文化消費指數」[J/OL].（2013-11-11）[2013-11-29]http://news.china.com.cn.

[4] 張少偉 .2012 年中國文化創意產業回顧與展望 [J].（2013-02-06）[2013-02-26]ht-tp：//www.eastmoney.com.

[5] 2013 年中國高歌猛進文化創意產業 [DB/OL].（2013-02-28）[2013-03-15]http://www.chinairn.com/news/20130228/100624360.html.

[6] 曲曉燕 . 北京市級文化創意產業集聚區達 30 個 [N]. 北京晨報，2012-06-27（3）.

[7] 陳潔民，尹秀豔 . 北京文化創意產業發展現狀分析 [J]. 北京城市學院學報，2009（4）：9-11.

[8] 一軸一帶多園區：北京市發改委在 2009 年提出，未來 3 年，要加快推動城市南部地區產業調整升級，創新發展業態，積極構建「一軸一帶多園區」的城市南部地區產業空間格局。一軸，即為加快推進南中軸建設，促進經濟文化融合發展，發展新業態。布局上依托自北向南的前門一天橋歷史文化風貌集聚區、永外一大紅門服裝文化商務區、大興新媒體基地組成的南北向軸，集成城市南部地區的歷史文化、民俗文化、演藝文化、服裝文化、傳媒文化，發展新的文化業態，實現文化創意產業各功能區的互聯互動，將南中軸展現出來。一帶，即為建設永定河水岸經濟帶，構建西部綠色經濟走廊。整體推進永定河水環境、生態建設和經濟發展，加強水資源保護和配置體系、防洪減災體系建設，加大生態環境建設力度，逐步吸引高端產業項目落戶，將永定河沿岸地區逐步建設成為兼具優美生態環境和良好經濟發展態勢的水岸經濟帶。多因區，即為提升產業因區發展能級，發揮高端引領作用。主要包括繼續做大做強北京經濟技術開發區等現有高端產業功能區、麗澤金融商務區、中關村丰臺科技因、大興生物醫藥基地、大興新媒體產業基地、龍潭湖體育產業因、廣安產業園區、良鄉高教因區、北京石化新材料科技產業基地等，加快產業培育，推動與北京經濟技術開發區的合作，為城市南部地區現代製造業提供新的發展空間。資料來源：北京市發改委：構建「一軸一帶多園區」的城市南部地區產業發展格局，http://feature.mei.net.cn/cnjh/news/20091106/29278820091106121229_2.htm.

[9] 北京市東城區總體發展策略規劃（2011-2030 年）[J/OL].http://www.beijing.gov.cn/szbjxxt/rdgz/t1148712.htm.

[10] 東城區五千萬元文化產業扶持資金拉動創意投資 20 億元 [EB/OL].http://culture.people.com.cn/GB/40489/175468/13240681.html.

[11] 西城區「十二五」時期文化創意產業發展規劃 [R/OL].http://www.bjxch.gov.cn/XCHxxgk/XCHzhengwuxiangqing/32212.html.

[12] 西城區「十二五」時期文化創意產業發展挽劃 [R/OL].http://www.bjxch.gov.cn/XCHxxgk/XCHzhengwuxiangqing/32212.html.

[13] 海淀區文化創意產業發展研究 [R/OL].（2009-12-16）http://www.hddrc.gov.cn，2009-12-16.

[14] 海淀區文化創意產業發展研究 [R/OL].（2009-12-16）http://www.hddrc.gov.cn，2009-12-16.

[15] 海淀每年投入億元撬動文化產業發展 [J/OL].（2011-10-22）http://www.qianlong.com，2011-10-22.

[16] 海淀區以豐富文化資源促文化發展 [J/OL].http://www.bjyouth.gov.cn/jcxx/sq/547684.shtml.

[17] 趙信一 . 北京朝陽區文化創意產業重點發展六大產業 [N]. 北京現代商報，2006-07-24（1）.

[18] 趙信一 . 北京朝陽區文化創意產業重點發展六大產業 [N]. 北京現代商報，2006-07-24（1）.

[19] 石景山區財政收入多「掙」了 11%[EB/OL].（2012-01-10）http://www.beijing.gov.cn，2012-1-10.

[20] 祁夢竹 . 北京石景山：首鋼將被打造為工業旅遊基地 [N]. 北京日報，2014-01-10（1）.

[21] 馬喆，史詩：北京門頭溝大力發展旅遊文化產業 [EB/OL].（2011-08-02）[2011-08-22] http://www.chinastock.com.cn/yhwz_about.do ？ methodCall=getDetailInfo&docId=2624469.

[22] 門頭溝文化創意產業發展策略研究 [EB/OL].（2011-04-08）[2011-05-20]http://www.cultureindustry.cn，2011-04-08.

[23] 李妍 . 通州：北京發展新磁極，首都功能新載體 [EB/OL].（2011-04-28）[2011-05-28] http://travel.sohu.com/20110428/n306648797.shtml.

[24] 通州打造一核二區一線兩園文創產業布局 [EB/OL].http://www.bjtzh.gov.cn/n110/n3178/n3300/n8834318/c2470353/content.html.

[25] 順義借文化創意產業加速轉型 [EB/OL].（2013-04-15）http://www.iincn.net，2013-04-15.

[26] 張延昆 . 順義：讓文化成為提升區域競爭力的重要因素 [N]. 中國文化報，2012-11-16（10）.

[27] 平谷區 2009 年旅遊綜合收入實現較快增長 [DB/OL].（2010-01-25）[2011-12-10]http://www.bjnw.gov.cn.

[28] 北京平谷第七屆國際冰雪節今開幕 [DB/OL].（2013-12-15）[2014-01-05]http://www.chinanews.com.

[29] 北京平谷重獎文化創意企業 [N]. 北京商報，2013-01-02（1）.

[30] 石森．「休閒延慶」已成極具特色的文化創意品牌 [J/OL].（2012-12-19）[2013-02-10] http://finance.qq.com/a/20121219/004715.htm.

[31] 孫文錯延慶縣第十三次代表大會上的報告 [R/OL].（2011-12-06）[2012-10-08]http://www.cnepaper.com

第 6 章 文化品牌與文化產業目標定位與發展重點

　　本部分主要以城市品牌地位為基礎，研究北京丰台區文化產業發展的目標定位和發展重點。以實現北京丰台區文化產業高端化、總部化、品牌化、集群化、國際化為目標，重點發展中秋文化、戲曲文化、園藝花卉、服裝時尚、汽車文化、紅色文化等六大品牌，壯大優勢產業，強化文化創新、科技創新「雙輪驅動」，培育新興文化創新產業等，研究確定北京丰台區文化品牌提升和文化產業突破的實施步驟、發展重點、具體策略及其實施策略等，促進六大文化品牌與文化產業的協同、創新、跨越發展，打造北京丰台區國家級乃至國際文化品牌。

▌6.1 目標定位

　　面對複雜的、高速發展的訊息環境和科技進步，經濟全球化、知識化的到來，現代城市進程不斷提速，競爭激烈引發城市之間的競爭不斷。因而，城市行銷提上日程。城市管理者希望在市民、社會群眾心目中留下深刻印象，在消費者的頭腦中占領獨特的具有吸引力的位置，打造城市品牌成為現代城市發展的重要目標和基本策略選擇。構建品牌城市的目標定位，即針對潛在顧客的心理採取行動，將城市品牌在潛在顧客心目中進行科學、持續的準確定位。定位不是去創造新的、獨特的東西，而是利用原已在人們心中的想法，讓城市在顧客頭腦中形成有別於其他競爭者品牌的形象和位置。

　　一般說來，城市品牌定位實施要經歷以下三個步驟：首先確定城市所具有的潛在競爭優勢，通過市場調查研究分析，確定城市在產品、服務、技術、成本、政策、形象等方面與競爭者相區別的競爭優勢；然後從上一步確定的若干競爭優勢中選擇最重要的競爭優勢，作為城市的定位優勢；最後向目標市場展示競爭優勢，按照唯一性、排他性和權威性的原則，找到城市的個性、靈魂與理念，並使該競爭優勢成為城市品牌在目標顧客心目中的定位。

品牌城市建設不是通常所說的城市建設，而是注重外界和市民對城市的總體印象及主觀感受，注重城市魅力的提升和城市文化層次的提高。強調城市的特色定位與形象設計；注重無形與有形的結合，既要搞好有形的功能布局，又要追求經濟特色、文化品位等綜合作用而形成的城市整體上的知名度、美譽度；對既有的特色優勢只作依托但不拘泥，注重通過科學的策劃、運作、實施、強化，努力實現城市定位的創新和形象力的提升。[1] 針對北京豐台區現有的文化元素和文化資源，北京豐台區文化品牌與文化產業發展的目標定位是：北京豐台區立足首都城市功能定位，依托良好的生態環境和豐富的文化資源，以「搶抓機遇，高端引領，區域統籌，產業集群，文化制勝」為基本理念，以「提升豐臺文化、整合豐臺產業、構筑豐臺品牌、彰顯豐臺精神、打造豐臺形象、實現豐臺跨越」為基本目標，以組建具有規模優勢和品牌影響力的核心企業為支點，以構建具有自主創新能力和品牌競爭力的文化產業集群為突破口，大力提升中秋文化、戲曲文化、服裝時尚、園藝花卉、汽車文化、紅色文化等六大品牌和產業，打造體現豐臺特色的國家級文化品牌，構建豐臺「花好月圓 幸福豐臺」城市文化品牌，在國際上形成具有強大競爭力和影響力的文化產業集群。

6.2 方向選擇

　　中國城市文化品牌及特徵如下表 6-1 所示，上海以頭腦城市、東方明珠為品牌定位，香港是亞洲國際都會，廣州是花城、海上絲綢之路東方始發港，南京是石城、六朝古都等。

表 6-1 中國城市的品牌與特徵

都市	品牌與特徵	都市	品牌與特徵
上海	頭腦城市、東方明珠	大連	花園城市、足球、服裝
香港	亞洲國際都會	杭州	人間天堂、休閒之都
廣州	花城、海上絲綢之路東方始發港	深圳	龍城、創業之都
南京	石城、六朝古都	昆明	春城、四季如春
長沙	星城、娛樂文化	重慶	山城

上海的品牌定位：頭腦城市、東方明珠。上海在國家策略的總體發展格局中，積極參與國際競爭，提出打造成一座「頭腦城市」。「頭腦城市」，就是學習的城市、知識的城市、創新的城市、智慧的城市，通過學習使上海具有知識和智慧，提升文化素質和創新能力。上海已初步建成全國人才高地，正在向國際化人才高地邁進，對人才的吸引和輻射能力正在加強；上海還集中了大量高校和科研機構，以及跨國公司的研發機構，這都為上海實現「科教興市」策略，打造「頭腦城市」奠定了堅實基礎，以其東方明珠構成城市品牌形象和方向。東方明珠以其 468 米的絕對高度成為亞洲高塔。僅次於廣州新電視塔、加拿大多倫多電視塔和俄羅斯莫斯科奧斯坦金諾廣播電視塔。東方明珠電視塔曾是上海最高的建築物，現在已被環球金融中心取代，但是東方明珠塔依然卓然秀立於陸家嘴地區現代化建築樓群。東方明珠電視塔位於浦東新區內，與外灘的「萬國建築博覽群」隔江相望，與紐約的自由女神、悉尼歌劇院、巴黎的埃菲爾鐵塔一樣，成為了上海的代表性建築，與左側的南浦大橋和右邊的楊浦大橋一起，形成雙龍戲珠之勢，與後方新聳立而起的金茂大廈和環球金融中心交相輝映，展現了國際大都市的壯觀景色。

　　香港提出打造亞洲國際都會。將香港定位為亞洲國際都會的計劃，最先由原行政長官董建華在其 1999 年的《施政報告》中提出。香港自開埠以來，已擁有一種特別的中西文化匯集的特色，早已成為世界文化的焦點。為加速香港發展，香港政府目前已定位為亞洲國際都會。隨著 20 世紀八十年代經濟起飛之後，香港已有「亞洲四小龍」的美譽，成為全亞洲最重要的國際都會和「紐倫港」之一。香港經歷幾次的金融風暴，仍然在世界金融市場扮演相當重要的角色，仍是亞洲金融中心。

　　此外，內地自由的開放，內地遊客爭相游香港，在香港盡情購買世界品牌產品，足以顯示香港擁有國際星級的市場空間。而香港的娛樂事業向來是亞洲之冠，隨著香港電影打入國際市場，香港的文化娛樂事業更進一步得到世界的認同。香港作為亞洲最為領先的城市，如倫敦、紐約等其他國際都會，香港定位為亞洲國際都會，是基於以下各項優越條件：香港在全球經濟活動方面所擔當的管理和統籌角色；世界一流的服務提供者匯聚香港；擁有現代化的「硬體」與「軟體」基礎設施；教育及有關機構以創造知識為本，致力

提高香港的生活品質；堅決維護法治、保障言論和結社自由、確保訊息自由流通、保持社會開放和促進多元化發展；以及香港與鄰近腹地，特別是全球發展快速地區之一的珠江三角洲，建立了緊密的聯繫。

廣州提出打造「花城」城市品牌。「十二五」期間，廣州將建成國際花園城市。2010 年，以迎辦亞運會為契機，廣州城市綠地面積不斷增加，園林環境不斷提升，建成區綠化覆蓋率達 40.15%，人均公共綠地面積 15.01 平方米，林木綠化率 44.8%，重新擦亮了「花城」的招牌，著力打造「花城」品牌，凸顯「花城」特色，真正使廣州無愧於「花城」美譽。[2] 以「花園在城市中，城市在花園中」為建設理念，根據「花城」特色和建設幸福家園的要求，實施「添花增綠」、「千里綠道」、「生態景觀」、「立體綠化」、「精細化管理」等項工程，讓「花園城市」建設水平上一個新臺階。同時，堅持因地制宜、生態優先、以人為本、凸顯特色等原則，提升綠道內涵，完善區域、城市、社區等三級綠道網路，把千里綠道打造成「幸福廣州」的代表性工程。

南京石城，即石頭城，南京的別稱。石頭城被稱為石城，廣義上是如今南京的別稱，狹義上是指南京老城城西的石頭山石頭城。三國時期孫權在石頭山修建了石頭城，用它作為保護東吳京師建業的資本；預備軍事石材，石材基地多建造了烽火臺，在軍事上，用來立即發出報警信號。後來，晉將軍王濬率水軍進攻東吳，東吳造鐵鏈橫江中，晉軍燒斷鐵鏈。導致石頭城失守，不得人心的國主孫皓趕緊投降。劉禹錫有詩詠此事：「王濬樓船下益州，金陵王氣黯然收。」後來，長江逐漸西遷，河流泥沙在石頭城慢慢沉積，變得平坦。朱園建設夭府石頭城市為天府市的一部分。石頭山如今是涼爽的山區。石頭城全長約 3000 米，筑於楚威王七年（前 333 年）。東漢建安十六年（211年），吳國孫權遷至秣陵（今南京），第二年，在石頭山金陵邑原址筑城，取名石頭。扼守長江險要，為兵家必爭之地，有石城虎踞之稱。1990 年，南京市在石頭城的舊址上興建了石頭城公園。公園以「石城懷古」為主題，將石頭城的悠久歷史與自然山水有機結合，將古代戰場與現代國防教育融為一體，規劃總面積近 16.94 公頃，以古城牆為軸線，體現歷史文化古都的特色。北起清涼山體校，南至清涼門，西臨古城牆，東到虎踞路。石頭城公園劃分為國防春曉、石城霽雪和山居秋暝三大景區，設 21 個景點。石城霽雪區位

於公園的西側，北至清涼山，南至清涼門，沿古城牆呈帶狀分布，是石頭城公園的精華所在，是金陵四十八景之一。而山居秋暝區在公園東側的山林地帶。

　　長沙以星城、娛樂文化聞名全國乃至全球。中國自商、周以來逐漸形成的據以觀測天象的二十八宿（星座）中，有一宿叫軫宿，根據古天文學的星宿定位，軫宿位於荊州上空。軫宿旁邊有個附屬於它的小星，名叫長沙星。因此，歷史上就有這樣一種說法，長沙是因長沙星得名的。如唐朝人張謂《長沙風土碑記》云：「天文長沙一星，在軫四星之側。上為辰象，下為郡縣。」所謂「下為郡縣」，就是指的長沙城。《明史·天文志》也說：「長沙小星，下應長沙。」《長沙縣志。拾遺》亦云：「長沙之名，……以軫旁有長沙星，正在其域分野，故雲。」因長沙星得名一說，記載較多，影響也大，所以在一些文人撰文賦詩時，往往把長沙與長沙星聯繫在一起，稱長沙為「星沙」。在長沙府、縣志中，以「星沙」稱長沙的多處可見。長期以來，長沙文化產業一直處於全國領先的地位，尤其是娛樂文化，已經成為一個響噹噹的品牌。據不完全統計，目前長沙有文化經營個體戶 10 萬多家，其中歌廳 104 家，酒吧 462 家，網吧 1702 家，電子遊戲廳 207 家，從業人員達 6 萬餘人。目前，長沙市正在向建成「休閒娛樂文化之都」邁進。「電視湘軍」在全國引起轟動，很大程度上就是因為電視媒體主動吸收了當地長沙歌廳通俗文化中健康的內容，增加了對老百姓的貼近性和表演活力，展現了草根性、民本性、創新性，同時長沙歌廳文化也借助湖南獨樹一幟的電視文化資源，使自己獲得了更大的發展空間和中國文化品牌影響力。2006 年，長沙市提出要把長沙建成帶動全省、領先中西部、輻射全國並具有較強國際影響力的現代化區域性文化中心的策略任務，明確「文娛休閒」是長沙重點發展的八大文化主導產業之一，鞏固發展長沙區域性演藝中心的地位，把長沙打造成中國中部「休閒娛樂文化之都」。[3]

　　大連以花園城市聞名國內外。20 多年的嬗變，大連從一座重化工城市轉身為國際花園城市，進行的是一場翻天覆地的環境革命和城市景觀的徹底改善，使城市功能實現跨越式的變革，城市品牌不斷顯現。1999 年，在全市實現了 1311 個工業污染源在全國率先實現達標的基礎上，大連又實施了星海

灣、黑石礁及凌水灣周邊地區、梭魚灣區域等一批老大難項目的環境綜合整治。在海域治理中，投入 13 億元清理養殖浮筏，還清澈大海於民。在大氣治理中，實施拆爐並網聯片采暖，10 年間全市共拆除燃煤鍋爐 4004 臺、煙囪 3260 根，還藍天白雲於市民。之後，市政府解決甘井子工業區環境汙染問題，關閉礦山、搬遷大鋼、大化、大水泥等汙染嚴重的企業，治理大化渣場，開展了甘井子工業區環境綜合整治。工礦企業留下的灰色景象得到改觀，取而代之的是青山翠綠。除了城市「貌美」工程外，還實施了一系列「隱形」的生態工程，使花園城市不僅「秀外」而且「慧中」。大連先後關閉了 196 家違法排汙企業，取消了 800 個不符合環保要求的新建擴建項目，建成 18 座汙水處理廠，城市汙水處理能力（日處理 130 萬噸）首次超過城市日用水量（105 萬噸）。中國首個汙泥處理廠以及與垃圾填埋廠相配套的濾液處理廠在大連建成使用。同時大連的垃圾焚燒廠也正在建設中。這些埋在地下、百姓看不見的環境工程，卻大大提升了城市的品質。[4]

2009 年 10 月 13 日，在捷克比爾森，大連在景觀改造、環保實踐、公眾參與等六個評選項目中，以總分第一名的業績一舉奪得「國際花園城市」桂冠。由此，大連在世界舞臺上又一次展現了城市的魅力和競爭力，實現了一次城市的完美行銷和品牌定位。20 世紀 90 年代，大連引發城市大討論，形成策略性調整，使大連逐步成為商貿、金融、旅遊、訊息城市。大連完成了環境治理任務，並下大力氣對傳統經濟、產業結構和布局進行了大調整、大改造。2006 年，大連提出建設生態宜居城市的宏偉目標，並把「建設生態宜居型城市」的策略目標寫入「十一五」規劃中。2007 年大連提出做「全球軟體和服務外包新領軍城市」，體現了大連發展新興產業，堅持走綠色增長的可持續發展之路。2008 年 7 月，大連市提出「把大連建設成中國北方科學發展示范城市」。2009 年 8 月 17 日，大連市提出「建設成為城市布局科學合理、生態系統健康協調、人居環境優美舒適、人民生活健康富裕、全民生態意識良好的國際知名生態宜居城市」。這些年來，大連平均每年將財政收入的 3.5% 投入進行綠化，每年植樹近 50 萬株，至 2008 年，大連綠化覆蓋率達到 44%，居中國北方城市之首。在城市裡建花園，更是把城市建在花園裡，讓市民生活在花園裡，在城市裡見縫插綠、擴建綠地，綠色覆蓋到位後，

進一步做到城市周邊形成大片的綠色屏障,讓城市被花園圍繞和環抱。社區圍牆、立交橋和高架路種植了近百萬平方米的藤本植物,樓頂綠化面積超過150 萬平方米,公園及社區、廣場種植有近百萬平方米的紫藤、金銀花、常春藤等植物,平面和立體式綠化覆蓋了全城。[5]

　　杭州以休閒之都聞名於世。杭州是中國歷史文化名城,中國八大古都之一,被譽為「人間天堂」、「絲綢之府」、「中國茶都」。杭州擁有非常豐富的山水及人文資源,有西湖和富春江—新安江—千島湖兩個國家級風景名勝區,天目山、清涼峰兩個國家級自然保護區和千島湖、富春江、大奇山、午潮山、青山湖五個國家森林公園,還有之江國家旅遊度假區和千島湖、湘湖等省級旅遊度假區。杭州以其獨特的生態資源、自然風光、休閒氛圍、文化內涵、精緻山水而被譽為「東方休閒之都,品質生活之城」。2007 年 2 月杭州被國家旅遊局和聯合國世界旅遊組織命名為「中國最佳旅遊城市」。自 2004 年起,杭州每年位列「中國十大最具幸福感城市」,除了 2010 年屈居第二,其他年份都蟬聯了第一。聯合國人居獎、國際花園城市、國際環保模范城市、全國綠化模范城市等榮譽都花落杭州。休閒、綠色不但成為了一種生活理念和生活時尚,更作為一種產業形態成為了杭州的城市策略。2002年,杭州開始「還湖於民」,啟動西湖綜合保護工程,打通西湖環線,逐步開放了整個西湖,同時取消了所有西湖沿線公園的門票。從 2002 年到 2009 年,杭州市一級財政僅投入園林的資金就高達 63 億元,加上花在市政道路配套方面的 12 億元,加起來大概投入了 75 個億。杭州城市休閒條件構成很有基礎。如茶樓業,城市有 700 多家,鄉村更多,晚間休閒業如酒吧、咖啡館近年也有很大的發展。杭州本身是一個安靜優美、文化豐富綠色低碳的知名城市,文化元素多、文化資源積淀也很深厚,在杭州休閒度假能夠得到一種精神上的回歸。杭州休閒的類型也比較齊全,文化休閒、購物休閒、美食休閒等在全國都有名氣。杭州在購物方面有十幾條特色街,在住的方面,星級以上的酒店有 200 多家,圍繞西湖大部分都是休閒酒店,在杭州郊區周邊分布著多所高檔度假酒店,這些都代表著杭州由過去的單純觀光型向觀光、休閒、度假三方面齊頭並進發展。目前杭州與世界知名的旅遊休閒城市相比,還具有差距,但通過努力,可以實現打造東方休閒之都的目標。[6]

深圳建設成為創業投資之都。截止 2012 年，深圳創投機構的數量和管理資金約占全國的 1/3，近 2524 家創投機構管理基金超過 3000 億元，投資的 3500 多個項目中已有 300 多家企業在境內外資本市場成功上市，其中 96 家創業闆企業獲深圳創投支持，占比全國第一，深圳已經成為名副其實的「創投之都」。深圳創投行業從無到有、從小到大，獲得了快速發展，在支持高新技術產業發展和產業轉型升級方面做出了重要貢獻，同時在體制機制改革創新、行業自律管理和創投機構的投資運營方面也創造了豐富的有利經驗，使深圳市成為中國創投機構最多、管理資金規模最大、投資項目最多、凝聚力和影響力最大的地區。[7]

基於以上的案例分析以及北京丰台區具有的文化元素、文化資源和文化產業基礎，本書認為，北京丰台區城市文化品牌定位為「花好月圓 幸福丰臺」。原因如下：

第一，「花好月圓 幸福丰臺」的城市文化品牌定位，遵從時代性與歷史性相統一、文化地域性與凝聚性相統一、文化的先進性與導向性相統一、文化培育的整體性與長期性相統一、文化品牌的代表性和城市特色相統一的基本原則。將「花好月圓 幸福丰臺」作為北京丰台區的城市文化總體品牌，能夠有效整合北京丰台區目前擁有的歷史文化資源和形象資源，在對外宣傳、推介時發揮整體效力，吸引人，打得響，經得起時間考驗。該城市文化品牌通俗易懂、內涵深刻、影響深遠。

第二，「花好月圓 幸福丰臺」可以基本概括丰臺的中秋文化、紅色文化、花卉文化等品牌的若干特點。「花好」代表花卉文化，體現了喜慶、圓滿、幸福、吉祥等特徵。「月圓」代表中秋文化，體現中國文化的內涵和特質。

第三，「花好月圓 幸福丰臺」可以概括丰臺的文化特色。「丰臺」作為「豐收的沃土、成功的舞臺」的形象詮釋，「花好月圓 幸福丰臺」體現為豐收的喜慶、成功的圓滿特點。「花好月圓」一詞已家喻戶曉，通俗易懂，容易留下深刻印象，在全國也獨一無二，因而具有代表性和丰臺文化特色。

第四，北京丰台區「花好月圓」符號已經形成良好的社會影響，只要進一步提升和拓展，必然能獲得社會認可和品牌知名度。2011 年北京丰台區舉

辦「花好月圓 幸福豐臺」中秋文化旅遊系列活動，包括舉辦「花好月圓 舞動金秋」文藝匯演、「月滿中秋好禮盡獻」等多種主題活動和優惠促銷活動。2012 北京豐台區「盧溝曉月」中秋文化旅遊節以「花好月圓 幸福豐臺」為主題，開展 30 餘個旅遊項目。這些文化活動不僅使「盧溝曉月」中秋文化成為北京豐台區亮麗的城市名片，同時已經將「花好月圓」符號傳遞給首都市民，在國內外影響深遠、傳播力強。

第五，北京豐台區的中秋民俗傳統文化、花卉文化等結合起來，充分展示北京豐台區的人文價值，表明北京豐台區豐富的歷史文化資源的城市定位和文化發展主策略，彰顯了北京豐台區鮮明的地域特色、豐富的歷史文化內涵、濃郁的現代時尚創意氣息，契合普通大眾心理，體現較強的市場挖掘潛力和廣闊的品牌發展空間。

北京豐台區文化品牌與文化產業的發展方向選擇：以打造和提升「花好月圓 幸福豐臺」城市文化品牌為目標，以市場機制為動力，以政府政策扶持為指引，以企業集團化、產業集群化、區域品牌化、城市服務化為基本方向，促進北京豐台區文化產業鏈條完善和競爭力提升，進而構建豐臺國家級文化品牌。

6.2.1 企業集團化

集團化已成為企業發展應對全球競爭、跨國經營、抱團發展、品牌發展的重要策略和必然趨勢。經濟全球化、知識經濟、網路經濟等的到來，技術進步和市場競爭加速了企業集團化的步伐。在中國，政府正在大力支持企業制定集團化策略，鼓勵兼並、合作發展，使企業集團成為國民經濟發展的主導力量。由於市場經濟逐漸成熟以及企業改革的不斷深化，企業建立現代企業制度，加快經濟體制改革，朝著大企業集團方向發展，這已經成為一個產業演變的重要趨勢。組建並發展大型企業集團是中國改革開放和市場經濟發展中的一項具有策略意義的重要任務，對於產業結構優化升級、企業競爭力提升等均具有重要意義。[8] 企業集團是由多家企業在同一行業或類似領域經營，形成彼此穩定合作關係，並通過有機協調，形成上下游企業構成生態關係的強大企業集群。企業集團一般是以一個或若干企業為核心，通過控股、

企業合同或其他方式，使核心企業控制一系列從屬企業，從而形成眾多企業的結合體。在企業集團內部，核心企業也被稱為控制企業，從屬企業被稱為被控制企業。[9]

　　企業集團化是在外因與內因相結合的基礎上產生的。內因主要是企業內部環境條件、策略定位和目標要求。企業外因是外部更加激烈的競爭環境迫使企業必須走集團化發展道路才能應對各種競爭和挑戰。集團化管理具有這些方面的特點與優勢，一是通過抱團發展和資源整合，可以充分利用各企業之間的訊息、技術和資源，降低成本。為了降低企業的成本和費用，集團化管理執行統一採購的方法；企業集團化後為了攻克高難度的技術或者挑戰，不僅共享資源統一技術，而且建造了公共的研發平台；為了降低行銷開支，可以採用統一銷售的方式：為了降低財務費用以及攻克融資的難題採用統一結算的方式等等。二是取其精華，提高企業的運行和管理效率。集團化運作可以充分地吸收眾多企業的優點，整合資源並將其充分利用，以彌補其他企業的缺點，強化企業的綜合能力，進而提高企業運作和管理的效率。企業集團化能促進上下游企業結成緊密的合作和對接關係，促進銷售方式的組合、人力資源的整合、企業管理經驗的學習等。三是企業創新能力和綜合實力能力的提高，技術創新、行銷創新以及成本和費用的降低等，使企業及集團綜合實力得到提高。[10]

　　對於北京丰台區文化產業發展而言，企業集團化要求加快北京丰台區六大文化品牌的龍頭企業培育，延長和提升企業價值鏈，促進文化企業集團化發展。通過集團發展形成文化產業的合力，避免單槍匹馬、單打獨鬥以及同質競爭的現象發生。文化產業的企業集團化是指相關聯文化企業以產權為紐帶，以優勢文化產品或文化服務為龍頭，以核心企業為核心，將產品關聯度強的眾多文化企業，通過資產的合並、兼並、劃轉等途徑，組成新的更有競爭力、更有品牌影響力的文化企業群體。集團化發展可以實現對現有存量資產進行重新配置，實現專業化生產，規模化經營，形成新的規模優勢，進而打造有影響力的文化品牌。

北京豐台區文化產業發展需要以企業集團化為基礎,依托品牌企業打造,實現快速發展。通過與名牌企業進行合作,形成名牌效應,以名牌產品帶動名牌企業,走名牌發展之路。名牌產品不是一朝一夕可以生產出來的,它需要不斷改進產品質量和提高產品檔次。名牌產品及知名度代表了產品的質量、用途和價值,由名牌產品宣傳名牌企業,由名牌企業形成名牌集團,企業成為集團能生產、經營更多產品,形成名牌滾動效應,名牌滾動效應、品牌良性發展保障企業集團的穩定發展、創新發展、品牌發展。

6.2.2 產業集群化

隨著經濟全球化和市場化的發展,區域競爭日趨激烈,各國或地區為了提高區域競爭力,力圖通過產業集群化發展,實現產業升級和產業結構優化。產業集群化發展已成為全球性的發展潮流,因此,加強引導和推動產業集群化發展,已成為各級政府經濟工作的重要內容。[11] 產業集群化即要求加快北京豐台區文化企業的集群發展,引導同類型文化企業在同一區域集中和扎堆,促進企業規模化發展,形成集群影響力和競爭力,打造集群文化品牌,形成集群效應和品牌效應。

集群化是產業呈現區域集聚發展、形成規模效應的發展態勢。產業集群是指集中於一定區域內,特定產業的眾多具有分工合作關係的不同規模等級的企業和與其發展有關的各種機構、組織等行為主體,通過縱橫交錯的網路關係緊密聯繫在一起的空間集聚體,代表著介於市場和等級制之間的一種新的空間經濟組織形式。

它是當今世界經濟發展的新亮點,它不僅可以成為區域經濟發展的主導,而且也成為提高一國產業國際競爭力的新力量。產業集群作為一種為創造競爭優勢而形成的產業空間組織形式,它具有的群體競爭優勢和集聚發展的規模效益是其他形式無法比擬的。從世界範圍看,集群化已是一個非常普遍的現象,國際上有競爭力的產業人多是集群模式。在經濟全球化的今天,產業集群化發展已成為全球性的經濟發展潮流,產業集群構成了當今世界經濟的基本空間構架。

北京豐台區文化產業發展應該走集群發展道路，整合相關文化資源和關聯性產業，延長產業鏈，組團式發展，形成集群規模效應，進而打造文化品牌。

6.2.3 區域品牌化

區域品牌化發展即要求通過文化企業和產業的集群發展，形成區域特色品牌，形成區域品牌競爭力。以企業集團化、產業集群化為基礎，在區域層面打造出若干個文化品牌，提升區域影響力和競爭力。當前國際競爭與國家競爭關鍵在於區域競爭，而區域競爭力提升關鍵在區域內企業和產業競爭力提升，在品牌競爭力提升。

區域品牌化從學理上考察，主要是借助區域已有的資源和產業經濟發展所打下的堅實基礎，進行品牌項目推進和品牌推廣，帶來強大、持續的品牌競爭力。區域品牌化發展是推動文化產業的品牌項目、實施產業發展、文化行銷的具體策略與重要系統工程。區域不分大小，不分城市或郊區，均可以樹立品牌化發展理念，結合當地文化與旅遊資源、本地經濟環境和產業特色、創新創意、整合與提升現有文化元素，不斷集聚資源、創新理念、打造品牌項目，並通過與區域品牌的整體推廣來實現品牌化發展。現有的文化園區均是依托現有的文化元素、文化資源進行運作。有成功的，也有失敗的。但走區域的品牌化發展道路是共識也是基本經驗總結。

區域文化產業發展，需要結合自身文化元素和文化資源，進行科學規劃，包括產業規劃和項目規劃的準確定位。主要內容包括方向、目標、構成要素、商業模式和實施路徑等諸多環節。具體而言，文化產業實現區域品牌化的規劃主要包括以下幾個方面：

第一，文化資源的挖掘、整合、評估與科學判斷。著重點在於根據區域現有的文化產業基礎、文化元素、文化資源條件，選擇具有比較優勢的產業或項目，進行重點扶持和規劃發展，形成區域新的產業增長點。面向文化基礎，進行創意內容項目和文化活動建設等，形成文化資源的有效評估、整合、挖掘，形成文化產業發展的基礎。加強文化資源的評估，要對區域已有資源

進行整合、深度拓展。各個區域在推動文化產業發展的過程中，比較注重歷史文化資源和自然景觀資源，對於新創項目和品牌往往不夠深入。需要高度重視區域文化產業發展的各方面的資源，既要重視歷史文化資源和自然景觀資源，還要重視區域旅遊資源、體育資源、人力資源和社會其他文化資源等，這些對區域文化產業發展和區域品牌化構建具有無限的潛能。

文化資源的挖掘、整合與評估，可以通過舉辦各種文化娛樂活動、教育培訓、體育賽事、文化旅遊、大型會展、國際賽事等文化活動，形成區域影響力和競爭力，進而推出品牌，形成規模效益。主題公園融入了公園要素、文化休閒等多種元素，形成了具有區域化、固定化、長期性的文化活動，構成獨具文化特色的重要品牌，在國際上的影響力不斷提升，如迪斯尼主題公園就是典型的主題公園文化產業模式。通過主題公園的文化活動形成了一定的經濟形態，也就是通過創意、設計、開發、組織、策劃、推廣建立消費者參與消費的文化體驗，增加其趣味性、體驗性、挑戰性、健身性等多種要素和特徵，形成具有強大吸引力的品牌項目。通過文化資源的挖掘、整合、創意、策劃、拓展，並與人力資源、人力資本、人力創造相結合，促進文化產業的跨越發展，形成區域經濟的新增長點，產生拉動內需、促進消費、實現發展的重要作用。人力資源、人力資本與創意的整合，形成資源開發與充分利用，好的創意、項目實際上是好的資源整合，通過知識共享、訊息共享、文化共享、人力共享，實現文化產業的資源深化與利用。城市政府、企業、社會組織重視「內容為王」的文化資源挖掘、整合與評估，不是僅僅考慮大的文化廣場、文化硬體設施建設，更重要的是文化資源的挖掘、激活、評估與利用。創意項目越來越受大眾喜愛，也可以成為具有影響力的品牌。實際上是文化資源的有效整合。

第二，探討可行的產業模式和經營路徑。在文化資源整合的基礎上，選擇可行的產業模式與路徑的設計。文化產業模式的選擇，是區域文化產業發展策略和品牌化項目的重要紐帶。要結合區域定位和品牌基礎，明確產業模式的特點、重點、難點，進行突破，形成文化產業價值鏈的提升，實現文化產業的規模化、集約化、品牌化發展。區域文化企業要結合自身企業的文化特點和優勢，進入商業模式的分析和論證，選擇有效的可行的產業模式和經

營路徑，並予以執行和實施。不同的文化項目和品牌道路，要求選擇不同的產業模式和行銷渠道。

　　第三，區域品牌化發展應該注重局部與全局策略的統一。區域品牌化強調整個區域文化產業發展的品牌推廣，注重區域文化資源的整合與整體合力的提升，打造區域響噹噹的品牌，加以推廣。要重視文化品牌內涵和主打產品的融合、提升，重視企業策略與區域策略的融合、統一，重視文化產業運營模式的細化和品牌推廣的規模化。區域品牌化發展要進行全局規劃和局部整合，形成團隊合力進行推廣，形成拳頭產品和品牌，對外部能形成強烈影響力，進行新的規劃與策劃，並保障組織實施的力度，形成區域更大的文化影響力和區域競爭力。

　　第四，注重系列品牌的集體打造與推廣。區域品牌化是指區域層面的文化產業的系列品牌活動打造、推廣、行銷。這些品牌、項目之間進行集體打包、整體推廣，形成活力，相互之間產生拉動和互動效應，特別是通過做好品牌化建設，形成規模效益和資源整合優勢，資源共享、優勢互補、力量整合。系列品牌的集體打造、推廣能形成高附加值、可持續性強。好的資源、新的創意、大的項目，都需要進行不斷的品牌化推廣，不斷深化、不斷完善、不斷拓展。一是對品牌內涵進行準確的定位和形象塑造，如少林寺文化公司的系列活動、朝陽公園流行音樂周、大型文化活動節、文化產業博覽會等。科學定位、形象塑造、集體打造形成系列品牌化發展的基礎。二是要策劃有內涵、有創意、有深度的文化活動進行包裝、推廣、行銷。通過策劃，形成大的影響力，擴大受眾群體和覆蓋面。三是要做好系列品牌化打造的基礎設施建設與社會力量整合。好的系列品牌推廣都需要政府、企業、社會組織、社會群眾的大力支持，需要獲得當地政府、新聞媒體、企業、社會組織等的支持與合作，需要廣大的消費者和社會群眾的參與和支持。政府或企業能夠具有服務品牌活動、追求卓越的態度和真誠幫助。四是採取市場化運作的途徑進行品牌推廣。品牌化項目通過市場運作來推動。品牌項目推廣可以結合城市形象推廣，通過品牌項目推廣來推介城市或區域形象。

6.2.4 城市服務化

　　隨著服務經濟時代的到來，城市服務化包括城市經濟的服務化和政府管理的服務化，打造服務型城市。從世界先進國家的經驗看，當一個國家或區域的城市化水平在 30% 一 75% 之間，人均 GDP 達到 3000 美元時，城市化水平就進入加速發展期。在此時期，產業結構開始從「工業型經濟」向「服務型經濟」轉型，產業結構、產業活動、產業組織等服務化趨勢明顯，現代服務業會逐步取代製造業成為城市發展的核心動力和創新源泉，成為支撐城市經濟增長的「頂梁柱」和城市產業發展的制高點，相應的城市類型也開始從「工業型城市」向「服務型城市」轉化。[12] 服務型城市是城市化發展到一定階段的必然產物。該類型城市在城市化發展的過程中，服務業尤其是生產性服務業成為城市經濟發展的主導產業，服務業產值占 GDP 的比重達到 60% 左右，生產性服務業產值占服務業產值的比重達到 60% 以上。城市經濟的服務化是指城市經濟結構是以服務業為主導，第三次產業占 GDP 比重超過 50%。按照三次產業演化規律，經濟服務化是世界經濟發展與產業轉型升級的一般趨勢。在三次產業結構中，第三產業即通常意義上的服務業所占的比重會逐漸上升，直至在國民經濟中占據主導地位；隨著現代化機器設備和各種自動生產線的廣泛採用，第二產業當中的加工製造裝配等環節會變得相對簡單，而更多的就業崗位和增加值都來自於生產者服務環節，如研究開發與設計、生產組織與管理、行銷組織與管理、供應鏈管理、品牌經營和售後服務等。因此，城市經濟服務化是世界經濟發展、轉型與升級的一般趨勢。[13]

　　城市政府的服務化是區別傳統管制型政府，是基於服務型政府建設背景，對城市政府服務職能的基本要求。黨的十八大報告提出，要按照建立中國特色社會主義行政體制目標，深入推進政企分開、政資分開、政事分開、政社分開，建設職能科學、結構優化、廉潔高效、人民滿意的服務型政府。建設服務型政府要樹立為人民服務的基本理念，把維護好、實現好、發展好最廣大人民根本利益作為政府一切工作的出發點和落腳點，最大限度改善人民生活、增進人民福祉，促使人民滿意。服務型政府要求強化政府公共服務職能，

圍繞人民日益增長的物質文化需求，以保障和改善民生為重點，健全公共財政體系，加快建立惠及全體人民的基本公共服務體系，為人民群眾提供更好更多的義務教育、基本醫療、社會保障等基本公共產品和服務，並不斷提高公共服務的質量，推進公共服務均等化。文化品牌提升與文化產業發展，需要建立服務型政府，需要地方政府的積極參與、服務、配合等。這種服務是基於政策層面、宏觀調控層面、公共服務層面，而不是過分干預和人為設限，不是形成尋租和腐敗。

具體而言，城市政府管理的服務化，主要包括：第一，從城市管理的目標來看，城市政府的管理以實現明確的公共利益為目標，城市政府應以為社會提供公共福利和公共產品，滿足和提高公眾的生活質量為基本目標；第二，從城市管理的內容來看，應「弱化」城市管理的行政干預功能，「強化」城市管理的服務屬性；第三，從城市管理的途徑來看，將充分關心公眾的需求，擴大公眾參與城市管理的渠道和力度，高度重視公眾的反饋和建議；第四，「服務型管理」在強調城市政府服務功能的基礎上，既強調民主的質量觀，用增加透明度和提高公眾參與程度來實現民主憲政，同時也關注城市管理中的商業質量觀，用現代管理、參與、服務等的手段提高城市管理的效率。總的來說，城市政府「服務型管理」的提出，就是要從城市政府為公眾提供公共服務的角度來看待城市管理，城市管理水平的提高就是城市政府提供公共服務質量的提升。[14] 城市政府要以優質高效的服務吸引企業和顧客，以均等化的公共服務來保障和滿足城市居民的基本生產和生活需求，不斷提升城市的管理層次和服務水平，構建良好的城市形象和文化氛圍，也為城市產業發展和品牌建設構筑良好的制度環境。

對於北京丰台區而言，城市服務化重點強調加強政府的公共服務職能，即要求北京丰台區各級政府要服務於區域內文化企業、文化產業、文化品牌發展，為文化企業、文化產業發展提供高效服務，積極履行市場監管、政策扶持和公共服務職能。同時也要搞好區域文化建設和社會民生建設，促進經濟建設與文化建設、社會建設的高度統一，最終服務北京丰台區文化品牌提升和文化產業突破發展。

所有經濟活動、產業發展、品牌建設，均離不開完善而高效的政府服務，建設服務型政府的初衷也是要為區域城市產業發展提供更好的服務。因此城市服務化是基於政府層面為文化品牌提升與文化產業突破提供所需的各項公共服務，降低和減少企業的交易成本，為文化產業發展的規模經濟效益提升提供良好的服務環境和高效的服務水平。

6.3 實施步驟

　　按照豐臺特色，北京品牌；豐臺特色，國家品牌；豐臺特色，國際品牌的發展思路和策略定位，確定北京丰台區文化品牌提升與文化產業突破的實施步驟和發展重點。

　　主要包括以下三個階段：

6.3.1 近期（2014—2016 年）

　　近期為起步或初級發展階段，以整資源、聚人才、強企業為基本目標和工作內容加強北京丰台區文化產業的扶持與培育。圍繞每個品牌方向組建 1-2個龍頭企業，建立多元化的投融資機制和市場化競爭機制，依托企業引進項目，吸引人才，夯實品牌的產業或產品基礎。政府部門成立文化集聚區管委會，加大文化品牌宣傳力度，建立豐臺代表北京的品牌地位和城市形象，為北京丰台區文化企業提供良好的政策環境和發展氛圍，形成丰臺特色，北京品牌。

6.3.2 中期（2017—2020 年）

　　中期為不斷完善和成長階段，以形成產業集群、打造品牌為基本目標和工作內容。以企業為主體，延長產業鏈，吸引更多企業入駐，形成產業集群，通過自由競爭、創新創意，提高文化產品和服務質量，夯實品牌的產品實力和市場競爭力。政府為文化產業集群提供扶持政策和財政支持，圍繞品牌進一步搞好宣傳和維護。通過產業集群建設與培育，形成丰臺特色、國家品牌。

6.3.3 遠期（2021 年—未來）

遠期為成熟和提質階段，以完善品牌、優化品牌、拓展品牌和提升品牌影響力為基本目標和工作內容。建立具有國際競爭力的企業集團和企業品牌，實施文化走出去策略，實行跨國經營，提升丰臺的國際地位和國際品牌形象。進一步提升文化品牌的創新能力和文化軟實力，進而提升北京丰台區的國際品牌競爭力，形成丰臺特色、國際品牌。

▌6.4 發展重點

課題組對「您認為未來丰臺最有可能形成全國乃至國際上的文化品牌」的問卷調查顯示，如圖 6-1 所示，選擇戲曲文化品牌的有 989 人，占總人數的 49.95%，選擇花卉文化品牌的有 1018 人，占總人數的 51.41%，選擇服裝時尚文化品牌的有 742 人，占總人數的 37.47%，選擇中秋文化品牌的有 1245 人，占總人數的 62.88%，選擇紅色文化品牌的有 732 人，占總人數的 36.97%，選擇汽車文化品牌的有 728 人，占總人數的 36.77%。

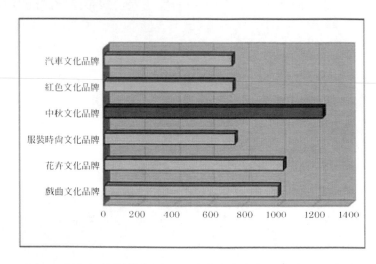

圖 6-1 最有可能形成全國乃至國際上的文化品牌的問卷統計

結合北京丰台區實際情況以及六大文化品牌的基礎和未來潛力，六大品牌發展重點與優先次序為：中秋文化——戲曲文化——服裝時尚文化——園

藝花卉文化——汽車文化——紅色文化。應重點發展中秋文化、戲曲文化、服裝時尚文化，其次是園藝花卉文化、汽車文化、紅色文化。

6.4.1 優先發展中秋文化品牌

北京丰台區中秋文化資源豐富，在北京市獨一無二，屬於具有特質性的文化品牌資源。應提升丰臺「盧溝曉月」的中秋文化品牌，大力培育中秋文化產業，依托盧溝橋文化景區，建立盧溝橋文化產業集聚區管委會，打破體制障礙，引入知名文化企業，通過資本運作，聯合組建丰臺中秋文化企業集團，由企業集團策劃系列的大型中秋文化的創新創意活動，深度挖掘中秋民俗文化，提升丰臺中秋文化品牌。

以中秋文化旅遊節為重要節點，延伸中秋文化產業鏈，完善中秋文化旅遊的配套設施和服務功能，特別是加強「吃、住、行、娛、購、游」一體化的景區配套建設，增強盧溝橋文化景區的接待能力和功能。

中秋文化企業集團與北京丰台區政府高度配合，政府部門加強政策扶持、宣傳策劃，進一步提升「盧溝曉月」中秋月亮晚會的知名度和品牌影響力，加大宣傳、策劃、推廣，將中秋文化品牌提升為國家級文化品牌。

以促進北京丰台區文化品牌融合為基本原則，加強中秋文化與園藝花卉、服裝時尚、戲曲文化、紅色文化、汽車文化等的融合、互動、共贏發展，共同策劃和開展系列文化旅遊活動，推出彰顯中秋文化內涵、弘揚丰臺文化的特色系列工藝品、藝術品和旅遊商品，既能強化和推廣中秋文化品牌內涵和影響力，也能促進其他文化品牌的互動發展。

6.4.2 重點培育戲曲文化品牌

北京丰台區的戲曲文化資源已經形成大氣候，擁有北京市乃至全國一流的多專業戲曲研究中心和院團。依托中國戲曲學院、中國評劇院、北京京劇院、北京市曲劇團、北京戲曲藝術職業學院等專業院團以及鴻蒙墅苑文化集團等品牌文化企業，構建中國戲曲文化中心，打造國家級乃至國際性的戲曲

文化品牌。整合現有專業戲曲院團和戲曲文化公司，組建 2-3 家大型戲曲文化企業集團。

第一，以戲曲文化企業集團為龍頭，加強戲曲產品創新創意和開發，推出具有鮮明豐臺文化特色的戲曲劇目和精品力作，以具有創造性的戲曲文化產品占領中國和國際市場，形成戲曲文化的品牌競爭力。

第二，開展戲曲文化宣傳與戲曲教育，扶持建設中國戲曲文化學校，鼓勵建設戲曲特色社區、票友俱樂部和戲曲業餘團隊，培育戲曲文化的群眾基礎和社會資源，暢通和豐富戲曲文化的活水源頭。

第三，依托北京豐台區現有的戲曲文化資源，組建中國戲曲博物館、戲曲圖書館、戲曲劇場等。北京豐台區擁有全國獨特的戲曲文化資源，從弘揚非物質文化遺產的策略高度，爭取國家政策和資金支持，設立中國戲曲文化發展專項基金，高度重視和加強戲曲文化的公共服務設施建設，積極引入社會資本，發揮市場機制在資源配置中的決定性作用，組建中國戲曲博物館、圖書館、文化館等，建立 10-20 個豐臺戲曲劇場群。通過戲曲藝術體驗、戲曲紀念品開發、面向國內外遊客的戲曲演出以及戲曲文化主題公園建設，開發推出中國戲曲文化旅遊項目。

第四，戲曲文化企業與政府部門、駐區院團、院校合作創新，打造有品牌、有特色、有影響力的中國戲曲文化節，以文化節和系列文化活動進一步提升豐臺戲曲文化品牌的社會影響力和國際知名度。

第五，與駐京國際組織、跨國文化公司合作，實施中國戲曲文化走出去策略，將豐臺戲曲文化在國外傳播、發展和聯盟，提升豐臺戲曲文化的國際品牌和國際影響力。

第六，加強戲曲文化品牌的產業價值鏈延伸和完善，加強戲曲產品開發的同時，與北京豐台區其他文化品牌進行合作，開發戲曲服裝設計、戲曲花卉、戲曲文化旅遊、戲曲動漫、戲曲影視等關聯產業，促進北京豐台區戲曲文化品牌與其他文化產業的互動、聯合、雙贏發展。

6.4.3 大力發展服裝時尚文化品牌

　　大紅門時尚創意產業集聚區作為北京市級文化產業集聚區,應大力發展服裝時尚創意文化品牌。建立大紅門文化產業集聚區管委會,立足大紅門服裝城的現有基礎,延長和提升服裝產業鏈,轉變單純依靠服裝銷售、服裝批發中轉的服務功能,按照國際標準統一規劃建設,完善服裝交易、設計展示、面料研發、時尚發布等新功能,增加創新創意功能,實現從服裝銷售市場向服裝創意之都轉變。

　　培育服裝設計服務、廣告會展、演藝娛樂等新型業態,實現產業延伸從低端銷售擴張向高端時尚設計、行銷策劃、品牌推廣的服裝文化創意產業轉變,構建包括紡織印染、服裝研發設計、服裝加工、服裝配飾以及輔料的生產、服裝商貿平台、服裝研究和市場調研、大眾媒體等強大的文化品牌產業鏈,配套建設包括研發設計網、展示網、服裝模特網、零售網、銷售網、特許經營加盟等多維度網路體系,增大北京豐台區服裝時尚文化產業鏈條的長度和強度,帶動鏈條上各個環節的飛速發展,增強北京豐台區服裝時尚文化產業和服裝設計企業在全國乃至國際上的影響力。

　　設立北京豐台區服裝時尚文化產業專項資金,吸引社會資本進入大紅門服裝文化產業集聚區,大力吸引服裝時尚設計企業進入,鼓勵北京豐台區本土的設計公司(如依文、正邦設計等)和關聯企業到大紅門設立機構,成立分公司,開展業務,整合資源,建立服裝時尚體驗中心和設計師平台,與中國紡織工業協會、中國流行色協會等加強聯繫和策略聯盟,吸引大型國企、央企、私企、金融機構、跨國公司進入大紅門,引入服裝產業的高端資源,吸引高端品牌入駐,形成北京豐台區服裝時尚文化產業集群。

　　鼓勵北京豐台區服裝時尚文化企業加強產品研發,提高服裝設計能力,推出引領時代潮流的服裝時尚品牌,鼓勵服裝時尚文化品牌與北京豐台區其他文化品牌的互動,包括與戲曲文化、汽車文化、中秋文化、園藝花卉文化等品牌的高度融合與創新合作,共同策劃文化活動,共同擴大品牌影響力,加強企業之間的溝通互動和訊息共享,促進北京豐台區文化品牌資源整合與共贏協同發展。

不過值得指出的是，基於京津冀協同發展要求，破解首都北京城市病問題，北京市提出將動物園、大紅門等地區的低碳的批發零售業搬遷和轉移到河北、天津等省市，這對大紅門發展服務時尚文化產業形成一定的衝擊。但本書認為，低碳服裝批發零售業的外遷將為大紅門服裝產業的轉型升級帶來機遇。基本大紅門服裝文化產業的強大市場基礎，可以淘汰一批低端、小批量、無品牌的批發零售企業外遷，但具有國際和國家品牌的企業可以走高端品牌化的升級轉型道路。

6.4.4 積極發展園藝花卉文化品牌

　　立足花鄉花卉和園博園兩大平台，積極發展園藝花卉文化品牌，擴大丰臺園藝花卉文化產業的品牌競爭力和國際影響力。花鄉作為北京最大的花卉生產基地，有近 700 年的花卉栽培史，花鄉花卉占北京整個市場的 60%，是北京丰台區重要的傳統花卉文化元素集聚地。抓住園博園大會和世界種子大會的契機，大力發展園藝花卉文化產業，加強花卉文化企業重組，以 15 個村企業為主體，組建花鄉花卉集團，集花卉研發、育種、高端零售等一體化整合，實現花卉產業鏈整體升級，打造全國花卉交易中心，使丰臺成為中國乃至世界花卉園林藝術的集中展示窗口和國際園林文化交流、交易的知名區域。

　　第一，加速花卉研發生產體系建設，拓展基地，加強高端研發展示，構建和拓展具有北京丰台區自主品牌的花卉品種，真正形成花鄉花卉品牌。要升級流通網路體系、交易服務網路、零售體系，加強花卉交易金融功能，升級消費模式，實現聯合行銷，培育花卉市場和新型花卉產業產品形態，強化在全國的控制力和影響力。

　　第二，利用傳統節日、文藝演出，緊密結合春節、花朝節、中秋節等傳統節日，創造花卉文化，舉辦花卉展覽、園藝大賽等活動，開展月季展、菊花展，與高星級酒店租擺、婚慶、紀念性活動、文化活動相結合，大力發展花卉創意設計產業，推出丰臺花卉文化創意服務品牌。

第三，建立全國花卉交易中心，制訂花卉標準，統一北京豐台區花卉文化品牌代表，加強花卉文化品牌和文化產業研究，加強國際合作，引進高端品牌，促進整合提升，形成花卉國際品牌，不斷做大做強北京豐台區花卉文化品牌和花卉文化產業。

第四，加強花鄉與園博園的互動與聯合，共同策劃系列的園藝花卉文化活動，抱團集群發展，與金融、服裝設計、汽車文化、戲曲文化等產業和品牌聯合，促進產業價值鏈延伸與聯合宣傳的集群效應。

6.4.5 不斷培育汽車文化品牌

北京豐台區汽車文化品牌比較弱，儘管擁有北京汽車博物館、北京國際汽車露營公園等好的品牌和文化基礎，但與真正意義上的汽車文化還有一定差距。因此要依托現有汽車文化基礎，不斷進行培育、不斷完善汽車文化產業鏈條，進而不斷提升北京豐台區汽車文化品牌。依托北京豐台區已有的汽車文化資源，組建 2-5 家大型汽車文化公司，北京汽車博物館在開展汽車展覽、科普、專業論壇、互動體驗、旅遊觀光等活動的同時，要與其他企業或公司合作，或投資組建新的汽車文化公司，以市場需求為動力，深入挖掘北京豐台區「陸上碼頭」的古道文化資源，加強汽車文化創新創意，聯合策劃系列的汽車文化品牌推廣活動，吸引知名汽車企業集團，建立和完善北京豐台區汽車工業設計、品牌策劃、展覽展示、會議論壇、知識產權交易、最新技術交流等汽車文化產業鏈。

以北京汽車博物館為重要支點，在其周邊布局和吸引若干汽車文化企業入駐，通過企業集聚、抱團合作、業務關聯、功能互補、設施完善，打造豐臺汽車文化產業集聚區。

立足首都北京的廣闊消費市場，開展汽車俱樂部、賽車、創意車模等高端汽車文化品牌活動，加強汽車文化產業與體育產業、文化旅遊、金融、廣告等多行業的資源整合，促進北京豐台區汽車文化產業的培育、發展、壯大，形成北京豐台區汽車文化品牌。

6.4.6 融合發展紅色文化品牌

北京丰台區紅色文化資源豐富，盧溝橋抗戰文化影響深遠，是體現民族振興歷程的愛國主義教育基地，在很大程度上具有公益教育和公共文化服務的性質，其產業功能相對其他文化品牌而言較弱。因此，提升紅色文化品牌要強化民族振興、愛國教育的文化旅遊價值，與中秋文化品牌進行聯動融合發展。

第一，要進一步利用革命紀念日開展紅色文化教育，深入挖掘航天文化、抗戰文化等文化內涵，加強區檔案館、鄉鎮史館建設，通過舉辦富有吸引力、感召力的主題教育活動，不斷強化北京丰台區紅色文化品牌。

第二，在盧溝橋文化景區及周邊增加「北京丰台區」文化代表，增加丰臺紅色文化品牌的代表性建築物和廣告宣傳，突出北京丰台區紅色文化品牌形象與地位。

第三，開展紅色文化旅遊，將紅色文化、生態文化、中秋文化、戲曲文化等進行融合發展，以盧溝橋、宛平城、抗日戰爭紀念館為支點，整合長辛店留法勤工儉學舊址、長辛店二七大罷工遺址等文化元素和資源，打造全國最具影響力的民族振興文化品牌和紅色文化旅遊區。

盧溝橋文化創意產業集聚區應結合永定河生態文化新區、園博園建設契機，突出紅色文化、中秋文化、戲曲文化、花卉園藝文化等特色文化品牌，融合發展多元文化創意產業集群，為紅色文化發展增添動力和內容，延長和提升紅色文化產業鏈，進而培育和提升北京丰台區紅色文化品牌。

▌6.5 本章小結

北京丰台區立足首都城市功能定位，依托良好的生態環境和豐富的文化資源，以「搶抓機遇、高端引領、區域統籌、產業集群、文化制勝」為基本理念，以「提升丰臺文化、整合丰臺產業、構筑丰臺品牌、彰顯丰臺精神、打造丰臺形象、實現丰臺跨越」

為基本目標，以組建具有規模優勢和品牌影響力的核心企業為支點，以構建具有自主創新能力和品牌競爭力的文化產業集群為突破口，大力提升中秋文化、戲曲文化、服裝時尚、園藝花卉、汽車文化、紅色文化等六大品牌和產業，打造體現豐臺特色的國家級文化品牌，構建豐臺「花好月圓 幸福豐臺」城市文化品牌，在國際上形成具有強大競爭力和影響力的文化產業集群。

按照豐臺特色，北京品牌；豐臺特色，國家品牌；豐臺特色，國際品牌的發展思路和策略定位，確定北京豐台區文化品牌提升與文化產業突破的實施步驟和發展重點。

以實現北京豐台區文化產業高端化、總部化、品牌化、集群化、國際化為目標，重點發展中秋文化、戲曲文化、園藝花卉、服裝時尚、汽車文化、紅色文化等六大品牌，壯大優勢產業，強化文化創新、科技創新「雙輪驅動」，培育新興文化創新產業等，研究確定北京豐台區文化品牌提升和文化產業突破的實施步驟、發展重點、具體策略及其實施策略等，促進六大文化品牌與文化產業的協同、創新、跨越發展，打造北京豐台區國家級乃至國際文化品牌。

註釋

[1] 劉湘萍 . 品牌目標城市定位 [J/OL].http://www.chinacity.org.cn/cspp/cspp/68435.html.

[2] 廣州 5 年內建成國際花園城市 [N]. 南方日報，2011-02-21（GC04）.

[3] 蔡文煜，張明軍，魏敏 . 長沙娛樂文化產業發展的啟示 [N]. 無錫日報，2008-09-23（1）.

[4] 林毅芳，仇寶紅 . 城市的嬗變：大連走進國際花園城市啟示錄 [N]. 新商報，2009-10-22（03）.

[5] 林毅芳，仇寶紅 . 城市的嬗變：大連走進國際花園城市啟示錄 [N]. 新商報，2009-10-22（03）.

[6] 張立新 . 西湖博覽會之杭州打造東方休閒之都 [DB/OL].（2005 10 23）[2010-11-25]http://www.cnr.cn.

[7] 陳虹 . 深圳成創業投資之都 [N]. 深圳特區報，2012-11-20（01）.

[8] 阿提坎木 . 企業集團化動因的策略特徵研究 [J]. 商場現代化，2008（4）：162-163.

[9] 牛志紅 . 企業集團的財務控制問題及完善措施 [J]. 呂梁教育學院學報，2006（4）：20-21.

[10] 董西謙 . 企業集團化管理問題研究 [J]. 財經界，2012（2）：93.

[11] 路卓銘，趙寶廷 . 區域產業集群化的經濟效應與演進機理分析 [J]. 經濟問題探索，2010（10）：28-30.

[12] 席芳，黃大全，張少偉 . 中國服務型城市建設問題及發展對策 [J]. 規劃師，2011（z1）：171-175.

[13] 高傳勝，李善同 . 經濟服務化的中國悖論與中國推進經濟服務化的策略選擇 [J]. 經濟經緯，2007（4）：15-19.

[14] 陳迅，尤建新 . 城市政府「服務型管理」模式研究 [J]. 上海管理科學，2007（6）：53-55.

第 7 章 品牌視域下文化產業發展的策略選擇

文化品牌力作為一種特殊的具有持續性和競爭力的文化軟實力,是區域城市競爭力提升、國家綜合實力提升的重要組成部分。基於品牌發展的策略視角,構筑文化產業發展的策略選擇,成為國際上各個國家和地區經濟社會發展的重要思考,也是北京豐台區大力發展文化產業、提升文化品牌,促進文化大發展大繁榮,促進城市低碳轉型的必然舉措。當前全球文化產業呈加速發展態勢,中國許多城市紛紛提出文化品牌與文化產業發展策略,將文化產業當作區域經濟發展的重要支柱產業進行培育與提升。文化產業目前已發展成為美國、日本、英國、韓國、澳大利亞等國家的支柱產業,增加值超過GDP 的 1/5。面對全球經濟一體化,在新一輪國際產業分工調整的新階段,從策略層面高度重視文化產業發展,重視品牌構建,搶占市場發展先機,實施創新驅動、產業集群、差異競爭、人才支撐、品牌提升等策略。制定和實施文化產業發展策略對北京豐台區經濟社會持續發展具有重要的現實意義。

▋7.1 創新驅動策略

實施創新驅動發展策略,建設創新型國家。科技創新是提高社會生產力和綜合國力的策略支撐,必須擺在國家發展全局的核心位置。北京市委市政府明確提出要實施科技創新與文化創新的雙輪驅動策略。黨和政府高度重視創新驅動對於經濟社會發展的引擎作用,對於文化產業與文化品牌提升而言,要積極實施創新驅動的發展策略,通過創新不斷提高文化產業發展質量與效益。創新驅動策略對於形成國際競爭新優勢、增強持續發展潛力與長期動力具有策略意義。

中國改革開放 30 多午來,文化產業得到空前發展,區域經濟快速發展主要源於發揮了勞動力和資源環境的低成本優勢。當然這種低成本優勢不可持續,特別是資源高強度消耗、環境嚴重汙染等,形成的粗放型經濟增長模式不可持續。進入發展和轉型新階段,必須提高經濟發展質量和效益,必須

發揮科技創新的內在活力。不斷提高科技創新與文化創新所形成的不易模仿、附加值高等特點，形成強大創新優勢，加快實現由低成本優勢向創新優勢的轉換，為區域經濟社會持續發展提供強大動力。創新驅動是文化產業跨越發展，提升產業質量、效益，轉變經濟發展方式的重要策略選擇。科技創新具有乘數效應，創新能直接轉化為現實生產力，並通過科技的滲透作用、拉動作用放大各生產要素的生產力，提高社會整體生產力水平，能促進文化元素、文化資源的整合，促進文化產業質量提升與效益提升。

實施創新驅動發展策略，對降低資源能源消耗、改善生態環境、加快低碳轉型，建設美麗丰臺具有長遠意義。實施創新驅動策略，以科技創新、文化創新、管理創新、服務創新等提升產業層次，改造傳統產業，降低消耗、減少汙染，促進資源集約利用，建設環境友好型社會，提高產品效益，降低能源強度，提升產業競爭力。

文化創意產業的核心是創新創意，是文化產業和文化品牌發展的生命力。文化產業是以「文化創意」為核心，通過技術研發、技術提升、技術轉化和產業化的方式製造、行銷文化產品和提供服務的行業，因此創新創意是文化產業發展的本質特徵。缺乏創新創意的產業不可持續，也難以做大做強。實施創新驅動策略，應該成為文化產業發展的重要策略選擇。

基於北京丰台區文化產業發展的現實狀況，有文化資源，有文化元素，但是創新創意不夠，難以打造出具有國家和國際影響力的文化品牌，文化產業發展難以持續。

北京丰台區文化品牌提升與文化產業突破，需要實施創新驅動策略，積極培育創新型文化企業，推進以企業為主體、市場為導向、產學研相結合的創新體系建設，發揮好政府的引導和調控作用，強化文化企業在技術創新中的主體地位，激發技術創新的內源動力，以培育自主知識產權和自主品牌為重點，開發符合當代市場需求的文化娛樂精品，加快培育打造一批具有國際競爭力、引領產業發展的創新型領軍企業。北京丰台區實施創新驅動策略，加強文化創新與科技創新的雙輪驅動，應抓住以下幾個方面的策略實施工作。

一是細化策略目標。2020 年中國進入創新型國家行列。國際上普遍認可的創新型國家，科技創新對經濟發展的貢獻率一般在 70% 以上，研發投入占GDP 的比重超過 2%，技術對外依存度低於 20%。北京豐台區實施創新驅動，應該將創新驅動策略目標進行分解和細化，明確具體目標和任務，明確職責，建立目標實施的組織架構和任務體系，使各方面的力量按照明確的目標任務推進。

二是不斷提高科技創新能力，特別是自主創新能力。只有擁有強大的自主創新能力，才能在激烈的國際競爭中把握先機，贏得主動，占領市場。要瞄準國際創新趨勢、特點進行自主創新，站在國際技術發展前沿，謀劃可能突破的核心技術，鼓勵企業積極參與科技自主創新，並結合文化產業發展實際，進行資源整合，借助創新創意，不斷提高文化企業科技競爭力。

三是要重視進行多種模式的創新，鼓勵原始創新、集成創新、引進技術的消化吸收再創新等多種形式的合作與創新。加快文化與科技創新中的體制機制改革。建立科技創新資源合理流動的體制機制，促進創新資源高效配置和綜合集成；讓市場充分發揮決定性調節作用，政府充分發揮引導、調控、支持等作用。

四是要構建以企業為主體、市場為導向、產學研相結合的技術創新體系。確立企業在科技創新中的主體地位，讓企業成為技術需求選擇、技術項目確定、創新投入、創新成果產業化的主體。在服裝時尚、汽車文化、園藝花卉、戲曲文化等領域引導企業加大研發投入力度，依托文化企業和市場機制，在豐臺傳統文化資源的基礎上進行深度挖掘，進行創造性轉化工作和創新，積極發揮創意和創新的能力，不斷提升北京豐台區文化創造力。建立合作創新聯盟，鼓勵高校、研發機構、中介機構以及政府、金融機構等與企業一起構建分工協作、有機結合的創新鏈，形成文化產業的協同創新體系。

五是要加快建立和完善新興產業領域創新平台、重點科技園區公共服務平台、行業龍頭核心企業研發機構，引導北京豐台區文化企業把技術創新、文化創新、管理創新、組織創新等高度結合起來，大力提升企業核心競爭力，提升北京豐台區文化品牌的社會影響力。

▌7.2 集群發展策略

北京丰台區文化產業突破需要以企業為主體，單個企業難以形成真正意義上的產業，因此要鼓勵和吸引更多企業的抱團、扎堆、集群發展，尊重產業在空間上的分布與集聚的形成規律和演進機制，進一步加快丰臺文化產業園區、集聚區、產業基地的建設，大力發展總部經濟，構建北京丰台區文化企業間的合作網路、銷售網路、知識產權保護系統，形成產業集群化、要素集聚化、資源集約化的產業集聚優勢。

▌7.3 產業融合策略

在大力發展北京丰台區文化產業集群的同時，要積極促進區域內業態融合、集聚和升級，促進產業鏈延伸，縱向與橫向關聯和整合。有學者指出，所謂產業融合是指不同產業或同一產業內的不同行業相互滲透、相互交叉，最終融為一體，逐步形成新產業的動態發展過程。同時，在這一過程中還會發生既有產業的退化、萎縮乃至消失的現象。[1] 產業融合的內在原因在於人類需求的不斷提高，人們追求更加方便、快捷、高滿意度並且低成本的滿足需求的方式。正是這種甚至可以說是無止境的需求或欲望，成為人們不斷謀求創新發展的原動力。產業融合是基於某些價值需求和價值鏈解構與分解，將這些價值和目標再重新調整融合。某種產業或某些產業其未來的發展趨勢可以表現為多種不同的情況，而憑現有的表現出來的症狀與收集到的訊息不能準確地判斷未來的走向。在新經濟快速發展的今天，企業家能否具有知識經濟和疊球化經營所必備的辯證理念，不斷創新策略管理，通過融合發展、優勢互補、協同創新，不斷在競爭中占據主導地位，獲得產業的持續發展。

對於文化產業而言，本身需要更多文化元素和文化資源的整合。不同產業形態和產業要素的融合，通過價值鏈、產業鏈的構建與整合，實現創新和跨越式發展。通過融合策略形成功能互補、競爭合作的文化產業帶，培育和提升北京丰台區文化品牌。積極培育北京丰台區服裝時尚文化產業集群、盧溝橋中秋紅色文化產業集群、戲曲文化產業集群、園藝花卉產業集群、汽車

文化產業集群，並促進文化產業之間的融合與互動，形成專業化、功能化、融合化、品牌化的高端文化產業帶，打造和提升北京丰台區文化品牌。

7.4 差異特質策略

目前中國經濟面臨著結構調整和產業升級的巨大挑戰。傳統產業往往實行的是高投入、高能耗、高汙染的粗放型經濟增長模式，技術含量不高，特色差異化不夠明顯，同質化競爭嚴重，難以在國際化競爭中獲得持久競爭力。同時賣方市場向買方市場的轉換，內需不足的問題成為擺在人們面前的一道難題，產品的結構性過剩：低技術含量、低附加值的產品供給過剩和高技術含量、高附加值的產品供給不足並存。[2] 缺乏差異性，缺乏特質的產品產業發展無法獲得持續競爭力。實施差異化策略就是要以差異化為發展理念，企業提供差異化的產品，在提供產品過程的諸條件上，同其他同類產品相比造成足以引誘買者的特殊性，以便買者將之同其他經營同類產品的企業相區別，並以此在爭奪市場的競爭中占據有利地位。換言之，產品差異化使同一產業內的不同企業以差異化產品減少了可替代性和可複製性，形成比較優勢和特殊的品質，這就意味著該產品市場的壟斷因素得到加強。

通過差異化競爭獲得自身的特色和競爭力。也有研究指出，在行業內部的競爭中，顧客對他們認為具有重要特點或者差異的產品是非常忠誠的。一個越是對品牌忠誠的顧客，那麼，他對價格的敏感性就越低。這種忠誠與價值的關係使採用差異領先策略的企業有能力避免參與價格的惡性競爭。在顧客權力增加的情況下，採用差異領先策略的企業很少受到價格的威脅，因為這種策略所服務的顧客基本上是價格敏感度很低的。[3] 客觀地講，在市場經濟競爭中的企業，無論其屬於哪一種產業，其最高目標就是以差異和特質的比較優勢追求壟斷的地位，形成特色獨有的市場份額。產品差異意味著可替代性產品的減少和替代程度的降低，而完全的不可替代性，其實就是一種壟斷，一種消費群體忠誠度的壟斷。因為沒有其他產品可以替代，因而也就沒有任何產品和它進行競爭，也就是說壟斷廠商具有制定價格的絕對權力而毋

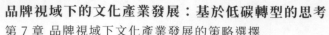

須其他廠商利用降價或別的手段與之競爭，該種商品就成了壟斷產品。[4] 這是差異化競爭的本質所在。

當今產業競爭優勢主要體現其差異化、特質化的核心競爭力，避免同質化的惡性競爭。文化的民族個性越突出、越鮮明、越濃烈，其產品（作品）在市場競爭中勝出的可能性就越大，差異性越大越具有競爭優勢；文化實現產業化的途徑也就越通暢、越廣闊；文化產業的運行就越平穩、健康和可持續。中國作為文明古國，文化底蘊深厚，民族文化源遠流長，各個民族的傳統文化豐富多彩，各具特色，這為文化產業的差異化、特質化發展提供了基礎。面對世界文化產業的迅猛發展以及先進國家強勢文化的進入，起點低、起步晚、基礎差的中國文化產業無疑處於弱勢地位。

在這種態勢下，北京豐台區文化產業只有突出自身特色、自身差異和自身特質才能求得發展，必須以差異特質為策略，差異制勝，文化制勝。要對北京豐台區現有文化資源尤其是民族文化資源進行全面梳理，深入發掘和整合傳統文化資源的精髓和亮點，因地制宜，形成獨具特色的文化產業集群。

結合北京豐台區自身的文化元素和特色資源優勢，應進一步實施差異化和特色特質化發展策略。差異化發展要深掘各區縣得天獨厚的基礎條件，進行發掘和整合優勢的文化資源，如北京豐台區的花鄉花卉資源、盧溝橋的中秋文化和紅色文化資源，北京豐台區的戲曲文化資源等，對這些資源進行挖掘、整合、提升，培育特色文化產品和文化產業，建立與世界城市相適應的豐臺文化產業發展新動力。打造盧溝橋文化特色品牌，充分整合紅色抗戰文化品牌、盧溝曉月中秋文化品牌和宛平古城特色文化品牌，形成盧溝橋地區集文化、旅遊和經濟一條龍發展的產業化鏈條，全面推動地方經濟建設，助力豐臺強勢崛起。

此外，結合北京豐台區文化產業基礎和特色，實施差異特質策略，還要從產業產品生產、文化服務等角度實施差異策略，具體策略策略包括：

[5] 第一，在文化產品採購環節實施差異策略。特別是那些能夠影響企業終端產品的質量和性能的採購活動，為了能夠保證差異，體現特色，形成壟

斷,企業會不惜代價追求高品質,重視採購特色高質量原材料,提升產品品質。

第二,生產製造環節。尤其是能夠降低產品缺陷,提高技術水平,重視創新,提高產品質量,延長產品壽命,改善產品結構,防止成熟前產品失敗,增加最終用戶方便,改善產品的外觀,改善產品的使用經濟性的生產製造活動。

第三,文化產業的研究與開發活動。特別重視那些能夠縮短開發新產品的周期,改善產品的設計和性能,擴大產品的最終用途和應用範圍,增加產品品種,增加用戶安全,加強環境保護等方面的研究與開發活動。

第四,生產技術、生產方式的不斷改進與提高。尤其是那些能夠使企業有以有效的成本進行用戶訂單式製造,能夠提高產品質量、可靠性和外觀,能夠使生產方式在環境方面更有安全性,能夠使生產過程更加平穩和具有柔性的生產技術研究活動。

第五,後期服務和分銷活動。要求其能夠加快交貨,提高訂單完成的準確性,減少脫銷。

第六,市場行銷、銷售和售後服務活動。要求為顧客提供卓越的技術支持,加快維護及修理服務,增加和改善產品訊息,改善信用條件,加快訂單處理過程,提高顧客方便程度等。

第七,經銷商與供應商的選擇。差異物質策略還體現在渠道選擇方面的特殊性和獨占性,擁有比市場低廉的進貨渠道,有獨特的分銷商資源。

要求獨特的銷售渠道,以達到快速推出產品,擴大銷售額、回籠資金、擴大市場份額的目的。供應商選擇,主要考慮速度、靈活性和質量,還包括可能需要特殊的用戶培訓。對以上幾個環節採取差異化策略,能進一步突出和細化文化產業的內在特質與核心競爭力,從而更加促進文化品牌的構建和競爭力的提升。

▌7.5 人才支撐策略

　　北京丰台區文化品牌提升與文化產業突破的關鍵在於人才，人才是第一資源。北京丰台區文化產業發展離不開高端人才的引領，離不開專業人才的吸引，離不開人才隊伍素質的提升與支撐作用。因此，要以科學發展為導向、緊迫需求為重點，大力培養引進文化領軍人才、創新創業團隊、高素質管理人才和高技能人才，擴大丰臺高級人才規模，提升人才資源占人力資源總量的比重，建立健全文化創意產業管理和從業人員業務培訓與繼續教育制度。重點制定、實施高層次經營管理人才、高級技能人才培訓計劃，增強北京丰台區文化產業的人才競爭優勢。優化人才發展環境，實施引智工程，建立北京丰台區文化創意產業人才庫，創新人才服務體制機制，積極引進高層次、復合型文化創意產業人才。充分發揮高校和科研院所在北京丰台區文化品牌提升與文化產業突破中的重要作用，支持高校聯合企業建設一批適應北京丰台區文化產業發展需求的重點學科和研發機構，積極引進北京丰台區文化產業領軍人才、拔尖人才和緊缺人才，構建北京丰台區文化品牌與文化創新創業的人才高地。

▌7.6 需求拉動策略

　　市場需求是文化產業成長的前提。發現需求、滿足需求、依托需求拉動策略，提高文化產業發展規模和潛力。歷史經驗多次驗證了基於需求拉動的經濟增長作用。第二次世界大戰後，由於美國經濟快速增長的帶動，以及日、德等戰後恢復重建的需求刺激，世界經濟經歷了 20 世紀 60 年代末至 70 年代初的「黃金時期」。20 世紀 90 年代開始，歐美等發達經濟體尤其是美國，依靠互聯網、房地產和金融領域擴張，形成了大規模的消費需求，創造了又一輪黃金增長期，尤其是 2003—2007 年，全球經濟連續 5 年保持 4% 以上的增速。文化產業的發展也離不開需求的拉動。需求帶來市場，有市場就有商機，商機就是企業生存發展的動力，企業的發展壯大、擴張必定形成產業。[6] 抓住市場需求、滿足市場需求、激發消費需求、培育市場需求是文化產業持續發展的永恆動力。北京丰台區文化品牌提升和文化產業突破需要高度重

視市場對接和需求拉動。北京豐台區文化企業應該了解當前顧客的需要，按照當前顧客的需要來設計和開發產品，產品創新活動應完全以當前市場上的顧客需求為準繩，設計和開發當前顧客實際需要的產品。

北京豐台區立足首都北京，緊抓世界城市建設和全國文化中心建設的良好機遇，從需求拉動的策略高度出發，面對文化消費需求的廣闊市場，緊抓花卉、服裝時尚、文化旅遊等強大的市場需求，加強相關文化產品生產、文化服務供給、文化產業設計，加快產品創新速度，提高顧客滿意度，提升企業的效能，進行構建企業的核心競爭力和品牌。積極抓住市場需求所帶來的發展機遇，項目的設立、推進、落地均以市場需求的拉動為導向，在超前規劃謀項目、對接政策爭項目、多元融資建項目、創新機制抓項目上下功夫，以滿足市場需求的項目建設拉動文化創意產業的跨越式發展。以文化企業為主體，以滿足市場需求為動力，開發一批市場前景好、文化含量高、經濟效益優、輻射能力強的重大項目，培育一批關聯性大、帶動性強的大型文化創意產業核心企業，形成具有契合市場需求的持續競爭力的文化產業和文化企業，提升北京豐台區文化品牌。

▌7.7 國際品牌策略

國際品牌是指在國際市場上知名度、美譽度較高，產品輻射全球，在全球具有強大的品牌影響力和競爭力的品牌。例如可口可樂、麥當勞、萬寶路、奔馳、愛立信、微軟、皮爾·卡丹等就是非常典型的國際品牌。國際品牌具有以下基本特徵：[7]

（1）具有廣泛的知名度、認知度、美譽度、偏好度、滿意度、忠誠度等。知名度是表示一個組織被公眾知道、了解的程度，社會影響的廣度和深度，即是評價名氣大小的客觀尺度。美譽度是指一個組織獲得公眾信任、好感、接納和歡迎的程度，是評價組織聲譽好壞的社會指標，側重於「質」的評價，即組織的社會影響的美丑、好壞，即公眾對組織的信任和讚美程度。忠誠度是指顧客或員工對於企業、產品、服務等所表現出來的行為指向和心理歸屬。例如，可口可樂、微軟、IBM、通用電氣、英特爾、諾基亞、迪斯尼、麥當勞、

萬寶路和梅塞德斯等品牌，可稱得上世人皆知，並促使顧客考慮購買該品牌的產品。國際品牌在世界市場上大都推行「客戶第一」、「客戶永遠是對的」等經營理念，在客戶群中樹立了很高的信譽。

（2）具有巨大的商業價值。品牌價值是衡量國際品牌為品牌主體利益的重要標準。可口可樂公司前總裁伍德拉夫曾宣稱，即使整個可口可樂公司在一夜之間化為灰燼，僅憑「可口可樂」這塊牌子就能在很短時間內東山再起。這說明品牌在企業發展、經濟競爭中的突出地位與重大價值。

（3）全球化程度高，獲得國際市場佔有率，屬於「無國笈品牌」。它以世界市場為舞臺，利用眾多國家的資源，在很多國家進行投資，在世界大多數國家開展市場行銷活動。以耐克公司為例，耐克公司的口號是「勇往直前」，向社會傳遞追求向上，永不放棄，永不退縮的價值觀，無論在印度尼西亞的雅加達，還是美國的傑斐遜城都能產生同樣好的效果。實踐證明，這種情感投資在西歐和亞洲地區發揮的作用尤其強大。在這些地區，耐克的銷量增長幅度最大。

（4）品牌的全球文化影響力。品牌內涵強大的富有吸引力和生命力的文化氣息，在全球具有文化影響力，國際品牌的知名度、品質認知度、聯想度和忠誠度自然來自品牌所代表的產品內在質量和性能，同時品牌的文化內涵和魅力也帶給消費者超值享受。品牌文化的豐富內涵支撐著品牌的知名度和美譽度，使品牌的影響深入到消費者的內心，落實到消費的行動上，從而提升了消費者對品牌的忠誠度。

麥當勞是美國快餐文化的典型代表，優質、快捷、衛生、方便吸引著人們的目光，更主要的是那種無拘無束的快餐氛圍。

（5）建立系統的全球化品牌規劃和品牌管理組織體系的國際。跨國公司或集團成功發展的最關鍵因素之一，是擁有完善的品牌管理組織體系，制定和建立統一的國際品牌。寶潔公司建立品牌管理系統，沃爾瑪、戴爾制定了互聯網、電話訂貨方式等發展模式，建立全球化品牌規劃，在 1996—1999 年期間實現利潤增長率 70%。全球化的品牌規劃是國際品牌的重要特徵，也

是企業品牌國際化的重要策略，具有全球視野、世界眼光、野心和品牌化的完善規劃，是建立國際品牌的基本要求。

（6）擁有自主品牌，重視知識產權保護。知識產權保護的直接體現就是品牌的價值。跨國公司依托自身或聯盟資源優勢進行大規模的技術創新，獲取專利和自主品牌，不斷通過自主創新獲得壟斷地位；以知識產權國際化為背景，有效地加強知識產權的控制和轉讓，加強專利經營策略制定與實施；而專利策略與經營策略互相配合，為其全球市場策略目標服務。[8]

北京丰台區文化品牌體現的是丰臺特色的北京品牌，而北京作為國家首都、全國文化中心和世界城市，代表和體現的是國家形成和國際品牌，因此北京丰台區文化品牌發展要立足全國文化中心和世界城市的策略高度，實施國際品牌策略，不斷突破現有的區縣視野，站在北京和世界城市的高度，實施文化產業和文化品牌的策略布局，積極實施文化走出去和建立國際品牌的策略。文化走出去要以北京丰台區文化企業為主體，通過發揮北京丰台區文化企業的主體作用以大力發展文化產業，進而推動和提升北京丰台區文化軟實力和北京丰台區文化品牌地位。

隨著北京丰台區城市化進程不斷加速，北京丰台區正逐步樹立國際品牌策略理念，強力打造具有國際影響力的品牌化項目和特色文化產業。北京丰台區文化企業要利用不斷累積的豐富的文化資源和管理經驗，逐步走向國際化，扶持具有市場領導地位的文化企業以及潛力型的企業如依文、俏佳人、正邦設計、凡客誠品等，鼓勵這些企業不斷提升文化創造力，通過開發特色文化產品，特別是能夠走向國際市場的文化產品，不斷增強企業的核心競爭力和國際品牌影響力，進而打造和提升北京丰台區國家級和世界級文化品牌。

▋7.8 低碳轉型策略

文化品牌與文化產業發展既要以當前環境汙染、資源能耗消耗等發展方式轉型為壓力，也要以當前低碳發展為動力，以低碳崛起為機遇，以低碳轉型為策略選擇。城市低碳轉型即要城市經濟社會發展模式的選擇、城市產業結構的調整、城市運營管理機制的構建、城市生活消費模式的轉變均以實現

低碳、綠色、節能、生態為基本目標和重要方向，減少對傳統高碳能源的消耗，實現傳統高碳排放、高強度資源能源消耗型城市向資源節約型與環境友好型城市轉變。低碳轉型或低碳發展是國家當前經濟發展方式轉型和結構優化升級的重要方向，也是文化產業發展的重要契機。走綠色低碳轉型的發展道路，是文化產業持續發展的基本要求，也是實現文化產業轉型，構建綠色低碳的文化企業形象的重要策略。文化產業發展與文化品牌建設要緊緊抓住低碳轉型契機，製造低碳發展的策略。

7.8.1 低碳轉型的提出

自 IPCC 在 2007 年發布了其第四次評估報告以後，全球對於人類活動和氣候變化之間的聯繫已基本形成共識。氣候變化的威脅已成為全球實現低碳轉型的一個重要的政治驅動力。加快城市低碳轉型是北京建設首善之區的必然要求。建設首善之區，其「善」應該既有利於經濟發展，也有利於資源節約、環境保護、社會發展，有利於生態文明建設和低碳宜居城市建設。首善之區應該是低碳、生態、宜居的可持續發展區域，能給人們提供更加舒適、低碳、生態的人與自然和諧環境，而不僅僅追求經濟利益。伴隨著中國快速城市化和工業化的進程，城市低碳轉型是開拓新型城市發展理論和規劃理論的有利契機，也是尋找新的經濟增長點，實現低碳發展和可持續發展的必經之路。[9]城市低碳轉型作為北京節能減排和經濟發展方式轉變的重要載體，把經濟發展與環境保護有機結合並實現雙贏發展，開創低碳、生態、宜居的新型城市發展模式，是建設首善之區的內在要求。

黨的十八大報告提出建設美麗中國，大力推進生態文明，促進綠色循環低碳發展，實現中華民族偉大復興的夢想。習近平總書記強調要為實現中華民族偉大復興的中國夢而努力奮鬥。當前中國城市化率已經達到 52.57%，意味著大部分人將生活或工作在城市，而且這一比率還將提升，有研究指出到 2020 年將達到或超過 70%。因此，中國夢在很大程度上屬於中國城市夢，中國城市的低碳轉型夢。當前城市發展遇到人口、資源與環境等不相協調的諸多城市病問題，高汙染、高排放、高消耗的粗放型高碳增長模式不可持續，建設更加綠色、生態、宜居的低碳城市是中國夢的重要組成部分。

（1）全球氣候變化與國際減排的壓力，生態文明建設是世界潮流。在全球氣候變化的大背景下，減碳是目前國際社會共同關注的焦點。著名自然災難專家比爾·麥克古爾預言：如果 2015 年之前淨碳排放依然無法穩定，等待的將是不可逆轉的惡性循環和撒旦詭異的微笑。[10] 各國紛紛致力於減少碳排放，奧巴馬表示要改變美國的環境政策，宣布政府將在未來十年投入 1500 億美元進行替代能源研究，並承諾於 2050 年之前將美國的二氧化碳排放減少 80%；歐盟更是在 G20 峰會上表示將碳排放指標自動減低 20%。西方先進國家要求中國進行碳減排，並通過碳壁壘、碳關稅、碳封鎖對中國施加壓力。生態文明建設成為世界各國人們的共識，是世界各大城市和區域發展的重要方向和潮流。生態文明建設有利於改善環境、促進生態平衡，有利於應對全球氣候變化，加強節能減排，是世界發展的共同趨勢與潮流。

（2）中國作為碳排放大國與承諾目標壓力，生態文明建設迫在眉睫。作為發展中國家，中國人均碳排放量不算高，但中國人口基數大，因此中國的碳排放問題不容忽視。中國人均二氧化碳排放量由 2000 年的 2.7 噸增加到 5.0 噸，儘管人均量還不屬於最高國家，但增長趨勢最快。[11] 改革開放三十多年來，中國經濟的高速增長是以犧牲環境為代價的。據統計，中國 85% 的二氧化碳、90% 的二氧化硫和 73% 的煙塵都是由燃煤排放的。[12] 黨的十八大報告提出，必須清醒看到，我們工作中還存在許多不足，前進道路上還有不少困難和問題。發展中不平衡、不協調、不可持續問題依然突出，科技創新能力不強，產業結構不合理，農業基礎依然薄弱，資源環境約束加劇，制約科學發展的體制機制障礙較多，生態環境等關係群眾切身利益的問題較多。我們必須面對資源約束趨緊、環境汙染嚴重、生態系統退化的嚴峻形勢，加強生態文明建設迫在眉睫，刻不容緩。

（3）城市是碳減排的主體，生態文明建設必然要求加強城市低碳轉型建設。

城市作為人類社會經濟活動的中心，聚集了全世界一半以上的人口，溫室氣體排放占全球總量的 75% 左右。城市既是許多環境問題的製造者，又是受害者，同時也是解決這些環境問題的主導力量。中國城市化率不斷攀升。

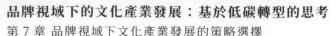

西方先進國家高達 70%，中國已經超過 50%。改革開放 30 多年來，以經濟建設為中心，城市化進程不斷提升，城市化率由 1978 年的 17.92% 提高到 2012 年的 52.57%，提高了 34.65 個百分點。城市化率很高但質量和效益卻被忽視。能源短缺和環境汙染成為全社會關注的焦點問題，特別是二氧化碳的大量排放是造成溫室效應、環境汙染的罪魁禍首。當前，片面追求 GDP 和經濟增長，人為破壞自然環境和加快資源能源消耗，城市化擴張吞噬了更多的自然空間，耕地、森林、綠地等自然生態系統被迫改成以鋼筋水泥為主的城市建築，人口擁擠，交通擁堵，生活垃圾、工業汙染等充斥、破壞著原生態的自然系統，禽流感、沙塵暴、霧霾天氣、食品安全、水汙染等均嚴重威脅人類社會的生存環境，這促使我們必須深刻反思人類社會的城市化、工業化進程所帶來的各種危害與非和諧因素。

基於以上問題背景，現實城市問題包括霧霾天氣頻發、資源能源匱乏、交通擁堵、房價高企、人口膨脹等多方面的瓶頸，已經形成倒逼機制。建設美麗中國，實現中國夢，勢必要盡快改變這種現狀。建設低碳城市，就是依托低碳技術創新和制度創新，形成節約資源和保護環境的城市空間格局、城市產業結構和城市生產生活方式。改變當前城市發展模式和空間格局，應該加快城市轉型，促進低碳創新發展，構建低碳經濟的城市發展格局。

7.8.2 低碳轉型的策略意義：基於首善之區建設的思考

低碳轉型是人們應對能源安全危機和全球氣候變化的根本手段。由於許多城市對不可再生資源大規模、高強度、大面積的常年開採，使得資源耗損嚴重，生態環境遭到破壞，城市可持續發展受到嚴峻挑戰，迫使城市加快轉型。城市低碳轉型是開拓新型城市發展理論和規劃理論的有利契機，也是尋找新的經濟增長點，實現低碳發展的必經之路。以北京為例，提出建設首善之區策略，城市低碳轉型則是實現城市或區域節能減排和經濟發展方式轉變的重要載體，是把經濟發展與環境保護有機結合，開創低碳、生態、宜居的新型城市發展模式的重要突破口。

（1）低碳轉型策略是建設社會主義核心價值體系的內在要求，是建設首善之區的基本理念。面對全球資源能源危機和環境惡化影響，應對氣候變化，

建設社會主義核心價值體系必然要求以科學發展觀為指導，以節能減排、低碳宜居、幸福和諧為目標，加快發展方式轉變，致力於建設低碳、宜居、安康的和諧社會。建設社會主義核心價值體系，必然要求堅持低碳發展理念，建設資源節約型、環境友好型社會，實現人、社會和自然的可持續發展，把人的價值、社會價值和自然環境價值有機地統一起來，使經濟建設與資源、環境相協調，實現人口、資源和環境的良性循環與持續承載力，確保城市朝著低碳、生態、宜居的方向演化。因此，加強節能減排和發展方式轉變，提高能源利用效率，走低碳轉型道路，是建設社會主義核心價值體系和首善之區的基本理念和內在要求。

（2）首善之區應該是樹立人文關懷、以人為本、人與自然和諧的低碳發展觀。隨著人們越來越對世界性的低碳、綠色、生態的發展觀逐步形成共識，低碳轉型的提出是人們對城市的生態屬性和人文內涵、人類生存價值的深刻體認。首善之區是現代文明的集中體現，是和諧、宜居、生態發展的基本要求，是經濟社會可持續發展的產物，是人類進行物質生產與消費、從事社會與文化活動的人與自然、人與社會和諧發展的區域。低碳成為實現人類可持續發展目標的關鍵，也是科學發展觀對建設首善之區的內在要求。首善之區強調的是人與自然的和諧，以人為本，為人的生存與發展構建良好自然環境和社會環境，體現對人與自然和諧關係的尊重與維護。低碳轉型致力於低碳技術創新促進環境友好和資源集約化利用，樹立低碳發展觀，傳播低碳文化，倡導低碳生活與生產方式，減少對自然生態環境的破壞，強調碳匯、碳循環、碳中和，重視人類生活環境的治理和低碳文明建設，促進綠色北京與首善之區建設。

（3）首善之區應該體現城市綠化美化、資源節約、環境友好的低碳要求。低碳轉型模式已成為人們應對能源安全危機和全球氣候變化的根本手段。[13] 中國眾多資源型城市，經過常年對不可再生資源大規模、高強度、大面積的開採，使得資源耗損嚴重，生態環境遭到破壞，城市可持續發展受到嚴峻挑戰，迫使城市進行低碳轉型。[14] 北京作為國際性大都市，人口膨脹，交通擁堵，資源能源消耗大，環境瓶頸壓力很大。建設綠色北京，要求通過低碳技術創新和低碳制度創新，加強生態環境保護和汙染防治，切實提高城市環

境質量。通過低碳技術創新不斷促進大氣汙染防治、城鄉綠化美化、清潔能源使用、資源循環利用，進而建設首善之區。低碳轉型與綠色北京建設目標是一致的，突出對資源節約和環境友好的重視與遵守，綠色北京建設就應加強低碳技術創新和制度創新，實現低碳轉型和綠色發展。北京市制定發布了「綠色北京」行動計劃（2010-2012 年），計劃打造綠色生產、綠色消費、綠色環境三大體系，實施九大綠色工程，完善十項保障機制，努力把北京建設成為更加繁榮、低碳、和諧、宜居的首善之區。低碳轉型致力於節能技術、應對氣候變化、固體廢棄物處理等技術選擇與制度安排，助推首善之區建設。

（4）首善之區是以低碳科技創新為動力的低碳轉型模式。科技北京是要充分發揮科技創新的作用，實現發展方式轉變和產業結構調整，切實把首都經濟社會發展轉移到依靠科技進步、提高勞動者素質和管理創新的軌道上來，[15] 促進城市低碳轉型。低碳轉型倡導以科技創新特別是低碳技術創新，實現低碳技術追趕與低碳跨越，避免科技的負面效應，減少和避免以資源能源消耗和環境汙染為代價來換取短時間內的經濟繁榮和片面增長，我們不可能走西方國家先汙染後治理的老路，受國際減排壓力和資源環境瓶頸制約，北京作為中國首都迫切需要在經濟發展的同時實現資源節約與環境友好，為中國其他城市發展做出榜樣和標竿。解決這些問題的根本出路就在於構建城市低碳轉型模式，依托低碳科技創新和制度創新實現低碳發展，依托低碳技術進步和低碳產品提升實現城市轉型，這是建設科技北京、首善之區的策略突破口。

（5）首善之區應該以低碳轉型為抓手，將城市建設成為低碳、綠色、宜居、生態文明的世界城市。世界城市不僅是具有全球意義的政治中心、商業中心、文化中心，更重要的是成為國際城市發展的成功案例和低碳、綠色、宜居的可持續發展城市。北京作為國家首都，中國所面臨的應對全球氣候變化的國際壓力同樣也是北京的壓力，北京城市發展格局直接代表中國的形象，代表中國在國際低碳政治中的地位與形象，北京需要在低碳經濟建設中占領主導性的策略地位，在國際舞臺展現出積極姿態，需要加快改變傳統的高消耗、高排放、高汙染的發展模式和不良形象，需要加快低碳創新步伐，在新經濟轉型中占領世界經濟騰飛的新高地，重新樹立中國城市低碳發展的綠色

形象和搶占低碳話語權。[16] 城市低碳轉型是踐行科學發展觀的重要體現，是應對氣候變化、加快生態文明建設的現實需要，也是應對國際金融危機、推動產業轉型、形成未來經濟新增長點、建設世界城市的必然選擇。北京建設世界城市無疑在城市低碳轉型方面需要具有先導性的示范意義，以低碳轉型為重要抓手，為人們提供良好的自然生態環境，為全國宜居城市建設發揮表率和示范作用，樹立良好的國際綠色形象和提升低碳競爭力。

　　基於品牌建設的基本要求，發展文化產業要契合低碳轉型的策略選擇。通過發展文化產業，促進城市低碳轉型，文化產業自身的發展進一步按照低碳轉型的策略要求進行發展，形成互動共促的良性循環效益。以低碳概念影響的廣泛性而言，低碳與文化產業不無關係。在生態文明和低碳發展的大背景下，低碳發展要求給文化產業的發展帶來了極大的機遇。[17] 低碳發展的提出不僅是改變傳統粗放型經濟模式不可持續狀況的必然要求，也是涉及國家政治、文化發展等諸多問題，是基於什麼樣的發展理念、道德標準來引導和促進經濟和產業持續發展的問題，涉及國家經濟與資源能源、環境的協同發展問題，涉及生態文明建設問題。以生態文明建設和低碳發展為基本要求，必須加大傳統高能耗的工業占主導的產業結構調整和優化升級，具有低能耗、低汙染、高效益的文化產業符合時代發展的潮流。在西方先進國家，文化產業已經成為國家經濟發展的重要支柱型產業，成為經濟復蘇、產業轉型、城市低碳發展的重要支撐。文化產業是以文化傳播與文化發展為核心經營理念，以文化產品生產和文化服務供給為基本輸出的產業形態，圍繞這些文化產品和文化服務的供給，覆蓋了包含新聞出版業、廣播業、電視業、音像業、電影業、動漫業、網路文化業、廣告業、會展業、文化旅遊業、演出業、藝術品經營業等多項領域。這些領域均是以低碳消耗為基本特徵的，符合城市低碳轉型的基本要求。

▌7.9 本章小結

本章主要根據丰臺的實際情況，提出文化產業發展的實施步驟和發展重點，進而提出文化產業發展應該實施的創新驅動、集群融合、差異特質、人才支撐、需求拉動、國際品牌、低碳轉型等策略選擇。

註釋

[1] 聶於龍，李浩 . 產業融合中的企業策略思考 [J]. 軟科學，2003（2）：80-83.

[2] 盛文軍，廖曉燕 . 產品差異化策略：企業獲得競爭優勢的新途徑 [J]. 當代經濟研究，2001（11）：32-35.

[3] 杜黨勇，葉廣宇，藍海林，楊璐 . 高差異策略的選擇與實施 [J]. 企業經濟，2002（1）：98-99.

[4] 盛文軍，廖曉燕 . 產品差異化策略：企業獲得競爭優勢的新途徑 [J]. 當代經濟研究，2001（11）：32-35.

[5] 杜黨勇，葉廣宇，藍海林，楊璐 . 高差異策略的選擇與實施 [J]. 企業經濟，2002（1）：98-99.

[6] 李愛香，陳峰 . 基於需求拉動策略性新興產業培育機制研究：以嘉興市為例 [J]. 中國商貿，2012（5）：230-232.

[7] 楊明剛 . 國際知名品牌發展規律及特徵探討 [J]. 國外杜區科學，2007（1）：40-46

[8] 楊明剛 . 國際知名品牌發展規律及特徵探討 [J]. 國外杜會科學，2007（1）：40-46.

[9] 顧麗娟 . 低碳城市：中國城市化發展的新思路 [J]. 未來與發展，2010（3）：2-5.

[10] 何濤舟，施丹鋒 . 低碳城市及其「領航模型」的建構 [J]. 上海城市管理，2010（1）：55-57.

[11] 陸小成 . 生態文明視城下中國城市低碳轉型研究 [J]. 河北科技大學學報，2013（2）：1-6.

[12] 郭丕斌，周喜君，李丹，王婷 . 煤炭資源型經濟轉型的困境與出路：基於能源技術創新視角的分析 [J]. 中國軟科學，2013（7）：39-46.

[13] OECD.Progress on adaptation to climate change in developed countries : an analysis of broadtrends[R/OL]. (2010-12-16) http://www.oecd.org/dataoecd/49/18/37178873.pdf.

[14] 吳宗傑，李亮，王景新 . 中國資源型城市低碳轉型途徑探討 [J]. 山東理工大學學報，2010（6）：5-8.

[15] 劉淇 . 加快建設「科技北京」，推動首都科學發展 [J]. 太原科技，2010（2）：106.

[16] 陸小成 . 北京低碳創新城市建設的策略地位與對策選擇 [J]// 北京公共服務發展報告（2010—2011）. 北京：杜會科學文獻出版杜，2011：266-280.

[17] 文化產業：「低碳文化！低碳產業！」[DB/OL]. （2011-02-23）[2012-10-05]ht-tp：// artbank.people.com.cn/GB/209283/13985740.html.

第 8 章 基於低碳轉型的文化品牌與文化產業發展對策

　　在對丰臺文化品牌和文化產業發展現狀進行科學分析的基礎上，結合全國和北京市文化繁榮發展的形勢、政策和措施，把握新三年城南行動計劃和促進北京西部地區發展計劃的策略機遇，借鑑國內外文化品牌和文化產業發展的經驗，以北京丰台區文化品牌和文化產業發展存在的主要問題為導向，實現文化品牌提升和文化產業突破，構建北京丰台區國家級文化品牌，應重點從樹立文化品牌理念、科學規劃產業布局、做大做強市場主體、強化產業集群融合、推動文化科技創新，提升專業人才素質、加強文化品牌宣傳和對外交流等方面採取更加有效的對策措施，為北京丰台區委、區政府進一步建設文化強區提供決策參考。

　　課題組對「您認為北京丰台區發展文化品牌與文化產業應該採取哪些措施」的問卷調查顯示，如圖 8-1 所示：

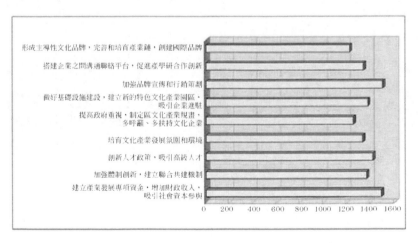

圖 8-1 北京丰台區發展文化品牌與文化產業發展措施的問卷統計

　　選擇「建立產業發展專項資金，增長財政投入，吸引社會資本參與」的有 1489 人，占總人數的 75.20%，選擇「加強體制創新，建立聯合共建機制」

的有 1367 人，占總人數的 69.04%，選擇「創新人才政策，吸引高端人才」的有 1421 人，占總人數的 71.77%，選擇「培育文化產業發展氛圍和環境」的有 1336 人，占總人數的 67.47%，選擇「提高政府重視，制定區文化產業規劃，為文化企業多呼吁、多扶持」的有 1257 人，占總人數的 63.48%，選擇「搞好基礎設施建設，建立新的特色文化產業園區，吸引企業入駐」的有 1378 人，占總人數的 69.60%，選擇「加強品牌宣傳和行銷策劃」的有 1501 人，占總人數的 75.81%，選擇「搭建企業之間溝通聯絡平台，促進產學研合作創新」的有 1344 人，占總人數的 67.88%，選擇「形成主導性文化品牌，完善和培育產業鏈，創建國際品牌」的有 1227 人，占總人數的 61.97%。

8.1 樹立文化品牌理念，加快文化體制創新

黨的十八大明確提出要深化文化體制改革，解放和發展文化生產力。北京市建設全國文化中心和世界城市，北京豐台區擁有這麼多的文化資源，具有發展文化品牌和文化產業的天時、地利與人和條件及機遇，不加快發展，就會錯失良機，必須從策略的高度加快謀劃和發展，樹立文化品牌理念，加快文化體制創新，把文化產業作為北京豐台區經濟社會發展的新突破口和增長點，強化政府產業政策的科學引導與宏觀調控功能。

（1）加強文化產業管理體制創新，成立管委會，由區長或副區長兼任主任，從全區的策略高度整合北京豐台區文化資源。盧溝橋文化產業集聚區和大紅門文化產業集聚區應盡快成立管委會或專門管理機構，由區長或副區長兼任管委會主任，能實現從全區的策略高度進行資源統籌和優化配置，實現統一招商、統一管理、統一服務，消解體制障礙，激發體制創新活力，促進文化產業發展。

當前盧溝橋、大紅門兩大產業集聚區發展滯後，體制改革不順，缺乏有效的政府機構進行職能整合，沒有高於現有的政府機構進行整合，現有景區管理機構由於都是並行的，沒有權力進行資源調配和整合，導致職能交叉、權責不對等，管理混亂。兩大市級文化產業集聚區已經成立了多年，但沒有

形成文化產業集群效應，產業規模小、產值不高、品牌影響力不大，涉及多家機構的利益無法進行整合。

　　紅色文化可以與中秋文化共同整合到盧溝橋文化產業集聚區中，進行聯合開發與資源整合，管委會可以參照科技園區的管理模式進行招商和管理。戲曲、汽車、園藝花卉等文化品牌和文化產業可以作為第二步棋。成立管委會要注重不同產業集聚區的產業類型和差異化，布局要科學合理，運營上要發揮政府的引導與整合作用，在數量上從嚴控制，在質量上不斷提升。

　　（2）加強政策扶持，制定專門的土地、稅收和財政政策，文化宣傳部門對文化園區內的企業或項目入駐具有文化參與審核的一票否決權，強化政府的宏觀調控與產業服務功能。先進國家的經驗表明，政府在推動文化產業發展中的作用是全方位的，政府為產業和企業的發展提供服務，包括提供公平、透明的競爭環境。政府是文化產業和企業發展的服務提供者，制定有針對性的產業政策和行動計劃，強抓文化產業的宏觀調控，引導文化產業實現持續、快速、協調、健康發展。

　　北京豐台區針對文化產業集聚區發展，要制定專門土地、稅收、財政等支持政策，在項目引進、人才引進、產業引進方面能享受到切實的政策優惠，提高北京豐台區文化產業發展的政策吸引力，借鑑朝陽區文化產業集聚區管理辦法，設立文化產業扶持專項資金，由目前的 1 億元增加到 2—5 億元。重點扶持符合北京豐台區文化產業發展導向的企業和項目。對於北京豐台區文化產業園區企業和項目入駐，必須經過北京豐台區文化部門的審核，文化部門具有文化項目參與審核的一票否決權。北京豐台區內在文化產業園區或集聚區所有的項目必須經過宣傳部門投票，進行方向引導，全區的街鄉鎮在文化發展方面要符合北京豐台區文化產業規劃要求，宣傳部門加強參與和監督，確保北京豐台區文化品牌提升和文化產業突破發展，避免部分園區以文化產業為名進行房地產開發，損害北京豐台區文化產業發展的長遠利益和策略目標實現。

　　（3）樹立文化品牌理念，提高政府重視程度，制定文化產業規劃，為文化企業多呼吁、多扶持、多服務。各級領導樹立品牌意識和服務理念，高度

重視文化品牌與文化產業對北京丰台區經濟社會發展的策略意義。加強對文化產業發展的重大問題和有關政策進行宏觀研究、協調和指導，把文化產業納入國民經濟與社會發展的整體策略規劃，制定跨部門、跨行業的文化產業發展中長期規劃，指導文化產業的有序發展，重視文化企業發展，通過規劃指導和政策扶持，為文化企業多呼吁、多扶持、多幫助。

（4）採取有效措施，創新知識密集型、技術密集型文化科技企業入駐的管理辦法，制定文化企業或項目的特殊政策，促進文化項目落地。目前，北京丰台區項目引進主要扶持的是高新技術企業，對文化創意產業門檻較高，相關規定不適合北京丰台區文化創意產業的特徵和要求，文化創意產業由於投入少、科技含量不夠明顯，但資源能源消耗少、增長潛力大，符合國家和北京市文化產業作為支柱產業的策略要求，因此，北京丰台區為確保文化產業項目落地，應該有針對性地制定和出臺適合文化產業發展的項目管理辦法，在批地、招拍掛等程序上制定針對文化產業項目的特殊管理辦法。完善相關政策，實行管辦分開，大力推進經營性文化單位轉企改制。逐步完成文化經營類企業建立現代企業制度，必須打破壟斷，打破壁壘，大力培育文化產業多元市場主體，積極改革和完善文化產業的投融資體制機制。針對盧溝橋文化景區的體制障礙和多頭管理問題，應加強文化產業集聚區的體制機制、投融資、人才、基礎設施等創新與建設，培育多元化市場主體和聯合共建機制，引進社會資本和實力雄厚的企業集團，聯合組建盧溝橋文化景區開發公司。

8.2 實施文化品牌策略，構建品牌管理機制

（1）北京丰台區實施文化品牌策略，從政府、區域和企業、產業兩個層面加強文化品牌策略提升，強化品牌管理機制建設。從政府和區域層面，要把文化品牌提升作為北京丰台區產業結構優化、發展方式轉變、實現文化強區的重要途徑，充分發揮政府部門引導指導作用，推進北京丰台區文化名牌策略實施。

第一，由區委、區政府及其職能部門領導和有關專家組成北京丰台區城市文化品牌建設指導委員會，制定北京丰台區城市文化品牌策略規劃與品牌

實施策略，對城市文化品牌的提升機制、文化產業突破及集群發展機制提出指導原則和方案，制定覆蓋全區文化產業重點領域的品牌提升計劃，確定重點扶持的龍頭文化企業、文化產業和文化項目。結合北京豐台區的地理特徵、人文特色、自然資源，圍繞「花好月圓 幸福豐臺」這個總體品牌，建立中秋文化、戲曲文化、花卉文化、服裝時尚文化、汽車文化、紅色文化等六個子品牌，形成獨具特色和文化魅力的北京豐台區城市文化品牌體系。

第二，六大文化品牌和產業要根據自身文化元素和資源特色，明確自己的文化品牌建設重點、活動內容及實施方案等，不斷培育文化產業鏈和文化產業集群，打造具有自身特色和持續競爭力的中國或國際文化品牌。

第三，建立北京豐台區城市文化品牌管理機構，承擔起品牌管理的職能，定期監管調控，凝聚成品牌實力，使其符合品牌統一規劃，進而做強北京豐台區城市文化品牌。

第四，制定激勵政策，扶持品牌成長，做到領導重視，規劃引領，載體推進，宣傳到位。把文化品牌的評選納入城市整個品牌創建體系之中，重點培育和激勵、表彰文化品牌。完善考核機制，把文化品牌建設納入各級各部門目標管理績效考核體系之中，確保各項優惠政策落實到位，為文化品牌建設提供良好的環境保障。

（2）從企業和產業的層面，要制定和完善北京豐台區文化品牌策略和發展規劃。

深入分析研究北京豐台區文化企業情況，將競爭力強、有發展潛力的企業列入培育計劃，打造名牌企業和名牌產業，明確發展思路和目標任務。

第一，政府加大對北京豐台區文化品牌建設的支持扶持力度，制定鼓勵企業創建名牌的政策措施，在技術改造、技術引進、科研立項、銀行貸款、質量管理、環境管理、人才引進、訊息諮詢等方面提供優先服務。對獲得中國名牌產品、馳名商標的企業給予獎勵。

第二，質監、工商、發改委、宣傳等各部門及各行業協會的溝通協調，明確工作職能和職責，強化資源整合，降低交易成本，從強化基礎管理到增

強企業創新能力，從培育企業到名牌申報等方面提供全過程、全方位的高效服務。

第三，制定長遠規劃，建立長效推廣機制，加強對文化品牌企業和名牌產品的宣傳推廣保護力度，努力營造企業爭創名牌、商家銷售名牌、用戶和消費者愛護名牌、政府扶持和保護名牌的良好社會氛圍。積極組織和引導企業加強名牌產品的塑造和推介。支持和組織各類經貿洽談會、展示會加強北京丰台區文化企業、文化產品、文化品牌的宣傳和推廣。

第四，堅決打擊假冒偽劣產品，降低企業文化品牌風險，加強對北京丰台區文化品牌企業和產品的保護。

8.3 打造花好月圓品牌，加快建設幸福丰臺

（1）打造主導性文化品牌，加強宣傳推介和代表性建築建設。打造「花好月圓 幸福丰臺」的城市文化品牌，可以改變傳統文化品牌設立太多、太雜、無主次、缺乏代表性等問題，「花好月圓 幸福丰臺」能整合丰臺花卉文化、中秋文化、紅色文化等多個文化品牌，能形成良好的文化品牌形象，加強印象，增進理解，形成內聚，促進發展。因此，構筑北京丰台區主導性文化品牌，樹立「花好月圓 幸福丰臺」品牌意識，在北京丰台區境內的交通要塞、人口集聚區、文化景區增設「北京丰台區」代表和代表性建築物，提高和強化市民對北京丰台區「花好月圓 幸福丰臺」文化品牌的認識。加大宣傳力度，設立宣傳牌，宣傳牌上重點突出「北京丰台區」，在京石高速邊上，代表「北京丰台區盧溝橋」，以加強對北京丰台區的宣傳。立足北京丰台區豐富的園藝花卉文化，應該在北京丰台區域內大力發展園林綠地，重要交通要道邊、各機關、企業、事業單位等多擺花布壇，道路兩邊的建築屋頂搞好綠化、美化，把丰臺建成花卉的海洋、紅色的城堡，既增加北京丰台區城市綠化覆蓋率，減少碳排放，構建綠色低碳城市，同時也改變市民對北京丰台區被視為「臟亂差」的城鄉結合部、「貧窮邊遠」的農村的傳統印象，重塑丰臺的「花好月圓 幸福丰臺」的良好城市形象和城市文化品牌。

（2）加強北京丰台區城市文化品牌識別系統建設與規劃。建構城市的建築識別系統、雕塑識別系統、街區識別系統、指示識別系統、特色產業識別系統、文化識別系統等，把 CI、經營、文化的新理念貫穿在城市品牌塑造的全過程中，從整體上全力打造城市新品牌，以 CI 理念規劃城市，以藝術手段建設城市，以經營理念管理城市，增強城市的綜合競爭實力。制定北京丰台區城市文化品牌宣傳長期規劃，加強策劃包裝，充分利用電視、廣播、報紙、互聯網、手機等傳播媒介，在道路樞紐、城市地標、交通工具、路牌廣告、服裝服飾、辦公用品、對外宣傳資料上長跨度、高頻率、持續性地推介、宣傳「花好月圓 幸福丰臺」這一品牌。各街道、各行業、各企業在對外宣傳時，都要注意與「花好月圓 幸福丰臺」品牌相結合，相匹配。要引導文化企業積極參加境內外文化創意產業博覽會，加強北京丰台區「花好月圓 幸福丰臺」城市文化品牌識別協同建設，充分展示北京丰台區文化創意產業發展的新機遇、新政策、新環境，搭建招商引資平台，塑造北京丰台區文化產業品牌形象。

（3）加強文化品牌宣傳，培育和提升北京丰台區文化品牌。通過政策扶持、專項資金投入等支持優秀品牌的創建、宣傳、推廣，通過組織大型文化節慶活動，促進「中秋之都」、「戲曲之都」、「花卉之都」、「設計之都」、「汽車之都」、「紅色之都」等六大文化品牌發展，強化北京丰台區「花好月圓 幸福丰臺」整體文化品牌形象。結合丰臺文化產業和文化產品特點，引導群眾的文化消費傾向，在市場競爭中全力打造行業品牌，通過品牌引導行業發展。營造文化品牌良好的生存環境，北京丰台區宣傳和文化部門應當研究和關注文化品牌的宣傳策略，通過電視、廣播、網路等媒體進行多渠道、立體式宣傳，強化城市文化品牌的視覺符號，擴大北京丰台區文化品牌在國內外的知名度和影響力，高度重視城市規劃、城市建築文化特色、城市代表性景觀、城市文化空間、人居環境等物質實體的傳播視覺媒介作用。

（4）組織密集的城市形象宣傳活動，推廣傳播北京丰台區「花好月圓 幸福丰臺」城市文化品牌。圍繞「花好月圓 幸福丰臺」城市文化品牌建設，完善相關城市文化品牌設施，編撰出版北京丰台區歷史文化叢書、文化品牌叢書，推動北京丰台區城市文化品牌內涵的固化與強化，依托公益性城市文

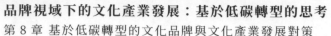
化事件與活動，加快打造城市文化品牌與各級各類傳媒的良性交流平台，將城市文化品牌建設納入城市發展總體策略的制定和實施之中，營造出城市形象宣傳的濃厚氛圍。

（5）以主題活動為品牌提升和促進產業發展的重要契機和平台。通過報紙、電視廣播媒體，抓住主題活動契機加強宣傳推廣，重視網路、微博等宣傳。借助 2013 年園博會、2014 年世界種子大會的契機，策劃系列的豐臺形象和豐臺品牌的宣傳活動，充分利用國內外電視臺、廣播、報紙、網路、微博等加強宣傳。開展中秋文化節、豐臺踏青節、到豐臺過大年、北京豐台區消夏旅遊節等常規性主題活動，加強北京豐台區各個文化品牌與文化景區的聯繫與合作，開展豐臺 1 日游、2 日游、3 日游等旅遊線路，開通景區之間的擺渡車和觀光車，如園博園與盧溝橋等景區之間。在景區開展國際學術論壇、學術座談、博覽會、會展、服裝設計大賽、汽車設計大賽等，通過產學研聯盟的聲音和多方力量的參與加強文化品牌宣傳與提升，如花卉文化景區、汽車博物館等。借助主題活動，充分利用紀念日、七七事變主題活動，每年博物館日，開發旅遊市場，吸引遊客，抓住大型旅遊博覽會，策劃品牌宣傳活動。在盧溝橋文化景區加強對周邊社區、街道、中小學開展愛國主義教育活動，提升名氣。

8.4 完善基礎設施建設，健全產業服務體系

（1）圍繞北京豐台區文化品牌提升與文化產業突破，完善基礎設施建設，建立訊息共享平台和產業服務體系。進一步完善和強化北京豐台區文化創意產業促進中心的功能和作用，協調服務全區文化創意產業項目的申請、建設、落實和執行工作，簡化工作流程，提高服務效率，增強文化企業的滿意度。建立北京豐台區文化產業聯盟和企業家聯盟，促進合作創新、知識共享、訊息交流、業務關聯、資源整合，建立北京豐台區文化創意產業公共服務平台，為文化創意企業提供便利高效的項目孵化、成果轉化和市場推廣等產業服務體系。

（2）增加北京丰台區文化產業發展專項資金，增長財政投入，吸引社會資本參與。由目前的 1 億元，增加到 2-5 億元，進一步提高北京丰台區文化產業發展的投入和支持力度，完善北京丰台區文化創意產業項目庫，建立健全投資項目管理機制和政府支持扶持性資金管理機制，吸引社會資本參與，建立文化產業引導基金。由區委區政府或宣傳部牽頭管理，宣傳部門進行協調指導。

（3）加強產業園區的服務功能，加強公共文化設施建設，構建優良的公共文化服務環境。丰臺更應加強文化產業的理性思考，發展經濟的同時，加強社會建設、文化建設的共同發展，必須重視文化事業與文化產業、經濟同步發展。文化產業發展要重視文化內涵的培育，重視民生的改善，不僅僅追求經濟建設第一，還要加強文化宣傳、文化共享、文化自強，構建公共文化服務體系，促進基本公共服務均等化。公共文化設施建設能為北京丰台區文化產業突破和文化品牌提升營造良好的社會環境，為文化產業提供良好的社會基礎和配套設施，降低企業成本，營造發展氛圍和文化環境。充分發揮公益性文化事業單位和文藝團體的能動性作用，不斷提高公共文化服務的供給能力，定期組織專業文藝團體和文化藝術工作者下基層，開展多種形式的演出，特別是加強戲曲文化的設施建設和公共服務，服務基層群眾。加強北京丰台區公共文化館、博物館、藝術館等公共文化服務設施改造和提升，資助公益性的文化創作、演出、展覽、交流、節慶、網路文化內容等項目，採取政府購買、項目補貼、委托生產等形式，鼓勵和支持文化企業生產質優價廉、安全適用的公共文化產品，滿足群眾多層次的文化需要。加強公共圖書館藏書和數位資源建設。加強文化產業鏈條和配套設施的建設與完善，強化首都文化中心地位的重要支撐作用。

▌8.5 做大做強市場主體，布局六大集群融合

文化產業發展主體是文化企業。不斷加人對文化企業改革、整合、重組的扶持力度，不斷提升北京丰台區文化企業的實力，促進北京丰台區文化產業的規模化、專業化、集群化、融合化發展。

（1）建立多元化投資主體。文化產業要有多種經濟成分經營，文化產業投資主體多元化和自由化是文化產業得以成為支柱產業的重要條件。文化產業投入不足、投資渠道單一，一直阻礙北京丰台區文化產業的發展。因此，要充分吸引和利用社會資本參與文化產業發展，鼓勵民營企業、外資企業以獨資、入股等多種形式、多元化渠道參與北京丰台區文化產業發展。打破壟斷，鼓勵競爭，支持民間力量投資文化項目，實現文化投資主體多元化和融資渠道的多樣化，讓市場在長期資源的配置方面發揮主要和關鍵作用。通過投融資體制的創新，拓寬資金融通渠道，加大對文化產業的投入，形成以政府投入為主導，以企業投入為主體，以市場融資為主力的文化產業投入機制。針對盧溝橋文化景區，要通過社會融資，增加盧溝橋文化產業集聚區的資金投入，引入有經驗的旅遊文化公司進行經營策劃和管理，整合開發和升級文化景區功能，依托抗戰塑雕園 3A 景區資源，與盧溝橋、宛平城等整合打造為國家級 4A、5A 景區。針對北京汽車博物館，要通過社會融資，合作開發汽車文化資源，在其周邊規劃汽車文化產業園，依托各種資本融資，培育北京丰台區汽車文化產業，打造和提升北京丰台區汽車文化品牌。

（2）以實力雄厚、知名度高的文化企業集團為主體，推動文化產業的兼並和重組，大力推進文化產業的結構調整，實現規模化、集群化、融合化經營，力求做大、做強。文化品牌的核心競爭力在於核心企業的品牌塑造，打造和培育品牌企業是關鍵。以需求為導向，以資本為紐帶，重新整合文化資源，提高產業集中度。通過組建跨媒體、跨行業、跨地域的文化產業集團，合理實現資產配置，實現對資源的有效開發，提高綜合經營能力。要完善文化產業運作機制，建立現代文化產業集團，實現以市場為基礎的文化存量資源的優化配置，建立自主經營、自負盈虧的現代文化產業集團。

（3）以核心企業為主體形成完善的文化產業鏈，加強上下游延伸的具有產業控制力和影響力的企業集團與產業集群。以產業園區建設推動集群化和品牌化，加強產業研發、設計、生產、行銷、策劃、廣告等環節的延伸、關聯和提升，如大紅門時尚設計產業鏈的建設與發展，汽車文化產業鏈、戲曲文化產業鏈、園藝花卉文化產業鏈、中秋文化產業鏈等的構建與完善，通過

產業鏈條建設、產業集群與融合發展，在全國乃至國際上構筑北京豐台區的文化自主品牌。

（4）以產業鏈完善、結構優化的六大文化產業集群為支撐進行布局，建立新的特色文化產業園區，吸引企業入駐。以北京豐台區六大文化品牌和文化產業鏈完善為基礎，規劃布局六大文化產業集群區，搞好基礎設施建設，設立配套政策，吸引相關文化企業入駐和投資。北京豐台區六大文化產業集群布局如圖 8-2 所示。以盧溝橋、宛平城、長辛店古鎮等為核心，打造北京豐台區中秋文化、紅色文化品牌與文化產業集群發展；以花鄉世界花卉大觀園、園博園為核心，打造園藝花卉文化品牌與集群發展；以大紅門服裝時尚文化產業集聚區為核心，吸引更多的服裝、設計等企業入駐，培育和打造服裝時尚文化品牌與文化產業集群；以中國戲曲學院、中國評劇院、北京京劇院等為核心，建立中國戲曲文化中心，培育和打造北京豐台區戲曲文化品牌和戲曲文化產業集群；以北京汽車博物館和北京汽車露營公園為核心，不斷培育北京豐台區汽車文化品牌和汽車文化產業集群。

以六大產業集群布局為核心，推動北京豐台區文化產業的集群化、融合化發展，促進文化與金融、科技、旅遊、體育等相關產業的深度融合。深入挖掘北京豐台區文化資源，利用深厚的文化底蘊和豐富的歷史資源，加強文化產業之間的融合發展與集群創新，如紅色文化、中秋文化、花卉文化等產業之間加強融合，促進文化產業與餐飲、酒店、旅遊、影視等關聯產業的融合與創新發展，提高北京豐台區文化產業競爭力和品牌影響力。

（5）將文化產業與旅遊業、酒店業等產業進行集群融合發展。豐臺文化品牌提升與文化產業突破，要避免單條腿走路和單一方向發展道路的選擇，更需要經濟、社會、文化同步發展，加強與旅遊業、酒店業、餐飲業等多產業的集群融合發展，通過旅遊來實現文化交流。文化是內涵，旅遊是市場，產業是基礎，品牌是方向。加快建設豐臺境內小吃城、特產城等，建設高中低檔不同級別的賓館，滿足不同經濟實力的遊客吃住消費需求，在文化景區周邊集中布局餐飲、住宿、商場等產業。依托宣傳部、旅遊委等部門聯繫，將北京豐台區文化產業與大型旅遊活動串聯起來，借助北京豐台區旅遊委主

辦的中秋文化節、丰臺踏青節、到丰臺過大年、北京丰台區消夏旅遊節等，
將北京丰台區旅遊資源和文化資源有機融合。實現文化產業規模化需要與其
他產業包括製造業、金融業、科技訊息業、房地產業等相結合，文化產業要
與高新科技產業相結合，以核心產業帶動周邊領域，打造文化產業鏈條，增
強競爭力，開闢更廣闊的文化市場。

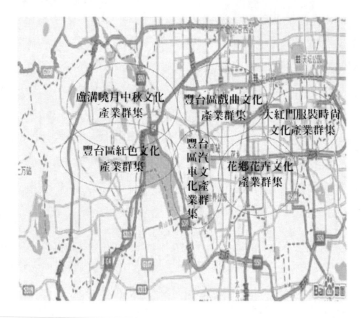

圖 8-2 北京丰台區六大文化產業集群布局

（6）依托特色文化資源，以市場為導向，以龍頭企業為依托，以利益為
紐帶，以項目拉動、擴大規模為重點，營造文化產業發展氛圍和環境。把文
化產品的創作、生產、加工、銷售連成一體，形成有機結合的產業鏈條和產
業集群。建設一批北京丰台區文化產業重點項目，集中建設具有典型示范效
應和產業拉動作用的重大文化產業項目，助推北京丰台區文化產業的集群發
展，積極打造新興業態，培育文化產業新的經濟增長點，以產業融合為動力，
以創新創意為支撐，做大做強文化產業市場主體。

（7）充分發揮市場機製作用，支持符合條件的文化公司上市。支持中小
文化企業向「專、精、特、新」方向發展，積極扶持非公有制優秀文化創意

企業，形成富有活力的北京丰台區文化企業集群，依托中小文化企業扎堆和集群融合發展，打造北京丰台區文化品牌。

8.6 推動文化科技創新，提高丰臺產業實力

　　黨的十八大報告指出，促進文化和科技融合，發展新型文化業態，提高文化產業規模化、集約化、專業化水平。加強文化創新與科技創新的雙輪驅動，是推動北京丰台區經濟發展的強大動力。現代文化產業作為知識密集、訊息密集、技術密集的新興產業，撬動其發展的是創意，支撐其發展的是科技。北京丰台區文化產業的發展必須建立在科技創新的基礎之上，依靠科技創新推動現代文化產業的蓬勃發展。

　　（1）構建產學研合作機制，建立資源開發與現代技術的互動機制，用高新技術創新來加強丰臺文化資源開發和產業發展。現代科技已成為文化資源開發和文化產業發展的重要動力，是當今文化產業發展的一大趨勢。加強產學研合作與聯盟，提高北京丰台區研究機構和企業掌握具有自主知識產權的核心技術的能力，大力發展科技含量高、知識含量高、附加值高的文化產品，把資源開發優勢變為產品開發優勢。現代訊息技術、數位文化和多媒體傳播的興起，使文化資源開發和文化產業發展在科技裝備、技術手段、載體形式上更趨現代化，對傳統文化資源進行數位化的系統開發，是將資源儲備轉化為產業資本和產業成果的關鍵環節和有力手段，可以不斷促進資本增量的擴大和產品檔次的升級。因此，北京丰台區要建立產學研合作機制，加強資源開發與現代技術的互動與融合，依托高新技術創新來提升丰臺文化品牌與文化產業發展。

　　（2）運用數位技術等高科技來武裝文化產業。

　　2014 年 2 月 27 日，習近平在中央網路安全和訊息化領導小組第一次會議上指出，當今世界，訊息技術革命日新月異，對國際政治、經濟、文化、社會、軍事等領域發展產生了深刻影響。訊息化和經濟全球化相互促進，互聯網已經融入社會生活方方面面，深刻改變了人們的生產和生活方式。[1] 借助現代訊息技術和數位技術，加強文化產業的數位化訊息資源建設，做好文

化資源訊息統計工作，建立完整的文化資源評估指標體系並進行資源動態評估，為政府部門和文化企業提供決策諮詢服務和情報資訊服務。以訊息數據為載體，建立全國性文化訊息資源共享工程，有效利用現代技術手段，對優秀文化訊息資源進行數位化整合，形成大規模、分布式、全息性的文化資源數據庫群，充分發揮文化訊息資源網路系統優勢。以豐富的訊息資源為社會提供訊息數據共享服務，以利於促進文化資源的優化整合、深度開發和高效利用。

（3）依托科技創新，打造北京丰台區知識含量多、科技含量高、訊息含量大、原創性強的文化產品與文化服務。以科技創新形成精品集聚優勢，滿足消費者的多樣化、個性化的文化需求，在中國佔有一定的市場，並通過品牌的延伸，進一步開拓市場。

不斷創新發展思路，運用新思想、新觀念、新方法，不斷地去創造新的產品、新的運作方式、新的管理體制，加大創新力度，提高創新能力，努力把創新理念與市場需求結合起來，把優秀的歷史文化資源與當代文化資源結合起來，積極吸收和借鑑國外文化產業發展中的優秀創新成果，提高文化資源整合能辦，以加快文化產業發展的步伐。

8.7 提升專業人才素質，增強產業人才優勢

（1）創新人才政策，實施文化人才百名博士引進工程，吸引高端人才，打造人才集聚高地。黨的十八大報告指出，營造有利於高素質文化人才大量湧現、健康成長的良好環境，造就一批名家大師和民族文化代表人物，表彰有傑出貢獻的文化工作者。北京丰台區文化產業發展離不開高素質的專業技術人才，離不開具有創新創意的文化工作者。因此要不斷提升專業人才素質，通過對內培養提升，對外吸引應徵等多種渠道，增強文化產業人才優勢，並將這些優勢轉化為北京丰台區文化產業發展與文化品牌提升的動力、活力和生產力，不斷提升北京丰台區經濟質量和文化效益。

由區委宣傳部牽頭，實施文化人才百名博士引進工程，面向海內外的知名高校，引進 100 名優秀博士到丰臺進行文化產業創業和發展，並加大宣傳，

提高北京丰台區人才吸引的社會影響力，鼓勵高端人才到北京丰台區從事文化創意產業。北京丰台區制定高端人才引進計劃，在戶口、住房、社會保障、津貼等多方面給予特殊政策，安排專項資金和高級人才、特殊貢獻獎勵金。

注重引進外向型、復合型、精通策劃、善於操作大項目、熟悉國際慣例和國際運作的高層次人才，包括行銷人才、研發人才、廣告人才、公關人才、設計人才、金融人才等各類型人才，利用重點項目引進人才，用產業集聚效應吸引人才，以合作的方式招攬人才，用靈活、合理的分配方式留住人才。

（2）建立育人機制，切實保障人才供應，增強產業人才優勢。創造優秀人才脫穎而出的環境，完善文化產業人才激勵機制，加快文化產業專門人才的培養。根據北京丰台區文化產業發展的人才需求，制定文化人才培訓教育規劃，與高校、高等職業學校及專業技術學校合作，積極培育文化產業發展需要的各類人才，並為文化人才與用人單位搭建有效的對接平台。通過校企聯合培養人才，根據文化企業的實際需要，通過委託招生、定向培養、短期培訓、雙向交流等方式培養文化管理人才、文化創作人才和文化行銷策劃人才。

（3）培養造就文化領軍人物，實行公開、公平、公正的競爭用人機制。通過公開應徵、內部競聘、資格評定等方式，使一批經營管理人才破格走上文化產業領導崗位，推行評聘分開的專業人員任用方式，打破專業技術職務終身制，實行競聘擇優上崗。要加強與國外人才交流與合作，採取優惠政策，聘請海外文化產業高級人才，充分利用歸國留學人員，充分了解國際市場，使本土文化走向國際市場，由此提高文化產業競爭力。

（4）營造鼓勵創業、支持創新、強化創意的人才環境。通過優惠政策、靈活機制、寬鬆環境，使北京丰台區成為北京城南地區的文化人才高地和創業天堂，逐步形成具備參與中國國際競爭的鼓勵創業、支持創新、強化創意的文化人才群體，為北京丰台區文化品牌提升和文化產業突破提供人才保障和智力支持。

8.8 重視文化對外交流，提升丰臺國際品牌

隨著世界經濟一體化進程的加快，全球文化融合也在逐步加溫升級，這對北京丰台區文化產業的發展挑戰是多方面、多層次的，這些決定了北京丰台區文化產業不論在內容上還是在形式上都應保持一定的世界文化的共性，在體現中國特色和丰臺特色的基礎上，加強文化外輸與對外交流，實施文化走出去策略，提升丰臺國際文化品牌。

（1）加大文化對外交流，提高丰臺的國際形象和國際地位。北京丰台區屬於北京的重要文化區域，丰臺豐富的文化資源和文化品牌代表北京，代表中國，在建設世界城市過程中，要不斷加大丰臺對外文化交流，依托中秋、戲曲、花卉、服裝等文化產品品牌和文化產業，提升丰臺的國際形象和國際地位。文化作為一個國家人民在歷史長河中創造出來的精神財富，體現著那個國家及其人民的精神和性格。建立在經濟全球化基礎上的文化全球化，正隨著訊息技術的極大進步和市場經濟的普遍建立而呈現出了向縱深發展的趨勢。因此，必須不斷加大中西文化的融合，而不能割斷中西文化的聯繫。積極推動與美國、歐洲各國、日本、韓國等先進國家的溝通，加強文化產業方面的交流與合作，使中國的文化產業盡快適應國際市場的競爭環境，不斷擴大中華文化在世界的影響。不僅要認真研究國外市場的文化需求和消費心理，還要在文化產品的原創和開闢市場方面積極與國際運行機制和經營模式接軌，大力支持民族文化產品的對外輸出，縮小文化產品進出口的貿易逆差，逐步使中國由文化產品輸入國變為文化產品輸出國。

（2）鼓勵中國文化企業集團與國外文化企業的兼並收購，採取市場經濟的運作方式從事對外文化交流。加大政府扶持力度，制定和推行策略性文化貿易政策，適當運用政策措施，刺激和提升文化產品乃至文化產業的競爭力；加強完善網路文化建設和管理的體制機制；依托俏佳人、依文等丰臺企業在國際市場的開拓經驗，進一步加強對海外受眾的接受心理、接受習慣和思維特性的研究，借助通曉國際文化市場和運作的國際化專業機構和專業人士，用符合國際市場的運作方式，立足現有的外向型企業，加強對俏佳人、依文等企業海外市場拓展的扶持，同時要加強俏佳人、依文等企業與丰臺服裝時

尚設計、戲曲文化、中秋文化、花卉文化、汽車文化等品牌與產業的融合與聯盟，共同打造和推介丰臺文化產品，提升丰臺文化產業的國際競爭力，進而不斷培育和提升北京丰台區國際文化品牌。

第一，為加快推動文化產業發展，不斷提升文化產業利用外資水平，促進文化產品和服務走向國際市場，培育具有競爭力的外向型文化企業。選擇一批發展潛力人、行業吸引力強、產品市場前景好的文化出口企業作為重點培育和扶持對象。

第二，做大做強對外文化貿易品牌。文化出口經營主體在境外進行版權登記、維護和升級，在境外進行商標注冊、專利申請，開展國際通行的資質認證，給予一定的資助和扶持。

第三，充分發揮境內外文化經貿平台作用。按照「注重實效」原則，整合現有文化產品和文化品牌，進一步加強市場化運作，降低投入和成本，不斷提升辦展水平。對文化出口經營主體參加境內外文化貿易展會，給予資金支持。

第四，支持文化出口企業在境外設立行銷網路。鼓勵文化企業通過新設、收購、合作等方式，在境外設立演藝經紀公司、藝術品經營機構、出版物行銷機構等。

第五，利用外資擴大文化產業。積極通過華僑華人和涉外社團組織及其他外資方式推介北京丰台區文化產業發展態勢、資源優勢、扶持政策、投資環境等，鼓勵和吸引外商投資文化創意、動漫遊戲、文化會展、廣告及工藝美術等文化產業。允許外商以合資、合作的方式設立和經營演出場所、電影院、演出經紀機構，合作開展廣播電視節目、電影的製作業務和音像制品分銷業務。文化產業利用外資在審批和備案等方面給予提供「一站式」服務，用地方面予以優先保障。

（3）加快民族特色文化資源的開發和利用，打造民族文化品牌。文化是民族的血脈，是人民的精神家園。好的城市文化品牌，能鼓舞市民的士氣，能激勵市民更重視城市自身的環境、文化建設，重視自身素質的提高，增強

城市的內聚力。推進丰臺文化產業的快速發展，最關鍵的是要根據國情、市情和北京丰台區區情，揚長避短，發揮優勢，加快民族特色文化資源的開發和利用，打造和提升丰臺中秋、戲曲、花卉、服裝、紅色、汽車等民族文化品牌。通過品牌開拓市場、占領市場、帶動產業發展，進而發展和壯大民族文化產業，增強民族文化產品的國際競爭力，使丰臺文化品牌和文化產業走向全國、走向世界。

8.9 發展低碳文化產業，構筑低碳文化品牌

基於低碳轉型的思考，需要進一步加強低碳政策的支持與引導，大力發展低碳文化產業，構筑低碳文化品牌，促進文化產業升級和文化發展模式轉變，實現城市文化大發展大繁榮，促進北京建設成為全國文化中心。具體而言，結合低碳經濟的發展要求，需要採取以下幾個方面的對策措施：

8.9.1 制定低碳文化產業發展政策，用好用足低碳發展政策

應對全球氣候變化，推進生態文明建設，實現綠色低碳發展，已經成為國家策略。黨中央和國務院高度重視低碳轉型發展，重視文化產業發展，中央各部委和北京市各級政府制定相應的鼓勵低碳發展政策，北京丰台區要進一步在現有政策的基礎上，進行完善和細化，制定鼓勵低碳文化產業發展的政策規章，更好用足現有的低碳發展政策。國務院及有關部委按照低碳經濟要求對一些低碳產業給予一定的政策支持和稅收優惠。文化產業按照低碳經濟要求進行發展，獲得中央和地方政府的相關政策支持和稅收優惠。用好用足現有政策支持，為文化產業的發展注入強大的發展動力，推動中國文化產業的騰飛。[2]

8.9.2 發展低碳文化產業，完善相關配套設施，轉變文化發展方式

低碳文化產業是要求文化產業在布局、生產、流通、運輸、服務等各個環節重視節能減排，重視綠色低碳、注重資源能源集約化利用和環境友好型發展。發展低碳文化產業，要重視相關配套設施建設與完善，文化產品生產、

文化建築和文化場館設施建設，要樹立低碳理念，重視節能和新能源開發與利用，提高能源利用效率，降低碳排放強度，不斷提高文化產業技術含量，減少資源能源消耗。通過發展低碳的文化產業，建立低碳的文化服務體系和產品生產體系，推動產業結構優化升級。從品牌的視角考察，發展低碳文化產業，也是提升文化產業的重要方向，是形成低碳品牌的重要基礎。低碳本身作為全球有影響力的品牌，和文化產業相融合，獲得更多消費者的認可和認同，綠色低碳的文化品牌更具市場競爭力，低碳文化產業發展能提升文化品牌知名度，也能打造文化產業本身的絕色低碳內涵。

大力發展低碳文化產業，需要進一步完善相關低碳文化產業發展的配套設施，打造低碳文化產業鏈，要加強低碳文化產業的規劃和布局，特別是加強有利於低碳發展的相關文化設施建設與完善。不斷提升文化產業在整個城市區域的經濟結構比重，轉變文化發展方式。轉變文化發展方式，就要走科學發展之路，就要構建科學合理的文化產業發展布局，提高文化產業發展的質量和效益。[3] 改變傳統的資源浪費、不注重當地資源條件盲目投資造成的低水平重複建設等現象，必須樹立科學的、低碳的、持續的文化發展理念，避免盲目跟風，避免追求政績的形象建設，避免過於浪費、文化廣場建設。不斷加強低碳文化產業的布局，優化產業結構，優化資源配置，才能增強文化產業發展的後勁，提高文化產業發展的社會效益、經濟效益和生態效益。提升低碳文化產業對產業結構優化升級的突出作用，促進城市區域經濟社會協調發展與低碳轉型。

8.9.3 加強低碳科技與文化的雙輪創新驅動，構筑低碳文化品牌

從低碳轉型的視角出發，文化產業發展要走低碳發展道路，核心動力在於加強低碳科技創新與文化創新的雙輪驅動，通過低碳科技創新，低碳文化創意，不斷提升文化產業的科技內涵和低碳元素，提高文化產品的質量，符合低碳生活的社會潮流，適應低碳發展的社會呼聲，促進文化產業的低碳創新發展。由於文化創新是一系列文化活動要素的系統創新，表現在文化觀念、文化內容、文化形式、文化體制和機制等多方面的提升與變革。加強低碳科技創新與文化創新的雙輪驅動，表現為低碳文化觀念、低碳文化內容、低碳

文化形式、低碳文化體制和機制以及低碳文化產品等方面的系統變革。當前中國文化產業發展水平比較低，文化產業層次不高，技術含量不高，創新能力不強，面向低碳經濟、低碳發展需求的文化創新更是不夠，許多地區主要是發展資源型文化產業，主要依托歷史文化傳承的發展，但內在的附加值不高，技術含量不高，服務跟不上，缺乏文化品牌競爭力與影響力。西方先進國家的成功經驗表明，文化產業發展要借助科技創新的力量，加強科技創新與文化創新驅動。面向生態文明建設、低碳發展的現實要求和長遠策略，應該加強低碳科技創新與文化創新的雙輪驅動策略，以低碳文化為創新創意的主要內容，加強文化產業發展和文化品牌提升，另一方面，要不斷提高傳統文化產業的內涵和技術含量，發展低碳技術，實現低碳文化產業的快速發展，通過發展低碳的內容創新和文化創意，占領低碳文化產業發展的制高點。

加強低碳科技與文化的雙輪創新驅動，要加強文化產業與低碳市場需求、低碳生活、生態旅遊、體育文化等產業和部門的融合，構筑低碳文化品牌。融合也是一種制度或機制方面的創新，融合能互相整合資源，融合能通過合作實現知識生產、資源開發、訊息傳播的共享。文化產業通過低碳科技創新的動力引擎作用，與金融資本、相關產業進行融合發展、集約發展、規模發展。借助文化消費增長、經濟結構調整、新技術應用、城市化以及出口結構升級等機遇和條件，實現規模化、集約化、專業化的創新驅動發展。文化產業依托低碳科技創新，與旅遊、體育、綠色環境等要素進行融合，實現跨越發展，構筑低碳文化品牌。

8.10 本章小結

本章提出了北京丰台區文化品牌與文化產業發展的對策建議。主要包括樹立文化品牌理念，加快文化體制創新；實施文化品牌策略，構建品牌管理機制；加強文化品牌宣傳，加快建設幸福丰臺；完善基礎設施建設，健全產業服務體系；做大做強市場主體，促進六大集群融合；推動文化科技創新，提高丰臺產業實力；提升專業人才素質，增強產業人才優勢；重視文化對外交流，提升丰臺國際品牌。要大力發展低碳文化產業，構筑低碳文化品牌。

通過品牌開拓市場、占領市場、帶動產業發展，進而發展和壯大民族文化產業，增強民族文化產品的國際競爭力，使丰臺文化品牌和文化產業走向全國，走向世界。特別是基於低碳轉型的思考，需要進一步加強低碳政策的支持與引導，大力發展低碳文化產業，構筑低碳文化品牌，促進文化產業升級和文化發展模式轉變，實現城市文化大發展大繁榮，促進北京建設成為全國文化中心。

註釋

[1] 習近平 . 把中國從網路大國建設成為網路強國 [EB/OL].（2014-02-27）[2014-03-02]http://i.feixin.10086.cn/pages/lp/25587/1324170905 ？ regid=405099.

[2] 黃友軍 . 低碳經濟視角下的文化產業發展研究 [J]. 科學大眾（科學教育），2013（2）：163.

[3] 鄧顯超 . 低碳經濟視閾中的文化產業發展 [J]. 長白學刊，2011（2）：150-152.

第 9 章 總結與展望

9.1 基本總結

　　文化是民族的血脈，是人民的精神家園。文化是一個國家民族凝聚力和創造力的重要源泉，是綜合國力競爭的重要因素，是北京丰台區經濟社會發展的重要支撐。文化品牌和文化產業已經成為全球經濟發展新引擎。黨中央和國務院提出深化文化體制改革，推動文化大發展大繁榮，高度重視文化事業和文化產業發展。文化產業作為文化與經濟相互交融的集中體現，科技含量高，資源消耗低，環境汙染小，發展潛力大。充分認識文化產業在轉變經濟發展方式中的地位和重要作用，努力促進文化產業大發展大繁榮，有助於國家和區域綠色發展與城市低碳轉型。北京提出發揮首都全國文化中心示范作用，建設中國特色社會主義先進文化之都和世界城市。這對於文化資源相對豐富的北京丰台區而言，是北京丰台區文化品牌提升和文化產業突破發展的大好機遇。本書主要研究了以下幾個方面的問題：

　　（一）深度挖掘文化品牌與文化產業存在的密切內在關係。

　　文化品牌是通過對文化資源和文化元素的挖掘、分析，梳理文化元素和資源內在的價值。文化元素包括無形的精神文化和有形的物質义化。文化元素的利用，要通過「識別──篩選──改造──利用」過程，才能真正形成文化品牌。文化元素被挖掘後，文化企業進行運用和生產，生產出體現文化元素特徵和價值的文化產品或者文化服務，能滿足市場消費需求，企業獲得利潤和社會價值，眾多文化企業的集聚和扎堆形成文化產業，文化產業的集聚和共同特質的形成，即形成文化品牌。文化品牌依托文化產業得以持續發展，文化產業需要走品牌化道路才能具有核心競爭力，以科技投入、文化創新、市場運作、品牌提升、集群突破為重要動力，能有效促進文化品牌與文化產業的互動融合與跨栽發展。北京丰台區文化產業發展需要走文化品牌之路，北京丰台區文化品牌必須依托特定的文化產業才能真正形成品牌和品牌的持續競爭力。文化品牌必須走產業發展道路，依托產業集群發展和創新創

意發展，才能打造特色的文化品牌，提升文化品牌質量，形成文化品牌競爭力。

（二）通過比較研究，系統闡釋國內外文化品牌與文化產業發展具有哪些可資借鑑的重要經驗和運行模式，進而提出有益的經驗啟示。

西方國家和城市較早重視文化品牌與文化產業發展，文化產業成為國民經濟的重要支柱。中國許多城市如上海、深圳等高度重視文化品牌與文化產業發展，取得了一定的成功經驗。上海市將文化產業列入城市文化建設的重要內容，制定比較強大的文化發展策略和產業規劃；組建文化產業集團，加強地方文化企業整合。

深圳市在文化產業發展上，實施文化產業策略，充分發揮政府的「第一推動力」，以制度創新來保障文化產業的可持續發展，注重發揮民營經濟力量的活力，充分利用現代科技與文化產業融合，促進文化產業提質增效。

基於國內外經驗比較，北京丰台區的啟示包括：第一，應樹立文化品牌意識，加強文化管理體制創新，提高資源整合力度，掃清發展障礙，建立政府主導型園區發展模式，要避免單純套用傳統工業園區或科技園區的模式，不能簡單按照高科技企業吸引政策來管理文化企業，不能以文化創意產業集聚區的名義進行房地產開發，要加強文化元素和文化資源的深度開發，盡可能降低物業租金，實行物業租金的減免政策，避免將文化創意人才擠出集聚區；第二，整合區域文化資源，調整產業布局，促進文化品牌提升；第三，加大科技和資金投入，促進文化創新與科技創新的雙輪驅動；第四，實行文化資產市場化運作，組建文化集團，實施文化走出去策略；第五，重視文化人才培養，實施人才強區策略。

（三）對北京丰台區文化品牌與文化產業發展進行 SWOT 分析

剖析北京丰台區在實際發展過程中具有哪些優勢，還存在哪些不足，以及競爭對手所具有的特徵等。

從理論與實踐相結合的角度，結合北京丰台區區情特點和區域差異，通過實證調研，對北京丰台區文化品牌提升和文化產業突破進行 SWOT 分析，深入考察北京丰台區在文化產業發展方面的機遇、威脅、優勢、劣勢等。

　　（四）結合理論梳理與問題分析

　　提出北京丰台區文化品牌提升與文化產業突破的目標定位與策略選擇。

　　在目標定位方面，北京丰台區立足首都城市功能定位，依托良好的生態環境和豐富的文化資源，以「搶抓機遇，高端引領，區域統籌，產業集群，文化制勝」為基本理念，以「提升丰臺文化、整合丰臺產業、構筑丰臺品牌、彰顯丰臺精神、打造丰臺形象、實現丰臺跨越」為基本目標，以組建具有規模優勢和品牌影響力的核心企業為支點，以構建具有自主創新能力和品牌競爭力的文化產業集群為突破口，大力提升戲曲文化、中秋文化、汽車文化、園藝花卉、紅色文化、服裝時尚等六大品牌和產業，打造體現丰臺特色的國家級文化品牌，在國際上形成具有強大競爭力和影響力的文化產業集群。

　　在方向選擇方面，以市場機制為動力，以政府政策扶持為指引，以企業集團化、產業集群化、區域品牌化、城市服務化為基本方向，促進北京丰台區文化產業鏈條完善和競爭力提升，進而構建丰臺國家級文化品牌。

　　在實施步驟方面，按照丰臺特色，北京品牌；丰臺特色，國家品牌；丰臺特色，國際品牌的發展思路和策略定位，確定北京丰台區文化品牌提升與文化產業突破的實施步驟和發展重點。

　　在發展重點方面，結合北京丰台區實際情況以及六大文化品牌的基礎和未來潛力，建議六大品牌發展重點與優先次序為：戲曲文化——中秋文化——汽車文化——園藝花卉文化——紅色文化——服裝時尚文化。應優先發展戲曲文化品牌，重點培育中秋文化品牌，不斷培育汽車文化品牌，積極發展園藝花卉文化品牌，融合發展紅色文化品牌，科學發展服裝時尚文化品牌。

　　在策略選擇方面，提出要重點實施創新驅動、集群融合、差異特質、人才支撐、需求拉動、國際品牌等策略。立足全國文化中心和世界城市的策略高度，實施國際品牌策略，不斷突破現有的區縣視野，站在北京和世界城市

的高度，實施文化產業和文化品牌的策略布局，積極實施文化走出去和建立國際品牌的策略。

（五）基於城市低碳轉型視角提出北京豐台區文化產業發展對策建議

主要包括樹立文化品牌理念，加快文化體制創新；實施文化品牌策略，構建品牌管理機制；加強文化品牌宣傳，加快建設幸福豐臺；完善基礎設施建設，健全產業服務體系；做大做強市場主體，促進六大集群融合；推動文化科技創新，提高豐臺產業實力；提升專業人才素質，增強產業人才優勢；重視文化對外交流，提升豐臺國際品牌。要大力發展低碳文化產業，構筑低碳文化品牌。通過品牌開拓市場、占領市場、帶動產業發展，進而發展和壯大民族文化產業，增強民族文化產品的國際競爭力，使豐臺文化品牌和文化產業走向全國、走向世界。特別是基於低碳轉型的思考，需要進一步加強低碳政策的支持與引導，大力發展低碳文化產業，構筑低碳文化品牌，促進文化產業升級和文化發展模式轉變，實現城市文化大發展大繁榮，促進北京建設成為全國文化中心。

9.2 研究不足與展望

（一）對文化產業與其他產業融合發展的研究不夠

本書主要從品牌的視角，分析了文化產業與文化品牌的互動關係，以及研究了文化產業的發展如何進一步促進文化品牌提升等問題，但對文化產業與其他關聯產業如何融合發展研究不夠，如對文化產業與體育產業、旅遊產業、製造業等產業如何實現融合發展，沒有進行深度展開。文化產業和創意產業、動漫產業的深度結合上沒有展開。

（二）從品牌的視角，對文化產業的集群發展沒有深入剖析

產業發展需求集群化，集群的產業才有規模經濟效應，才能進行品牌化發展。產業集群理論對文化產業發展具有重要的理論指導意義。中國大多數區域文化資源形態分散，產業規模小，集聚程度不高，形不成拳頭產品和品牌，沒有響當當的品牌就沒有競爭力。本書沒有從產業集群、文化品牌提升的視角，深度研究文化產業的集群問題。文化產業的集群發展也有利於形成

品牌，而缺乏品牌的文化產業集群就缺乏長久的持續的競爭力。基於文化品牌與文化產業集群的互動關係，應該研究利用文化創意的理念，實現傳統文化元素、文化資源與現代科技、現代產業的融合與互動，不斷延伸產業鏈條，擴展產業網路和集群規模，實現品牌的互動與傳遞。走規模化、品牌化的文化產業道路既是文化產業發展的重要策略措施，也是文化產業發展的重要趨勢。因此，從品牌、集群的視角，需要進一步研究文化產業的集群發展問題。要重點研究文化品牌與文化產業集群的內在互動關係。這是未來研究需要進一步探討的課題。

（三）沒有對文化產業與文化服務、公共文化服務體系的關係進行研究

基本公共文化服務體系建設屬於政府兜底的基本公共服務內容之一，需要政府投入和提供，這也是文化產業發展的外部環境和基礎條件。缺乏基本公共文化服務體系和文化設施的城市或區域是很難發展好文化產業的。文化產業屬於中高端的文化服務，是在公共文化服務基礎上的提升與高端化，是滿足人民群眾日益多樣化的文化生活需求所提供的產品或服務。因此，分析公共文化服務與文化產業之間的關係，並提出有效的理論分析框架和政策建議，對於進一步理清公共文化服務與文化產業之間的關係非常重要，也有利於明確政府的職能定位，更好地為文化產業發展提供必要的政策支持。

（四）低碳文化產業與低碳文化品牌的關係研究不夠

本書主要從低碳轉型的視角，考察了文化品牌與文化產業的關係，但針對低碳文化產業的發展的研究還不夠深入系統，實證研究也不足夠充分。很大程度上是從概念上進行論述，在指導實踐和對實踐的研究上缺乏足夠的技術支撐。可以說，低碳型的文化產業體系和文化產業發展道路是未來文化產業發展的重要方向和重要領域，但如何進行低碳層面的創意創新發展，是比較新的課題，有許多值得探討的，低碳本身的創意化發揮能帶來許多意想不到的東西，而真正實現低碳化發展能促進經濟社會的低碳持續發展，並依托低碳文化產業發展形成引擎作用，促進整個經濟社會的低碳發展，才能最大限度上發揮低碳文化產業發展的價值。基於此，低碳文化產業與低碳文化品牌的關係還值得深入研究。

國家圖書館出版品預行編目（CIP）資料

品牌視域下的文化產業發展：基於低碳轉型的思考 / 陸小成 編著 .
-- 第一版 . -- 臺北市：崧燁文化，2019.10
　　面；　公分
POD 版

ISBN 978-986-516-071-5(平裝)

1. 文化產業 2. 產業發展 3. 中國

541.292　　　　　　　　　　　　　　　　108017309

書　　名：品牌視域下的文化產業發展：基於低碳轉型的思考
作　　者：陸小成 編著
發 行 人：黃振庭
出 版 者：崧燁文化事業有限公司
發 行 者：崧燁文化事業有限公司
E - m a i l：sonbookservice@gmail.com
粉 絲 頁：　　　　　　網　址：
地　　址：台北市中正區重慶南路一段六十一號八樓 815 室
8F.-815, No.61, Sec. 1, Chongqing S. Rd., Zhongzheng
Dist., Taipei City 100, Taiwan (R.O.C.)
電　　話：(02)2370-3310 傳　真：(02) 2388-1990
總 經 銷：紅螞蟻圖書有限公司
地　　址：台北市內湖區舊宗路二段 121 巷 19 號
電　　話:02-2795-3656 傳真 :02-2795-4100　　網址：
印　　刷：京峯彩色印刷有限公司（京峰數位）

　　本書版權為千華駐科技出版有限公司所有授權崧博出版事業有限公司獨家發行
　　電子書及繁體書繁體字版。若有其他相關權利及授權需求請與本公司聯繫。

定　　價：450 元
發行日期：2019 年 10 月第一版
◎ 本書以 POD 印製發行